동아시아 협력과 공동체

국가주의적 갈등을 넘어서

나남 nanam

임현진 林玄鎭

서울대를 졸업하고 미국 하버드대에서 사회학으로 박사학위를 받았다. 1983년 서울대 사회과학대학 사회학과에 교수로 부임한 이래 여러 학회활동과 사회활동을 하고 있다. 나라정책연구회, 한국사회학회, 한국NGO학회, 국제개발협력학회 등의 회장을 역임했고, 현재 서울대학교 아시아연구소 소장으로 있다. 한국 지식인지도에 의하면 '개혁적 자유주의' 노선을 추구하는 중도학자로 분류된다. 주요 저서로 《지구시대 세계의 변화와 한국의 발전》, 《21세기 한국사회의 안과 밖》, 《한국의 사회운동과 진보정당》, *East Meets West*, *The New Asias*, 《글로벌 NGOs》, 《세계화와 반세계화》, 《지구시민사회의 구조와 역학: 이론과 실제》 등이 있다. 1996년 전국경제인연합회의 제 7회 자유기업 출판문화대상을 수상했고, 2007년 한국학술진흥재단의 '국가석학'으로 선정되었다.

임혜란 林惠蘭

미국 캘리포니아대(데이비스)에서 정치학 박사학위를 받았다. 가톨릭대 국제학부 교수, 외교통상부 자체평가위원회 정책자문위원, 한국국제정치학회 출판이사, 경제·인문사회연구회 기획평가위원회 위원, 미국 브루킹스연구소 초빙연구원, 한국정치학회 대외협력이사, 서울대학교 한국정치연구소장 등을 역임하였으며, 현재 서울대 사회과학대학 정치외교학부 교수로 재직중이다. 주요 업적으로는 *Korea's Growth and Industrial Transformation* 등 10여 권의 저서와, "대변환기의 국제정치경제질서: 패권과 신자유주의 질서의 변환", "Transformation of Developmental States: Political Economy of Economic Reform in Korea" 등 동아시아 정치경제 분야의 30여 편의 논문이 있다.

나남신서 1694

동아시아 협력과 공동체

국가주의적 갈등을 넘어서

2013년 6월 30일 발행
2013년 6월 30일 1쇄

편저자_ 임현진·임혜란
발행자_ 趙相浩
발행처_ (주) 나남
주소_ 413-120 경기도 파주시 회동길 193
전화_ (031) 955-4601 (代) FAX_ (031) 955-4555
등록_ 제 1-71호(1979.5.12)
홈페이지_ http://www.nanam.net
전자우편_ post@nanam.net

ISBN 978-89-300-8694-3
ISBN 978-89-300-8001-9 (세트)
책값은 뒤표지에 있습니다.

이 책은 2010년도 정부재원(교육과학부 인문사회연구역량강화사업비)으로
한국연구재단의 지원을 받아 연구 출간되었음(NRF-2012-314-B00006)

세계 속의 아시아연구 시리즈 003

동아시아 협력과 공동체

국가주의적 갈등을 넘어서

임현진·임혜란 편저

나남
nanam

Building Collaborative Community in East Asia beyond Nationalistic Conflicts

by

Hyun-Chin Lim & Hae Ran Lim

nanam

머리말

동아시아는 21세기 세계경제의 중심축으로 부상하면서 무역, 생산, 금융, 환경, 문화 등 다양한 영역에서 상호연계성이 증대하고 있다. 그러나 동아시아의 지역주의화(*regionalization*)는 급증하고 있지만 지역주의(*regionalism*)는 지지부진한 상태이다. 동아시아에서의 미국과 중국의 패권갈등, 동아시아 공동체를 이끌어갈 중심국가의 부재, 역사갈등과 민족주의 강화는 동아시아 지역공동체 건설을 어렵게 한다. 이 연구는 이러한 현실에 기반하여 동아시아 협력과 공동체 건설을 위한 기본적 개념과 모델, 그리고 상호협력의 사례를 논의하고자 한다.

이 책은 크게 두 부분으로 나뉜다. 제 1부는 동아시아 공동체를 설명하기 위한 기본 개념과 모델에 대해 논의한다. 왜 동아시아 공동체를 위해 국가주의적 갈등을 넘어서야 하는지, 동아시아 공동체의 공통적인 발전모델 개념은 존재하는지, 동아시아 지역의 문화적 정체성을 위한 사회적 자본의 존재 및 특성은 무엇인지 다루었다. 제 2부는 동아시아 공동체를 위한 실질적 협력사례와 상호의존 증대 사례들을 소개한다. 동아시아 지역의 가족관계, 환경분야에서의 역내 협력상황, 동아시아 외교관계 증진을 위한 시민사회의 노력, 생산방식의 역내이전, 그리고 경제적 상호의존도 증대 등의 사례를 구체적으로 분석한다.

제 1부 1장에서 임현진은 과거 영국의 세기와 미국의 세기를 지나 21세기에는 태평양의 세기로 들어선 것을 강조하면서 아시아 대륙에서도 가장 역동적인 한국, 중국, 일본이 세계의 중심축이 되고 있음을 주장한다. 유럽에서 프랑스와 독일, 그리고 영국과 프랑스가 화해함으로써 EU가 가능했던 것처럼 한·중·일이 서로 민족주의적 경쟁을 극복하고 이해해야 동아시아 공동체 협력이 가능하다고 역설한다. 그리고 동북아 협력이 가능하기 위한 한 방책으로 동북아 문화공동체 건설을 제안했다. 예를 들어, 한·중·일 역사문화회의를 구성해 민감한 역사왜곡, 영토분쟁에 대한 이해를 증진시키고, 한·중·일 시민사회포럼을 결성해 다양한 이슈에 대한 NGO 간의 의견개진을 활발히 함으로써 정부와 민간차원에서의 네트워크를 강화하여 대화와 소통의 통로로 삼자고 주장한다.

제 2장에서 임혜란은 동아시아 공동체의 이념적 실천적 기반이 될 수 있는 공통의 동아시아 발전모델의 특성, 일반적 적용가능성 및 한계에 대해 그 이론적 쟁점을 짚어본다. 동아시아 발전모델은 후발개도국의 '추격'이 가능함을 증명해 준 사례였으며, 동아시아가 세계경제의 중심축으로 부상되면서 그에 대한 관심이 증대하였다. 동아시아 성장의 외부적 환경, 즉 냉전과 우호적 통상환경이라는 역사적 특수성도 고려해야 하나, 동아시아 국가의 내생적 구조와 정치적 선택이 발전과정에 있어 매우 중요했다. 동아시아 발전모델의 세계화를 위해서는 국가내부의 토착적 독특성에 대한 이해와 '연계된 자율성'의 제도적 발전이 중요하다. 그리고 국제 정치경제 환경에 대한 인식을 통한 내부적 결단과 의지가 필요하다. 이 연구가 주는 함의는 동아시아 지역의 발전을 이끌었던 원인들을 살펴보면 국가역할의 중요성이라는 공통분모를 찾을 수 있지만, 결국 여러 가지 국내 제도적 요소가 동아시아의 다양한 발전과정을 이끌었던 것임을 인식해야 한다는 것이다.

제 3장에서 김병연과 강영호는 동아시아 공동체의 문화적 기반인 사회적 자본을 다른 대륙과 비교분석했다. 신뢰, 시민규범, 연결망이라는 하위 구성요소들을 통해 사회적 자본을 정의하고 국가별 사회적 자본량을 측정했다. 동아시아 국가들은 기관에 대한 신뢰가 높으며, 특히 공공기관, 언론, 노조에 대한 신뢰도가 평균적으로 높다. 또한 동아시아는 시민적 규범이 강하며 자녀교육에서 개인의 성취덕목이 강조된다. 유럽 역시 대다수 시민들에 대한 신뢰가 높고 시민적 규범지수도 높다. 그러나 남미는 자녀교육에 있어 개인적 성취를 강조하는 정도가 낮고 대다수 사람들에 대한 신뢰 또한 낮다. 이 연구가 함의하는 바는 대륙별로 사회적 자본의 정도가 다른데 이는 대륙별 경제발전 및 민주주의 발전과의 연계성에 어느 정도 영향을 미치는 것으로 볼 수 있다는 것이다. 동아시아의 빠른 경제성장 현상은 높은 사회적 자본과 무관하지 않으며 이를 공통적 자산으로 활용했음을 확인할 수 있다.

사례연구인 제 2부 4장에서 강명구와 김수아는 동아시아 공동체의 규범과 가치체계의 기반인 유교문화권에 대해 분석하였다. 일반적으로 동아시아는 공통적 문화와 역사, 특히 유교주의적 가족관계를 공유하는 것으로 인식되었다. 그러나 이들 국가에서 보이는 가족관계의 모습은 유교적 가족과는 거리가 먼, 서로 상이한 특성을 보여주고 있다. 한국은 혈연중심의 부계중심, 폐쇄적, 이기적, 비시민적 가족관계를 보이는 것과 달리 중국은 부부중심의 핵가족 모델을, 일본은 유교적 가족과는 다른 탈가족적 가족의 모습을 나타낸다. 동양과 서양사회를 집합주의 대 개인주의로 이해하는 이분법적 시각이 유용하지 않음을 보여준 것이다. 이 연구는 기존의 동아시아 지역을 유교문화권이라는 공통의 가치로 인식하던 편견을 극복하고 좀더 다양한 세계관과 인식체계가 발전되고 있다는 점을 강조한다.

제 5장에서 박수진, 정진숙, 안유순은 동아시아 지역에서 환경문

제의 증대로 인한 협력의 필요성을 강조하면서 환경협력이 어려운 원인과 그 방책을 토의한다. 동아시아 지역은 가장 빠른 성장을 경험했으며 국가 간 지역 간 교류가 급증하였으나 환경문제에 대한 인식과 해결의지는 매우 취약하다. 동아시아 지역의 환경협력이 어려운 이유로 환경정보의 제한, 협력주체의 다양성 부족, 협력대상의 제한, 환경부처간의 정책목표의 차이와 이해에 따른 통합적 시각의 부족, 그리고 정책 우선순위와 정치적 고려에 의한 협력당사국 간의 이해의 대립 등을 지적한다. 이 연구는 동아시아 지역의 지속가능한 성장을 위해서는 동아시아 지역 내 환경협력이 필수적이라는 전제하에 환경협력을 어렵게 하는 난점을 파악하고 이를 극복하기 위해 다중스케일적 관점에서 노력해야 함을 강조한다.

제 6장에서 공석기는 동북아의 외교협력을 증진시키기 위해 시민사회가 할 수 있는 역할에 대해 분석한다. 특히 중일 외교관계의 역동적 변화 속에서 일본 시민사회의 역할이 무엇인지 논의한다. 2011년 3월 11일 발생한 일본 동북지역 대지진과 후쿠시마 원전사고는 동북아시아 3국이 글로벌 위험사회 속에 밀접하게 얽매여 있음을 잘 반영해 준 사례였다. 공석기는 중일관계 개선을 위한 시민사회의 노력과 영향력이 아직까지 매우 미비하다고 분석한다. 동아시아 시민사회의 연대활동은 매우 미약한 수준이어서 이들이 국가 간 긴밀한 협력관계를 이끌어내지 못한다. 이러한 문제를 해결하기 위해서는 동아시아 시민사회의 국제연대 활동이 필요하며, 정보통신 기술을 활용하여 상호이해와 신뢰구축을 향상시키면 이는 외교관계 개선으로 이어질 수 있다고 보았다. 이 연구의 함의는 동아시아의 외교관계 개선을 위해 국가와 기업 차원에서의 협력도 중요하지만 밑으로부터의 협력, 즉 풀뿌리 시민사회의 역할이 중요하다는 것이다.

제 7장에서 김철식은 생산세계화 이후 동아시아의 생산분업이 증

대하고 있다고 강조한다. 생산세계화 이후 중국은 세계의 공장으로 성장하면서 미국과 패권지위를 놓고 경쟁에 돌입하게 되었다. 생산세계화 시대에 한국 자동차산업은 중국에 대한 해외 직접투자를 통해 경쟁력을 향상시키고 있다. 그런데 현대자동차는 분산화라는 세계적 경향과는 반대되는 수직적 통합 확대경향을 보이고 있다. 즉, 한국 내부의 폐쇄적 수직적 통합구조가 그대로 중국에 '동반진출'을 통해 이식되고 있으며, 이는 현대차가 세계시장에서 선전할 수 있는 핵심 요인이라 지적한다. 이 연구가 함의하는 바는 생산세계화 시대에 생산이 일국적으로 이뤄지기보다는 다양한 지역에서의 분업을 통해 진행되는 것이 일반적인데, 자동차산업의 경우는 일국적 생산방식이 해외이전을 통해 유지될 수도 있다는 것이다. 세계화 이후 자본주의 생산방식이 일원화 또는 수렴된다는 논의와는 반대인 '자본주의 다양성'의 논의에 힘을 실어주고 있다.

제 8장에서 윤용민과 공치는 한중 간 환율, 주가, 인플레이션의 상호영향에 대해 실증적으로 분석하였다. 필자들은 이 연구를 통해 한국과 중국, 양국의 긴밀한 경제 금융관계를 보여준다. 중국의 주식시장의 변동은 한중 간 환율과 한국 주식시장의 변화에 영향을 끼친다. 연구결과 중국 경제는 한국 경제변인의 변동에 매우 큰 영향을 미치는 것으로 확인했다. 필자들은 금융세계화 시대에 금융위기 확산을 제한하고 그에 따른 충격을 줄임으로써 균형 있는 국제금융 발전을 촉진할 수 있다고 강조했으며, 상호연계되어 있는 한중 경제관계에 있어 협력이 필요함을 주장하였다.

마지막으로 제 9장에서 김소영과 신관호는 한국의 통화정책이 미국의 통화정책으로부터 독립적이었는지 실증분석하였다. 자본자유화 시기 이후 트릴레마에 따라 환율 안정성과 독자적 통화정책 사이에 양자택일해야 하는데, 한국은 변동환율제를 채택함으로써 독자적 통화정책을 추구하게 되었다. 그러나 한국의 통화정책은 자본자유화 이전 이후 기간 모두에서 미국의 통화정책에 대해 완전히 독립적으로 운용되지 못했던 것으로 밝혀졌다. 자본자유화 이후 기간에도 한국은 완전한 변동환율제를 운용하기 어려웠고 이는 필연적으로 한국의 통화정책이 외부 충격으로부터 완전히 자유롭지 못함을 의미하는 것으로 해석한다. 이러한 연구가 함의하는 바는 금융세계화 시대 자본자유화가 가속화되면서 패권국의 통화정책이 갖는 영향력이 지대해져서 개별 국가들은 독자적 통화정책의 자율성을 누리기 힘들게 되었으며, 따라서 국가들 간의 금융 및 통화협력이 필요하다는 것이다.

이 책이 출간되기까지 여러 기관들의 지원이 있었다. 우선 이 책의 필자 상당수는 서울대 아시아연구소에 대한 한국연구재단 대학중점연구소지원사업의 연구지원을 받았으며, 이 책은 '동아시아 경제협력과 통합' 이라는 아시아연구소 중점연구소 주제에 대한 공동연구의 결과이다. 책 출판에 기꺼이 개별 논문의 출판을 수락해 주신 필자 모든 분께 감사드린다. 출판의 전 과정에서 궂은일을 도맡아 주신 서울대학교 아시아연구소 신혜선 박사께 고마움을 전한다. 또한 출판과정에서 보여준 나남의 후의와 지원에 심심한 사의를 표한다.

2013년 5월
필자들을 대신하여
임현진, 임혜란

나남신서 1694

동아시아 협력과 공동체

국가주의적 갈등을 넘어서

차 례

2부 동아시아 협력과 공동체 : 사례연구

1

동아시아 공동체

기본 개념과 모델

01

임현진

왜 동아시아 공동체인가?

한국, 중국, 일본 사이의 국가주의적 갈등을 넘어

1. 머리말

21세기에 들어와 세계문명의 중심권으로서 아시아 지역의 의미가 새롭게 부각되고 있다. 일본의 근대화 성공, 한국 · 대만 · 홍콩 · 싱가포르라는 '4마리 용'의 등장, 대륙규모의 경제를 갖는 중국과 인도의 부상, 인도네시아 · 말레이시아 · 태국 · 필리핀 · 베트남과 같은 '5마리 호랑이'의 출현 등에서 볼 수 있듯이 아시아는 유럽, 아메리카 대륙과 더불어 근대 산업세계의 3대 지주 중 하나로 손꼽힌다. 토플러(Toffler, 2006)는 이를 두고 유럽에서 아시아로의 '부의 이동'이 이루어지고 있다고 했다. 오리엔탈리즘(*Orientalism*)에 의해 타자화되었던 아시아가 다시금 주목받고 있는 것이다.[1]

---

* 이 글은 일본 교토대학에서 열린 특별강연, 〈동아시아공동체로의 길〉(2012. 11)에서 발표한 초고를 토대로 수정·보완한 것임을 밝혀둔다. 발표와 유익한 토론의 기회를 준 교토대학과 나라(奈良)EU협회 관계자분들께 감사의 인사를 전한다. 아울러 자료분석에 수고해 준 서울대학교 사회학과 박사과정 김명수 군에게도 감사를 전한다.

1 이 점에서 오래전 작고한 종속이론의 대부 프랑크의 저작이 시사하는 바가 크다. 프랑크의 저작(Frank, 1998)을 참고하라.

사실상 세계사적 전환기를 맞이하여 아시아 대륙이 지니는 지정학적(*geo-political*), 지경학적(*geo-economical*), 지문학적(*geo-cultural*) 중요성은 날로 커지고 있다. 아시아 지역에서 서구에 이은 '제 2의 근대'(*the second modernity*)의 가능성을 예상하기도 한다(Berger, 1998; Tiryakian, 1990 참조). 바야흐로 우리는 〈이코노미스트〉지의 맥래(N. Macrae) 기자가 일찍이 언급한 대로 영국의 세기(1775~1875)를 지나 미국의 세기(1875~1975)를 거쳐 태평양의 세기(*Pacific Century*)에 들어선 것이다(*The Economist*, 1975. 1. 4).[2]

이러한 태평양의 세기의 특성은 아시아가 유럽과 아메리카라는 두 대륙의 연결고리가 되고 있다는 점이다. 아울러, 아시아 대륙에서도 가장 역동적인 일본, 한국, 중국을 포함하는 동북아시아 지역이 태평양 세계의 중심축으로 자리잡고 있다는 데 주목할 필요가 있다. 그러기에 동북아에 대한 미국과 유럽의 관심이 헤게모니 다툼으로 이어지고 있으며, 이 지역질서의 맹주자리를 놓고 중국과 일본 사이에 보이지 않는 암투가 벌어지고 있다. 그리고 분단국 한국은 미국과 중국 사이에서 자신의 국익 유지를 위해 고투하는 상황이다.

한국, 중국, 일본은 서로 껄끄러운 관계이다. 바로 역사갈등과 영토분쟁 때문이다. 일본은 교과서 왜곡에서 볼 수 있듯 중국과 한국에 대한 과거 잘못을 반성하지 않고, 중국은 동북공정에서 알 수 있듯 한국의 고구려사를 자기 역사로 편입시키려 하고 있다. 한국과 일본은 독

---

2 물론 태평양 시대의 도래에 대해 나이스비트(J. Naisbitt)나 후쿠야마(F. Fukuyama)와 같은 확신론자와 헌팅턴(S. P. Huntington)이나 크루그먼(P. Krugman) 같은 회의론자의 견해가 서로 엇갈리고 있다. 그러나 서구의 또 다른 천년기획을 위해 동아시아의 지나온 역정에서 교훈을 찾으려는 공통적 노력을 이들에서 읽을 수 있다. 우리는 역설적이게도 오리엔탈리즘의 연장선에서 옥시덴탈리즘을 발견하게 된다. 왜냐하면 이른바 태평양의 세기라는 유행어의 배후에 동양의 도전을 극화시켜 서양의 재건을 도모하자는 서양문명 중심주의가 보이지 않게 자리잡고 있기 때문이다.

도 영유권을 다투고, 중국과 일본은 서로 조어도(釣魚島) 소유권을 주장한다. 특기할 만한 사실은 한국이 일본과 중국에 비해 패권주의적 입장에서 벗어나 있다는 것이다. 3국이 여전히 내셔널리즘 형태로 국가주의와 민족주의 성향을 지니고 있는 것은 부인하기 어렵다. 그러나 오랜 민족국가의 전통에서 일본이 팽창적 민족주의를 보인다면, 한국은 일본의 식민지배에 대해 저항적 민족주의를 길렀다. 중국은 한국과 마찬가지로 일본의 제국주의적 침탈의 피해자이기도 했지만, 현재 56개 민족의 다원일체 아래 중화민족이란 통합적 민족주의를 지향한다. 분단국 한국을 제외하고 중국과 일본 두 나라는 아시아 지역을 포함하는 세계를 향한 패권주의 경향도 보이고 있다고 해도 지나치지 않다.

최근 유럽연합(EU: European Union)이 흔들리면서 아시아지역에서의 공동체 건설에 회의적 시각이 나타났다. 지역공동체의 모범으로 간주된 EU는 유로존(Euro Zone) 가입 국가들과 그렇지 않은 국가들로 나누어져 있고, 유로존 국가들 중 이른바 PIGS라고 불리는 포르투갈, 이탈리아, 그리스, 스페인 등의 재정위기는 EU의 미래에 불안한 징조가 되었다. 과연 EU가 연방주의를 공고히 하여 오늘의 분열위기를 극복할 수 있을지는 두고 볼 일이다. 다만 유럽중앙은행(ECB: European Central Bank)과 국제통화기금(IMF: International Monetary Fund)은 그리스와 스페인이 긴축프로그램을 도입한다는 조건으로 구제금융을 준비하고 있다. EU의 고민은 잘사는 북부지역과 못사는 남부지역 사이의 불균형에도 불구하고 화폐통합을 서두른 데에서 비롯되었다. 그럼에도 유럽이 지난 천여 년 동안 상호 간의 전쟁으로 얼룩진 역사를 넘어 평화를 구가하고 있다는 사실은 주의 깊게 살펴볼 필요가 있다. 돌이켜 보면, 경제통합에서 정치통합으로 나아가고 있는 EU가 실현 가능했던 이유 중 하나는 프랑스와 독일, 그리고 영국과 프랑스가 서로 화해했기 때문이다. 이처럼 동북아 지역의 상생을 위해서는 한·

중·일이 서로 이해하고 포용하는 자세를 가져야 할 것이다.

이 글은 아시아 지역, 더 나아가 세계의 평화와 번영을 위해 동북아 지역에서의 한국, 중국, 일본의 조화 방안을 모색한다. 이를 위해 먼저 세계 속의 아시아의 위상을 알아본다. 다음으로, 동북아시아 지역 공동체가 필요함에도 불구하고, 그 결성을 가로막는 장애물을 생각해 본다. 마지막으로 한국, 중국, 일본의 국가주의적 갈등을 넘기 위한 방안으로 사회문화적 교류와 협력을 논의한다.

2. 세계 속의 아시아 3

아시아는 하나가 아니라 중앙, 북부, 동부, 서부, 남부 등 여러 지역으로 이루어져 있다. 최근 아시아의 부상과 함께 이 지역에서의 공동체 건설에 관한 논의가 많다. 아시아태평양경제협력체(APEC: Asia-Pacific Economic Cooperation)는 아직 느슨한 협의 기구에 불과하지만 지역공동체로서 전환을 시도하고 있다.

세계에서 가장 큰 지역공동체로 EU, 북미자유무역협정(NAFTA: North American Free Trade Agreement), APEC 등을 들 수 있다(〈그림 1-1〉 참조). APEC을 EU 및 NAFTA와 비교하면 〈표 1-1〉과 같다. APEC은 전 세계 인구의 40%, 지표면적의 32%, 세계 총생산의 54%, 에너지 소비의 49%, 국제교역의 43%를 차지한다. 기실 APEC은 EU와 NAFTA에 비견할 수 없을 정도로 큰 지역공동체의 가능성을 갖고 있다. 그러므로 APEC이 지역공동체로 거듭난다면 세계 경제와 국제관계에서의 비중으로 볼 때 EU와 NAFTA보다 영향력이 훨씬 클 수 있다.

3 이후의 논의는 임현진(2011: 33~41)을 참조할 것.

〈그림 1-1〉 지역공동체의 현황

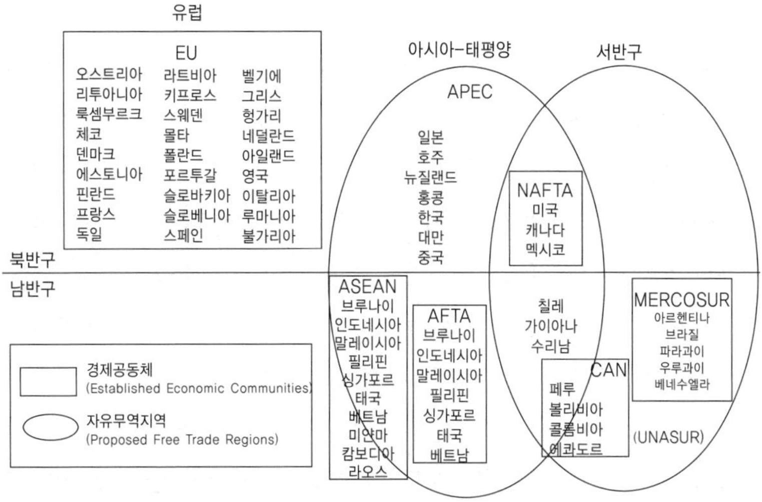

〈표 1-1〉 APEC, EU, NAFTA 비교(2009)

(단위: 천 명, 백만 달러)

구분	북미자유무역협정 (NAFTA)	아시아태평양 경제협력체(APEC)	유럽연합 (EU)
설립연도	1994년	1989년	1993년
회원국수	3개국	21개국	27개국
본부	-	싱가포르	룩셈부르크 브뤼셀
전체면적	21,783,850㎢	62,647,000㎢	4,324,782㎢
인구 (세계인구 중 비중)	457,285 (6.75%)	2,716,782 (40.10%)	498,643 (7.36%)
GNP (세계총생산 중 비중)	16,329,878 (28.04%)	31,740,310 (54.51%)	16,376,781 (28.13%)
1인당 GDP(PPP)	35,491	14,352	30,388
상품수출 (세계 총상품수출 중 비중)	1,602,479 (12.86%)	5,335,987 (42.82%)	1,530,288 (16.18%)
상품수입 (세계 총상품수입 중 비중)	2,176,716 (17.21%)	5,483,280 (43.36%)	1,681,118 (17.41%)
서비스 수출 (세계 총서비스 수출 중 비중)	548,875 (16.57%)	1,232,300 (37.21%)	653,690 (26.06%)
서비스 수입 (세계 총서비스 수출 중 비중)	433,291 (13.91%)	1,185,000 (38.05%)	565 441 (23.55%)

출처: WTO 통계시스템 및 APEC 통계시스템 자료를 바탕으로 재구성.

미국이 APEC에서 주도권 장악을 시도하는 것이나, 유럽이 ASEM을 통해 아시아에서의 입지를 강화하려는 것도 향후 세계경제와 국제관계에서 아시아가 높은 위상을 차지하고 큰 역할을 할 것으로 기대되기 때문이다. 아시아 대륙은 자본투자, 기술이전, 시장규모, 인력충원, 지식생산에서 세계의 다른 지역보다 좋은 조건을 지니고 있기에 미국이나 유럽 못지않게 세계 여러 나라들에게 강한 매력을 줄 수 있다.

아시아는 하나의 동일한 문명지대(*civilization zone*)가 아닌 까닭에 다양한 언어, 인종, 종교가 혼재해 있다. 거의 모든 나라들이 서로 다른 인종으로 구성되어 있고, 독자적 언어를 사용한다. 세계 주요 종교의 발상지로서 유교, 불교, 힌두교, 이슬람교, 가톨릭교가 뒤섞여 있는데, 한국, 중국, 일본, 베트남, 대만, 싱가포르의 유교, 인도의 힌두교, 태국의 불교, 인도네시아, 말레이시아의 이슬람교, 필리핀의 가톨릭 등이 공존한다. 이 지역의 나라들은 정치체제, 경제제도, 사회구조, 문화 체계 등에서 내부적으로 서로 큰 차이를 보인다. 대부분이 자본주의 체제이지만, 북한처럼 사회주의 나라도 있고, 사회주의에서 자본주의로 이행하는 중국과 베트남과 같은 체제 전환국들도 섞여 있다. 자본주의 체제 아래에서도 국가 개입체제부터(예: 일본, 한국, 대만, 말레이시아) 자유시장체제(예: 싱가포르, 홍콩)에 이르기까지 다양한 형태가 공존하고 있다. 민주주의, 시민사회, 경제발전의 측면에서도 다양하다. 실제로 이 지역의 나라들은 발전 수준에 따라 선진국, 중진국, 개도국으로 나눌 수 있다. 더 상세하게는 과발전의 비만형 국가군과 저발전의 빈곤형 국가군, 여기에 더해 후자에서 전자로 가고 있는 이행형 국가군으로 구분이 가능하다. 최근에는 중국, 인도, 인도네시아를 신흥국이라 부르기도 한다.

이러한 다양성에도 불구하고 아시아 지역의 국가들은 인접국들과의 끊임없는 접촉, 교류, 교역, 전쟁 등을 통하여 역사적으로 오래된 문화적, 제도적 연관성을 유지했다. 서로의 차이에도 불구하고 이러한 문화 및 제도적 연관성이 아시아라는 기표로 수렴된다는 점은 아시아 지역의 특징이자, 유럽을 비롯한 다른 지역과의 변별점이라 할 수 있다. 과거 인도에서 발원한 불교가 중국을 거쳐 한국과 일본으로 전파되었고, 중국에서 생성된 유교가 아래로는 베트남 위로는 한국과 일본으로 보급된 바 있다. 경제적으로는, 제 2차 세계대전 이후에 일본의 산업화 모델에 기반하여, 아시아 후발 국가들이 선발 국가들의 발전 경험을 배우면서 나름대로 독특한 경제 발전을 이끌어가고 있다.

유럽의 팽창이 아시아 대륙으로 향하던 서세동점의 시기에 동아시아에 이른바 삼걸(三傑)이 있었다. 한국의 이하응(李昰應), 중국의 이홍장(李鴻章), 일본의 이토 히로부미(伊藤博文)가 그들이다. 메이지유신 이후 이와쿠라 사절단(岩倉使節団)의 일원으로 유럽과 미국을 들른 이토 히로부미는 새로운 문물과 제도에 감동받았다. 이는 일본이 탈아입구(脫亞入歐)를 통해 근대화를 달성하고, 아시아 지역을 신동아공영권의 질서에 편입시키려는 야욕으로 이어졌다. 상해 앞바다에서 영국함대의 막강한 무력시위를 본 이홍장은 청의 군사력을 선진화시켜야겠다는 결심에 이르렀다. 그러나 중국의 동도서기(東道西器)를 통한 근대화는 유럽의 제국주의와 일본의 아(亞) 제국주의(*sub-imperialism*)를 당해낼 수 없었다. 유럽이나 인접 중국, 일본의 변화에 둔감했던 조선의 이하응은 쇄국주의를 통한 개혁을 시도했다. 그러나 기득권의 바탕에 선 법고창신(法鼓創新)은 조선의 주권을 지켜 내기에는 힘이 부쳤다. 결국 한국과 중국은 일본의 식민지와 반(半) 식민지로 전락했다.

제 2차 세계대전 이후 한국, 중국, 일본은 제각기 서로 다른 발전의 길을 밟았다. 일본은 경제와 사회를 재조직하면서 정부지도 아래 기업을 매개로 대외지향적 발전 전략을 추구하였다. 한국도 그러한 일본의 발전주의 국가(*developmental state*) 모델을 수용하여 급속한 경제성장을 추진했고, 개혁·개방 이후 중국의 지속적 경제성장도 그 연장선에 있다고 볼 수 있다. '4마리의 용'이나 '5마리의 호랑이'도 결국 국가주도 아래 수출 증진을 통한 산업화 방식을 좇고 있다는 사실도 주목할 수 있다. 발전주의 국가 모델의 일반적 특징으로 정부의 개입과 지도, 장기적 경제개발계획의 수립, 급속하고 지속적인 경제성장, 훌륭한 교육제도, 값싸고 풍부한 양질의 노동력, 전략적 산업·금융정책 등을 들 수 있다. 발전주의 국가는 전후 1950년대 일본의 경제회복과 부흥을 가져왔고, 1970년대에서 1990년대에 이르기까지 한국의 급속한 경제발전에 기여하였고, 1990년대에서 지금까지 중국의 산업화를 통한 지속적 성장을 이끌었다고 평가할 수 있다. 세계화 시대 신자유주의 아래 정부의 역할 축소와 시장의 기능 확대가 일어나고 있다. 그에 따라 사회복지의 제공, 이해갈등의 조정, 하부구조의 건설 등을 위해 국가가 적절히 나서야 할 필요성이 늘어난다는 점에서, 발전주의 국가가 사라지고 있는 것이 아니라 새로운 형태—후기 발전주의 국가(*post-developmental state*)로 다시 태어나고 있다고 볼 수 있다.

동북아시아 지역 한국, 중국, 일본의 국제적 위상은 높은 편이다. 흥미롭게도 2011년 현재 중국 3조 달러, 일본은 2조 달러, 그리고 한국은 3천억 달러라는 엄청난 외환을 보유하고 있다.[4] 역사적으로 공업의 쌀이라 비유되는 철(鐵)의 사용량에 따라 산업화의 성패가 갈라지곤 했다. 후발 발전국이 조강능력 제고를 통해 선발 발전국을 따라잡으려 한 지난날의 산업화 경험이 이를 잘 웅변해 준다. 독일이 영국을, 미국이 유럽을, 일본이 유럽과 미국을 좇아가고자 철강산업을 키우려 했다. 한국도 1968년 포항제철의 출범과 함께 본격적 산업화의 도정에 들어섰다고 할 수 있다.

4 외환보유 세계 10개국 중 아시아 지역에서 중국, 일본, 러시아, 대만, 인도, 한국, 홍콩, 싱가포르 등 8개국이 차지하고 있다. 나머지 두 나라는 브라질과 스위스이다.

〈표 1-2〉가 보여주듯이, 현 시점에서 세계최대의 조강국가는 중국이고 일본, 미국, 인도, 러시아, 한국이 그 뒤를 따르고 있다. 마찬가지로 21세기 공업의 쌀이라 할 수 있는 반도체(*semi-conductors*)의 생산량을 보면, 한국과 일본이 세계의 선두를 달리고 있다. 〈표 1-3〉은 세계 10대 반도체 기업체 중에서 한국과 일본이 각각 두 개씩, 총 4개를 차지하고 있음을 보여준다.

〈표 1-2〉 세계 조강생산량 순위(2011)

(단위: 천 톤)

순위	국가	조강생산량	순위	국가	조강생산량
1	중국	683,265	6	한국	68,471
2	일본	107,595	7	독일	44,288
3	미국	86,247	8	우크라이나	35,332
4	인도	72,200	9	브라질	35,162
5	러시아	68,743	10	터키	34,103

출처: World Steel Association. 2011. *Crude Steel Statistics Total*.

〈표 1-3〉 세계 10대 반도체생산 기업체

순위			회사명	소속국가	전체 판매량 (10억 달러)	2010/2009 변동률	시장 점유율
2011	2010	2009					
1	1	1	인텔	미국	40,020	+24.3%	13.2%
2	2	2	삼성전자	대한민국	28,137	+60.8%	9.3%
3	4	4	텍사스 인스트루먼츠	미국	12,966	+34.1%	4.3%
4	3	3	도시바	일본	13,081	+26.8%	4.3%
5	5	9	르네사스 일렉트로닉스	일본	11,840	+129.8%	3.9%
6	9	6	퀄컴	미국	7,200	+12.3%	2.4%
7	7	5	ST 마이크로 일렉트로닉스	프랑스, 이탈리아	10,290	+20.9%	3.4%
8	6	7	하이닉스	대한민국	10,577	+69.3%	3.5%
9	8	13	마이크론 테크놀로지	미국	8,853	+106.2%	2.9%
10	10	14	브로드컴	미국	7,153	+7.0%	2.3%

출처: 위키피디아, 연도별 반도체 기업순위.

주: 전체 판매량, 2010/2009 변동률, 시장점유율은 2010년 기준으로 작성되었다.

중국은 더 이상 잠자는 사자가 아니다. 2001년 세계무역기구(WTO: World Trade Organization) 가입을 전기로 유인 우주선 신주(神舟)를 성공시킨 중국은 2008년 북경올림픽, 2010년 엑스포를 통해 세계 강국의 위상을 굳히려 한다. 중국은 가까운 시간 안에 50여 개 기업을 세계 500대 기업으로 키우려는 야심 찬 계획을 세우고 있다. 최근에는 항공모함을 건조하여 태평양은 물론 인도양으로의 진출을 꾀하고 있다. 중국은 아시아 지역은 물론 전 세계를 겨냥한 패권 국가로 나아가려 한다. 2005년 중국의 국내총생산(GDP)은 일본의 절반에 불과했지만, 5년 뒤 2010년에는 일본을 추월하여 세계 제 2위로 올라섰다. 이러한 추세로 간다면 빠르면 5년 안에 중국이 미국을 GDP에서 따라 잡을 것으로 IMF는 예상하고 있다.

그러나 중국은 1인당 GDP가 여전히 세계 100위권 밖에 있는 빈국이다.[5] 나라는 부유한데 국민은 가난하다. 사회적 양극화는 도시와 농촌 사이를 넘어 도시와 농촌 안에서도 심각하게 나타나고 있다. 이에 따라 계층적 위화감도 늘어난다. 중국 정부가 온포(溫飽)에서 시작하여 소강(小康)과 화해(和諧)를 거쳐 민부(民富)로 정책적 방향을 바꾸고 있는 까닭이다. 시진핑 시대를 맞이하여 공산당 일당독재에 대한 민주화 요구 해결과 부정부패 척결이 우선 과제로 등장하였다. 그럼에도 2011년 중국은 브릭스포럼(BRICs Forum) 정상회의와 보아오포럼(Boao Forum for Asia) 연차총회를 통해, 아시아적 가치 아래 역내 국가들의 다양성이 존중되고 각국 실정에 맞는 '포용적 발전'(*inclusive development*)을 주장했다. 비록 워싱턴 컨센서스를 대체하기

5 2010년 중국의 GDP(5조 8,786억 달러)가 일본의 GDP(5조 4,742억 달러)를 제쳐 세계 2위로 발돋움했으나, 중국의 1인당 GDP(4,412달러)는 일본 1인당 GDP(42,431달러)의 약 10분의 1 수준에 머물고 있는 실정이다. 2009년 통계에 따르면 중국 1인당 GDP는 3,678달러로서 전 세계 213개국 중 124위를 차지하였다(〈중앙일보〉, 2011. 2. 16).

에 베이징 컨센서스가 가야 할 길은 멀지만, 중국은 그를 위한 전 세계적 포석을 깔고 있다. 특히 아시아에 관한 한 중국은 미국과 함께 '규칙제정자'(*rule maker*)로서 공동 관리에 나설 것으로 보인다.

일본은 경제적으로는 거인이지만 정치적으로는 난쟁이에 가깝다. 일본은 유사법제를 통한 재무장을 발판으로, 기존의 경제적 능력에 보태어 외교적·군사적 입지를 넓히려 했다. 그러나 일본은 더 이상 떠오르는 태양이 아니다. 최근 6년 동안 6명의 총리가 바뀌었듯이 정치적 리더십이 취약하다. 여전히 이익집단이 국회를 지배하는 상황에서 자민당을 대신한 민주당이 국가쇄신을 위한 개혁을 추진하기 어려웠다. 이러한 배경에서 2013년 총선에서는 다시 자민당으로 리더십 교체가 일어났다. 후쿠시마 원전사고 직후 위기관리를 위해 민주당이 연합정부를 제의했지만 자민당이나 공명당의 반응은 냉담했다. 2011년 3월에 발생한 동일본대지진 때문에 일본이 재도약하기 위해서는 적어도 10여 년은 걸릴 것으로 예상하고 있다. 그럼에도 이러한 위기를 일본이 자랑하는 기술과 자본으로 극복할 수 있다면 일본은 다시금 세계경제의 중심부를 향해 나아갈 것이다.

한국은 2011년 기준으로 세계 7위의 수출 국가이자 세계 9위의 무역 국가이며, GNP는 세계 15위를 차지한다. 그러나 세계 총생산에서 한국의 GNP가 차지하는 비중은 겨우 1.6%에 지나지 않는다. 한국은 산업화와 민주화를 동시에 이루어 내서 국제적 위상을 높였지만 여전히 분단국가라는 한계가 있다. 그럼에도 한국은 팽창주의를 지향하는 중국이나 일본과 다르다. 비록 중견국(*middle power*)이지만 분단국가인 한국은 중국과 일본에 비하면 상대적으로 열세이다. 동북아시아 지역에서 상생과 조화를 위한 균형추 역할 이상을 발휘하기 어려운 것이 오늘의 한국이다. 그럼에도 한국은 2010년 주요 20개국(G-20) 정상회의의 주최국으로서 선진국과 개도국 사이에서 교량적 역할을 시도한 것처럼 오늘의 국제관계와 세계경제에서 일정한 위상을 지니고 있다.

3. 동아시아 공동체를 향하여[6]

동북아시아는 아시아의 동부와 북부가 합쳐진 지역을 아우른다. 대륙국 중국, 해양국 일본, 반도국 한국이 동북아의 중심을 이루고 있지만, 몽골은 물론이고 러시아와 미국도 포함할 수 있다.[7] 이 중 한국, 중국, 일본은 비교적 강한 국가주의와 민족주의의 전통을 지니고 있다. 그러므로 동아시아 공동체로 나아가기 위해서는 구동존이(求同存異)와 화이부동(和而不同)의 방향에서 서로의 차이를 인정하면서 공통분모를 찾아야 한다. 한국, 중국, 일본은 서로 공동체 의식을 함양하고, 지역 안에서 협조와 공존을 위한 문화·경제 교류를 확대하여 3국 국민들 사이의 이해와 신뢰를 높여야 할 것이다.

지난날 한국, 중국, 일본은 유교문화를 기반으로 중화질서 아래에 있었다고 할 수 있다. 그러나 이러한 문화적 공통성이 지역적 통합성을 담보하지는 않는다. 한국과 중국과 일본은 서로 인접해 있으나, 고대로부터 근대에 이르기까지 우리가 생각하는 것만큼 서로 인적·물적 접촉과 교류를 활발하게 했다고는 보기 어렵다. 고대 당의 중국, 신라의 한국, 나라·헤이안 시대의 일본은 가장 내왕과 교역이 활발했던 예외적인 시기이다. 중국의 명은 14세기부터, 조선의 한국

6 이후의 논의는 임현진(2010: 174~185)을 참조할 것.

7 자연 지리적으로 미국은 알래스카를 갖고 있으니 북부 아시아와 이어지고, 러시아는 유라시아 국가로서 북부 아시아와 맞닿는다. 여기에 미국과 러시아는 동북아 국가들과 각기 체결한 여러 조약, 협정 등을 통해 동북아와 지정학적으로 연결된다. 이 두 나라는 태평양이라는 해양을 두고 아시아와 북미대륙을 서로 연결하는 거대한 지정학적 사고를 하고 있다.

(동래의 왜관은 예외)은 15세기 초반부터, 그리고 도쿠가와 시대의 일본(나가사키는 예외)은 17세기 전반부터 역외 국가들에 대한 쇄국정책을 펴면서 3국 사이의 교역은 물론 왕래조차 제한적으로 이루어졌다. 한국, 중국, 일본이 서로 본격적 통교를 시작한 것은 19세기 후반 이후 서구에 대한 개항에 따른 결과라 할 수 있다(고병익, 1955).

돌이켜 보면, 한국은 고구려 패망 후 중국의 그늘을 벗어나지 못했지만 일본은 도요토미 히데요시 이래 중국을 정복하려는 의지를 가졌다. 중국이 중화주의 아래 동북아를 자신의 생활영역으로 여긴 반면, 일본은 아시아주의를 통해 대륙 전체로의 진출을 끊임없이 추구했다. 이 점에서 한국은 중국이나 일본과 달리 일국 중심의 대국적 팽창주의에서 자유로웠다는 특징을 갖는다. 동북아 3국 중 서구 제국주의 침탈로부터 가장 먼저 피해를 본 나라가 중국이다. 이를 극복하기 위하여 일본은 오히려 아시아 대륙에 식민지를 건설하는 후발 제국주의를 추구했다. 한국의 식민화 이후 중일전쟁에서 승리한 일본은 대만을 전리품으로 획득하고 이후 중국대륙으로 진출을 꾀하여 대동아공영권 건설에 박차를 가하게 되었다. 이러한 일본의 대동아공영권이라는 오도된 실험이 아직까지도 동북아에서 역사의 무거운 짐으로 남아 있다.

동북아시아 지역에 대한 미국과 소련의 대외정책 이해관계는 이미 19세기 초반으로 거슬러 올라간다. 미국과 일본은 가쓰라태프트 협정(The Katsura-Taft Agreement, 1905)에 의해 미국이 필리핀을 식민지화하는 조건으로 일본이 한국을 식민지화하는 것을 용인하였다. 제정러시아 또한 동북아에서 주도권을 행사하기 위하여 치른 러일전쟁(1904)에서 패퇴할 때까지 한반도에 대해 일정한 영향력을 행사했다.

한국전쟁을 전기로 하여 미국과 소련은 동북아시아 지역과 군사, 외교, 경제 측면에서 긴밀한 관계를 지속하였다. 미국은 미일 안보조약(1951), 한미 상호방위조약(1953),[8] 미국의 대만 방위공약(1980),

APEC에의 참여, 한미 자유무역협정 체결 등을 통해 한국, 일본, 대만과 연관을 맺고 있다. 러시아는 조중 우호협조 및 호상원조에 관한 조약(1961), 조소 우호협조 및 호상원조조약(1961),[9] 조러 우호친선 및 협력에 관한 조약(2000) 등을 통해 북한, 중국과 관련을 맺고 있다.[10] 2000년대 초반에 한국이 동북아 균형자를 자처한 것도 각각 미국과 러시아를 배경으로 한 북방동맹과 남방동맹이라는 대립적 구도에서는 동북아의 평화와 번영이 어렵다는 인식이 깔려 있었기 때문이다. 한국이 동북아 균형자가 될 만한 역량이 있는가는 차치하고, 갈등에서 협력으로의 동북아 지역 질서를 만들어나가겠다는 한국의 선도적 의지는 읽을 수 있다. 이러한 가운데 일본은 미국과의 동맹을 강화하여 한국을 밀어내고 동북아시아에서 미국의 대리인이 되려 한다는 사실이 우리의 관심을 끈다. 오히려 한국은 동북아균형론 때문에 미국과의 남방동맹에서 이탈해 친중노선으로 전환하는 것이 아니냐는 오해를 받았다. 최근 한국은 한미동맹을 복원하여 다시금 중국과 일본의 군사주의적 대국화에 대응하려 하고 있다.

현재 동북아시아의 상호 협력을 가로막는 원인은 일본이 과거 식민지 시대에 중국과 한국에 저지른 과오를 제대로 반성하고 있지 않다는 사실에 있다. 일본은 '일본군' 위안부에 대한 보상에 앞서 그 존재 자체를 부정하려는 입장을 취하고 있다. 난징학살에 대해서도 마찬가지이다. 일본수상들의 신사참배가 계속되는 가운데, 역사 교과서에서 중국과 한국의 식민지화를 미화하는 왜곡도 불사한다. 일본 제

8 미국이 중국과 수교 이후 대만과의 방위조약 폐기 이후 새롭게 만든 것이다.

9 이 조약은 러시아가 1995년 9월 북한에 폐기를 통보하고, 1996년 9월 북한의 연장 요청을 거부하여 폐기되었다. 이를 대체한 신조약이 '조러 우호친선 및 협력'에 관한 조약이다.

10 미국은 일본이나 한국과 함께, 러시아는 중국과 손을 잡고 서로를 가상의 적으로 삼아 각기 합동 군사훈련을 한다. 한국, 중국, 일본 세 나라 모두 군비를 축소하기는커녕 강화하면서, 동북아시아 3국 사이의 상호협력을 해치고 있다.

국주의의 피해자인 중국도 일본의 반성을 촉구하면서도, 서남공정과 서북공정에 이은 동북공정에서 나타나듯 한국의 고유 역사를 부정하는 패권주의적 경향을 보인다. 영토분쟁 역시 동북아의 상호협력을 저해하는 또 다른 원인이다. 북방 4도의 소유를 둘러싼 러시아와 일본 사이의 갈등은 아직도 해결의 실마리를 풀지 못하고 있다. 한국의 영토인 독도에 대한 일본의 영유권 주장이나, 일본이 점유하고 있는 조어도에 대한 중국의 반환 요청이 한국-중국-일본 사이의 영토분쟁을 뜨겁게 하는 실정이다. 동북아시아는 현재 역사갈등과 영토분쟁이라는 중층적 갈등을 겪고 있다.

또한 북한의 핵무기 개발이 동북아에 긴장을 조성하고 있다. 핵보유국인 미국, 러시아, 중국에 이은 북한의 핵무기 소유 의욕은 일본과 한국을 자극하고 있다. 특히 일본은 북한 핵개발을 명분으로 유사법제를 통한 재무장을 정당화하려 한다. 이러한 일본의 국가주의적 우경화에 대해 중국과 한국이 긴장하는 것은 당연한 일이다. 중국과 일본 사이에 지역 패권을 차지하기 위한 과도한 군비경쟁이 일어나고 있다. 북한의 핵문제를 포함한 동북아시아의 군사주의는 이 지역이 여전히 냉전질서에 속해 있다는 표증이기도 하다.

동북아시아의 미래는 기회와 위협으로 둘러싸여 있다. 가장 큰 도전은 한국-중국-일본 사이에서 현재 벌어지고 있는 복합적인 역사갈등과 영토분쟁이다. 이를 슬기롭게 극복할 수 있다면, 한국, 중국, 일본은 평화와 번영을 위한 새로운 동북아시아 지역 질서를 만들어 낼 기회를 얻을 수 있다. 유럽의 경험은 지역공동체의 형성이 쉽지 않다는 사실을 알려준다. 1957년 로마조약 체결 이후 반세기를 지나, EU는 경제통합을 넘어 정치통합으로 나아가고 있다. 최근 유로존에 위기가 닥쳐 EU의 경제통합 자체가 흔들리고 있는 것도 눈여겨볼 필요가 있다. 주목할 점은 정치통합이 흔들리면서 사회통합이 어려워진다는 점이다. 반세기에 걸친 경제공동체의 역사에도 불구하고 국익을 넘어설 수 있는 범유럽적인 법, 규범, 제도상의 합의가 이루어져야만 국가연합 형태의 정치공동체가 가능할 것이다. 유럽은 대체적으로 기독교 문명지대라는 공통점이 있음에도, 지역공동체를 수립하기 위해 오랫동안 분열하고 통합을 반복하면서 적지 않은 체험과 학습을 필요로 했다. 동북아시아도 옛날부터 경제적 교류와 군사적 충돌을 경험한 것은 유럽과 다를 바 없겠지만, 강력한 국가주의의 전통 아래 종교적으로나 정치적으로나 통합의 역사를 경험하지 못했다는 점에서는 유럽과 현격한 차이를 보인다.

한국, 중국, 일본 3국이 발전, 에너지, 금융, 환경, 테러 등 일련의 문제에서 활용할 공통의 협력틀이 필요하다. 지역공동체라는 먼 미래를 위해 한・중・일 3국은 문화와 경제교류를 확대하여 국민들 사이의 이해와 신뢰를 높여야 한다. 인적・물적으로 소통하고 교섭하여 지역공동체를 향한 합의의 기반을 다질 수 있다. 흥미롭게도 아시아에는 통합유럽의 지도자란 야심을 품었던 지난날의 모네(Jean Monet), 슈만(Robert Schuman), 처칠(Winston Churchill), 드골(Charles de Gaulle) 같은 인물이 없다. 마오쩌둥(毛泽东), 호치민(胡志明), 수카르노, 박정희(朴正熙), 리콴유(李玳曜) 등 국익수호를 위한 민족해방적 혹은 개발독재형 정치인은 있었다. 그러나 아시아라는 지역적 공통분모 아래 동주공제(同舟共濟)를 위한 예언자적 풍모를 지니는 걸출한 지도자는 나타나지 않았다. 이 점에서 일본의 '대동아공영권'과 중국의 '중화경제권'이란 자국 중심의 패권주의적 구상을 넘어설 수 있는 동아시아 공동체를 향해 선취적이고 전향적인 자세를 가져야 할 것이다.

오늘날의 아시아 지역에는 APEC, 동남아시아국가연합(ASEAN: Association of South East Asian Nations), ASEAN+3, ASEAN+6 등이 있다. 21개 회원국으로 구성되어 있는 APEC은 느슨한 경제협력체

〈그림 1-2〉 아시아의 지역공동체

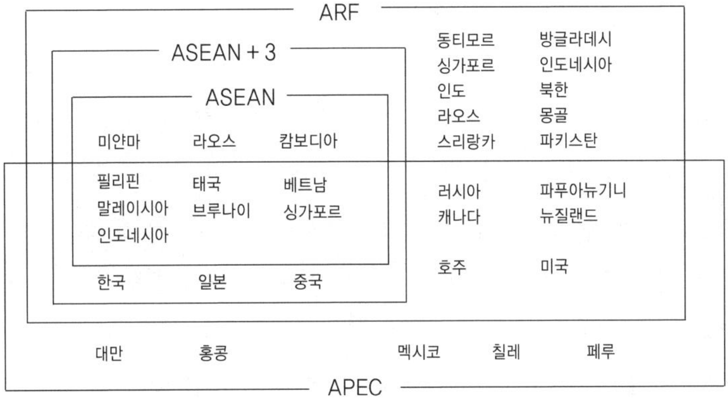

이다. 비록 1994년에 보고르(Bogor) 정상회의에서 역내 무역자유화에 관한 일정이 합의되었지만 (선진국은 2010년, 그리고 개도국은 2020년), APEC이 실질적인 경제적 지역블록으로 기능하기 위해서는 너무 많은 난관이 가로놓여 있다. 아시아 지역의 경제적 주도권을 장악하려는 미국과 중국의 입장 때문에 APEC의 발전적 제도화가 지체되고 있다. 10개의 나라로 이루어져 있는 ASEAN은 경제협력을 강조하지만 회원국들 사이의 경쟁 탓에 기대만큼의 성과를 거두지 못하고 있다. ASEAN은 미국의 안보적 이해와 중국의 경제적 이해에 맞물려 구심력이 약해지고 있다. ASEAN은 경제약소국인 자신들의 입지를 약화시킬 것으로 인식하여 미국의 영향력 아래에 있는 APEC에 대해 유보적이다. ASEAN + 3은 아시아 금융위기에 대처하기 위해 ASEAN에 한국, 중국, 일본이 가담하는 형식으로 출범하였으나, 3국은 의사 결정권이 없어 서로 의견을 교환하는 정도의 포럼에 그치고 있다. 다만 향후 아시아 지역에는 ASEAN + 3, ASEAN + 6(오스트레일리아, 뉴질랜드, 인도 포함) 등이 APEC과 병존할 가능성이 짙다(〈그림 1-2〉 참조).

동북아시아에서의 긴장과 갈등을 협력과 상생으로 이끌어가기 위해서는 지역공동체의 건설이 중요하다. 그러나 지나친 국가주의와 민족주의의 경향 아래 패권 경쟁은 이 지역에서 지역공동체의 건설을 어렵게 하고 있다. 그러므로 한국, 중국, 일본은 동북아시아의 지역공동체 건설에 경제적으로뿐만 아니라 문화적으로 접근하는 것이 유용할 수 있다. APEC과 같은 경제공동체를 만드는 데 조급하기보다 3국이 일대일로 협상하는 쌍무주의를 통해 화해와 협력을 도모하고, 나아가 3국이 모두 참여하는 다자주의적 상생의 길을 모색하는 것이 올바른 순서일 것이다. 이 점에서 3국 사이의 ANEAN(Association for North East Asian Nations)을 모색하는 것도 하나의 방법이다. 지역공동체의 모색과정에서 한국의 역할을 강조한 이유는 한국이 중국이나 일본과 달리 예전이나 지금이나 대국주의와는 거리가 멀기 때문이다. 오히려 한국은 중국과 일본의 대국적 팽창주의의 피해자일 수 있다. 여기에서, 오늘날 동북아시아에 강하게 불고 있는 국가주의와 민족주의의 재등장을 극복하기 위한 한국의 시대적 소명이 도출될 수 있다. 물론 한국이 중국과 일본의 국가주의와 민족주의를 견제하는 데 국력 면에서 역부족인 것이 사실이다. 그럼에도 불구하고 이러한 한국의 비(非)팽창주의적 입장이 중국과 일본에 대해 도덕적 차원에서 헤게모니적 우위를 가질 수 있다는 사실에 주목하고 싶다.

4. 한국-중국-일본 사이의 사회문화적 교류와 협력

지구화 시대 정보사회의 등장은 한국-중국-일본 사이의 교류와 협력을 위해 좋은 여건을 마련해 준다. 정보화가 국경의 장벽을 넘어 사람들 사이의 네트워크 형성을 가능케 하여 거점중심 사회를 연결중심 사회로 바꾸어 주는 것은 잘 알려진 사실이다(김두식, 2007: 32~33). 이제 동북아 3국의 사람들은 기존의 장소에 귀속된 고립적 존재에서 벗어나 끊임없이 이웃과 접촉하고 의미를 부여하는 자기실현적 주체로 거듭나고 있다.

근래에 들어 한국, 중국, 일본은 정부와 민간 차원에서 긴밀하게 상호작용했다고 볼 수 있다. 이것은 3국 사이의 점증하는 인적·물적 교류에서 잘 나타나고 있다. 자본과 상품뿐 아니라 사람과 정보가 3국을 왕래하고 있는 것이다. 이러한 교류를 통해 한·중·일이 국가주의로 얼룩진 자폐적 내셔널리즘을 벗어나 각국의 문화적 특수성을 동북아라는 지역적 정체성으로 끌어올릴 수 있을 때 문화공동체의 구축이 가능해진다.[11] 열린 내셔널리즘을 통해 대화와 소통이 이루어져 3국은 동북아라는 다문화적 콘텐츠를 개발할 수 있다.

지금까지 한·중·일이 상호협력을 위해 구성한 정치, 경제, 외교, 사회, 문화, 환경 차원의 정부 및 민간 차원의 협의기구는 상당히 많다. 여기서는 논의의 편의상 먼저 한·중·일 3국 사이의 점증하는 교역규모와 직접투자 현황을 살펴보는 것을 출발점으로 삼으려 한다. 한·중·일 사이의 수출입은 〈표 1-4〉에서 드러나듯 상당한 정도로 늘어났다. 〈표 1-5〉는 나라별로 차이는 있지만 직접투자가 최근 엄청난 규모로 증가했음을 알려준다.

11 동북아 문화공동체에 대한 제안은 많다. 통일연구원(2004)을 참조하기 바라며, 특히 이 책에 실린 김광억의 논문이 유용하다. 아울러, 이우영·전영선(2007)도 참조하라.

〈표 1-4〉 한국 · 중국 · 일본 교역 현황

(단위: 억 달러)

연도	한 · 일		한 · 중		일 · 중	
	한국의 대일수출	한국의 대일수입	한국의 대중수출	한국의 대중수입	일본의 대중수출	일본의 대중수입
2002	151	299	238	174	399	617
2003	173	363	351	219	572	752
2004	217	461	498	296	738	942
2005	240	484	619	386	803	1,091
2006	265	519	695	486	1,080	1,377
2007	264	563	820	630	1,284	1,504
2008	283	610	914	769	1,296	1,483
2009	218	494	867	542	1,024	1,143
2010	282	643	1,168	716	1,309	1,341
2011	397	683	1,342	864	1,290	1,463

출처: 한국무역협회 및 일본무역진흥기구 홈페이지

〈표 1-5〉 한국 · 중국 · 일본 직접투자 현황

(단위: 억 달러)

연도	한 · 일		한 · 중		일 · 중	
	한국의 대일본 투자	일본의 대한국 투자	한국의 대중국 투자	중국의 대한국 투자	일본의 대중국 투자	중국의 대일본 투자
2002	3.6	174.9	35.6	4.4	124.0	0.8
2003	4.5	136.6	52.1	6.8	153.0	0.9
2004	7.1	165.3	74.9	7.0	202.1	0.9
2005	8.4	156.5	101.4	14.3	246.6	1.0
2006	10.3	240.8	122.2	12.7	303.2	1.0
2007	18.8	251.9	237.3	12.5	378.0	1.3
2008	26.1	211.7	295.2	5.6	490.0	2.3
2009	25.6	276.5	329.7	9.8	550.5	2.0
2010	28.6	324.0	383.3	10.8	664.8	4.0
2011	43.8	341.5	440.2	14.7	833.8	5.6

출처: 국가통계포털 및 일본무역진흥기구 홈페이지

주: 1) 한국과 일본 및 한국과 중국 사이의 직접투자는 국가통계포털의 '지역별 국제투자대조표'(IIP) 상의 '해외집적투자' 항목과 '외국인직접투자' 항목의 해당국가 수치를 사용했다.

2) 일본과 중국 사이의 직접투자 수치는 일본 무역진흥기구(JETRO)의 'Inward FDI' 와 'Outward FDI' 항목의 해당국가 자료를 이용하였다.

3) 일본 무역진흥기구의 통계수치는 한국의 자료보다 투자규모를 과소 추정하는 경향을 보인다.

〈표 1-6〉 한 · 중 · 일 3국 시민의 상대국 시민에 대한 호감도 평가(2008)

국적	중국 호감도	일본 호감도	한국 호감도
중국인	-	46점(36점)	65점(73점)
일본인	45점	-	55점
한국인	50점(57점)	50점(39점)	-

출처: 이숙종 외(2008)

주: 1) 매우 적대적이다(0점), 그저 그렇다(50점), 매우 우호적이다(100점)로 계산했다.

2) 괄호 안은 2006년 조사결과이다(단, 일본에서는 2006년에 조사가 이루어지지 않았다).

그러나 이러한 경제적 교류의 증대에도 불구하고 한국과 중국과 일본 3국 시민사회 사이의 적극적 연대는 아직 미흡한 것으로 보인다. 〈표 1-6〉에 나타난 국민의식 조사결과를 보면, 3국 시민 사이의 호감도는 대체로 낮은 편(50점 이하)이거나 오히려 하락하고 있는 것으로 나타난다. 한국인의 중국인에 대한 호감도는 과거보다 하락하였으며, 일본인에 대한 호감도는 상승했지만, 여전히 50점에 머무르고 있다. 중국인의 한국인 호감도는 65점으로 높은 편이나 과거에 비해 하락했으며, 일본인에 대한 호감도는 여전히 낮다. 일본인은 중국인보다는 상대적으로 한국인에 더 높은 호감을 보이고 있지만, 50점 내외의 범위에 있다. 실질적인 교류증가에도 불구하고 그에 상응하여 상호간의 호감도가 증가하지 않는 것은, 아직까지도 상대국에 대한 신뢰감이 좀더 안정적으로 형성되지 않았기 때문인 것으로 보인다. 이러한 이유로 한 · 중 · 일 3국 시민의 서로에 대한 호감도는 정치적 사건과 분위기에 따라 크게 좌우되는 경향을 나타내기도 한다.

한승완(2006)은 3국 시민들 사이의 낮은 신뢰가 동북아 지역의 초국적 시민사회(*transnational civil society*) 형성을 어둡게 만든다는 비관적인 결론을 제출한다. 그러나 아직은 미약하지만 새로운 광경이 나타나고 있다. 한 · 중 · 일 3국 사이의 상호의존성이 단순히 경제적 영역을 넘어서 다양한 형태의 문화적 교류 전개로 확대되고 있는 모습

〈그림 1-3〉 한국을 방문한 중국인과 일본인 관광객수

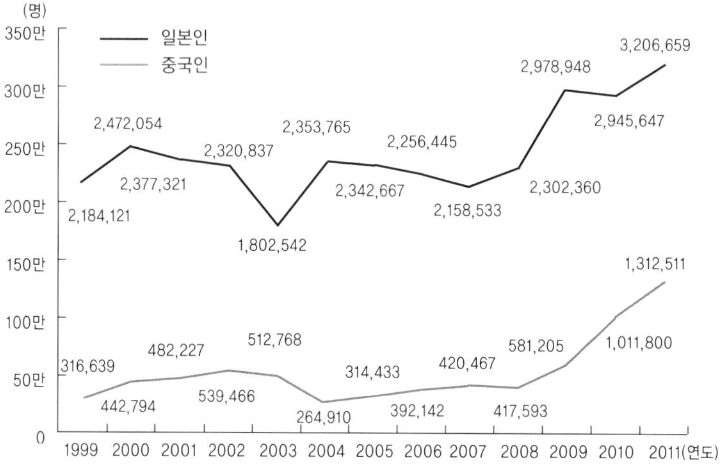

출처: 문화체육관광부, 〈관광동향에 관한 연차보고서〉(각 연도), 문화체육관광부 홈페이지; 문화통계포털 홈페이지; 한국문화관광연구원, 관광지식정보시스템 홈페이지

주: 1999~2003년 자료는 관광 목적으로 한정되지 않은 내방객 전체 자료로 실제 관광객 입국자보다 과대평가된 수치이다. 2004년 이전까지는 방문 목적에 따른 구분은 집계되지 않았다.

이 보인다. 그 대표적 사례는 관광 등의 목적으로 하는 민간차원의 인적 교류 증대이다. 이는 국가와 기업이 주도했던 과거의 지역적 교류 형태와는 다른, 시민사회가 주도하는 새로운 교류형태가 등장하는 징후이기도 하다. 여기서 중국인과 일본인의 한국 관광객수를 살펴보면, 〈그림 1-3〉이 보여주듯 1999년에서 2011년 사이에 일본인은 최소 40% 이상 증가했으며, 중국인은 최소 5배 이상 증가했음을 알 수 있다.[12] 물론 2003년에는 SAS, 2008년에는 세계적인 경기침체 등의 이유로 증가세가 정체되기도 했지만, 장기적으로 보아 중국과 일본에서의 입국자는 앞으로 더욱 늘어날 것으로 추정된다.

---

12 이 수치는 관광목적의 방문이 집계되기 시작한 2004년 관광객수를 기준으로 하였다. 따라서 1999년을 기점으로 할 경우에는 증가세가 훨씬 두드러질 것으로 추정된다.

〈그림 1-4〉 중국과 일본을 방문한 한국인 관광객수

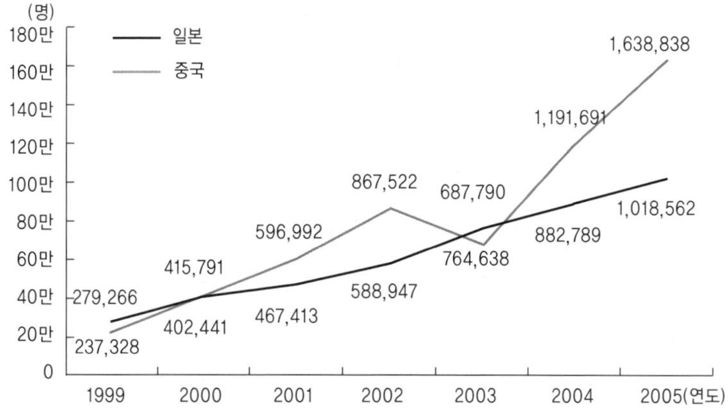

출처: 한국문화관광연구원, 관광지식정보시스템 홈페이지

주: 2006년 이후에는 내국인출입국 절차간소화 정책으로 행선지와 출국목적 확인이 불가능하다.

중국과 일본으로의 한국인 전체 관광객 규모 또한 증가세를 보였다. 〈그림 1-4〉와 같이 일본과 중국으로의 출국자수는 1999년 24만, 28만여 명에서 2005년 102만, 164만여 명으로 각각 5~6배가량 증가하였다. 이는 단기관광객 규모로, 사업이나 유학 등의 장기체류를 목적으로 출국한 인원까지 추산한다면 그 규모는 더욱 커질 것이다. 양국의 관광국 자료를 기준으로 볼 때 2006년 이후 일본으로의 출국자수는 정체 국면에 있는 반면, 중국 방문객은 여전히 증가세를 보인다.[13]

위에서 제시된 3국 사이의 관광객 규모는 단순히 양적 증대만을 보여줄 수 있다. 그러기에 여기서 제시한 유학생수는 3국 사이 관계의 질적인 변화를 가늠해 볼 수 있는 중요한 지표가 된다. 왜냐하면 유학생은 기본적으로 장기체류를 할 뿐만 아니라, 3국 관계를 증진하는 데 중요한 역할을 담당할 지역전문가로 성장할 수 있기 때문이다.

13 2011년 일본으로의 한국인 출국자수는 166만여 명인 반면, 중국으로의 출국자수는 419만여 명이다(한국관광공사, 국민해외관광객 주요행선지 통계).

〈그림 1-5〉에서 볼 수 있듯, 한・중・일 사이의 유학생수가 근래에 이르러 큰 폭으로 증가했다. 중국과 일본의 대학 및 대학원에서 수학하는 한국인 유학생수는 2003년 35,606명에서 불과 7년 만에 2010년 92,197명으로 크게 늘어났을 뿐만 아니라, 전체 유학생수에서 차지하는 비중 또한 22.2%에서 36.6%로 증가했다.[14] 이는 중국과 일본에 대한 한국인의 관심의 증가를 반영한다.

한국에서 수학하는 중국인과 일본인의 규모 역시 증가하고 있다. 〈그림 1-6〉은 2000년 1,170명에서 2011년 8,389명으로 그 규모가 크게 증가하였음을 보여준다. 국내에서 수학하는 전체 외국인 유학생수에서 차지하는 비중도 최근에는 하락추세에 있지만 2007년 70.3%까지 상승하는 등 조사기간 내내 높게 유지되었다. 특히 중국인 유학생수의 급증이 두드러지는데, 이미 2004년에 전체 외국인 유학생 가운데 중국 유학생의 수가 과반수를 넘어섰다.[15]

최근 두드러지는 현상은 '한류'(韓流)로 표현되는 문화교류의 증가를 꼽을 수 있다. '한류'라는 용어는 1999년 중국 언론이 처음으로 사용한 것으로, 초기에는 한국 대중문화의 유행을 의미했으나 현재는 '해외에서 일어나고 있는 한국 선호현상'을 총칭하는 의미로 확대되었다. 중국에서 시작된 한류는 일본을 거쳐 홍콩, 대만, 베트남, 우즈베키스탄까지 확산됐다. 이제까지 한국은 동북아 3국에서 중국과 일본의 문화 콘텐츠를 주로 수입하는 '수용자'의 위치에 있었으나, 한류를 계기로 이제 '전파자'로의 역할전환을 경험하고 있다고 볼 수 있다. '문화수용자'에서 '문화전파자'로의 전환은 '상품으로서의' 한국문화산업이 경쟁력을 지니게 된 것이라고 볼 수도 있겠지만, 한류를 단순히

14 2003년에 외국대학에 유학하는 전체 한국인 학생수는 159,903명이었으며, 2010년에는 251,887명이었다.

15 2000년 한국 거주 전체 외국인유학생수는 2,173명이었으며, 2011년에는 16,376명이었다.

〈그림 1-5〉 중국과 일본의 한국인 유학생 규모 추이(2003~2010)

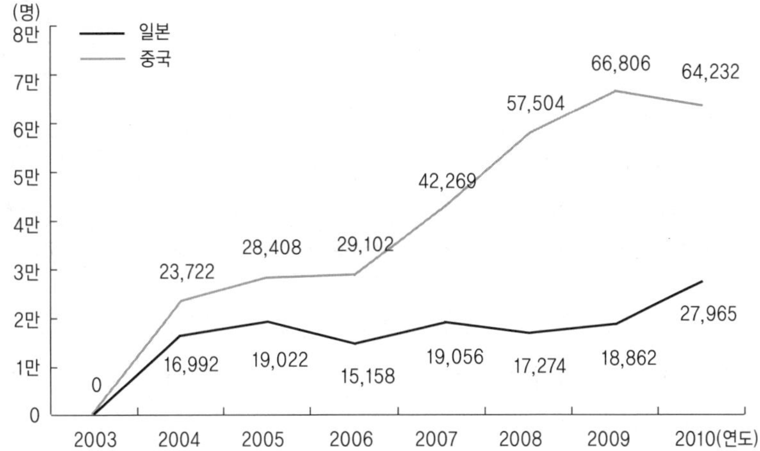

출처: 교육과학기술부 홈페이지

주: 매년 4월 1일 기준으로 측정한 수치이다.

〈그림 1-6〉 한국 내 중국과 일본 유학생 규모 추이(2000~2011)

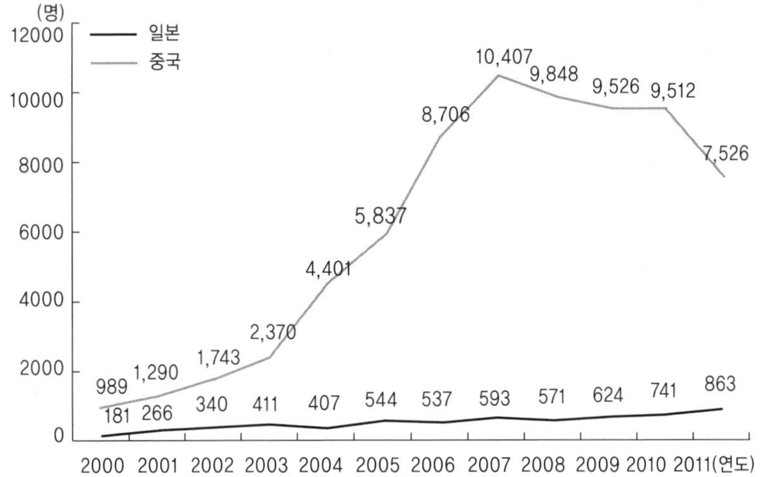

출처: 국가통계포털 홈페이지

주: 통계청의 국제 인구이동(체류기간 90일 이상) 자료 중 유학 및 연구목적으로 입국한 중국인과 일본인의 규모이다.

〈표 1-7〉 미디어와 통신기술

국가	1000명당 TV 수			1000명당 케이블 TV 등록자			1000명당 휴대폰 등록자			가구 컴퓨터 보급률	100명당 인터넷 사용자
	1992년	2002년	증가폭 (%)	1997년	2002년	증가폭 (%)	1993년	2011년	증가폭 (%)	(2011)	(2011)
중국	190.1	350.3	84	40.0	75.0	88	0.5	732	146300	35.4	38.3
일본	635.1	784.7	24	114.8	183.1	59	17.1	1026	5900	83.4	79.5
한국	209.4	458.2	119	148.0	282.2	91	10.7	1085	10040	81.8	83.8

출처: Anheier · Katz(2005: 341~342); ITU World Telecommunication/ICT Indicators

경제적 가치로 가늠하기보다는 진정한 3국 사이 문화교류를 증대시키는 계기로 그 의미를 강조할 수도 있다.

특히 정보통신과 대중매체의 하드웨어적 확산은 한 · 중 · 일 문화교류를 촉진시키는 중요한 하부구조임에는 틀림없다. 〈표 1-7〉에서 보여주는 것처럼 1993년부터 20여 년 동안 한 · 중 · 일의 정보통신과 미디어의 하드웨어 확산은 주목할 만하다.

한류의 확산이 명시적으로 드러나는 분야는 단연 드라마와 영화와 같은 영상산업 분야다. 〈그림 1-7〉이 보여주듯, 한국 방송프로그램의 수출규모는 2003년 3,556만 달러에서 2010년 2억 1,494만 달러로 6배 이상 폭증했다. 뿐만 아니라 수입대비 수출비율은 2003년 1.2 : 1에서 2010년 1 : 2.1로 무역역조 또한 크게 개선됐다. 〈그림 1-8〉의 국가별 수출구성을 보면, 2009년 일본이 64.3%, 대만이 10.9%, 다음으로 중국이 10.5%를 차지하는 것으로 나타났다. 이에 못지않게 2000년대 중후반 이후 'K-Pop'의 확산이 두드러지게 나타났다. 〈표 1-8〉의 음악산업 수출입 추이를 보면, 중국, 일본으로의 수출이 불과 5년 만에 각각 3.8배, 4.7배가량 증가한 반면에, 양 국가로부터의 수입은 감소(중국, -0.7배) 했거나 증가율이 급격히 둔화(일본) 됐다. 특히, 2006~2007년간 54.3% 증가한 일본으로부터의 수입 증가율은 2009~2010년 사이에는 역으로 마이너스 성장(-12.1%) 으로 전환되었다.

〈그림 1-7〉 방송프로그램 수출입 현황

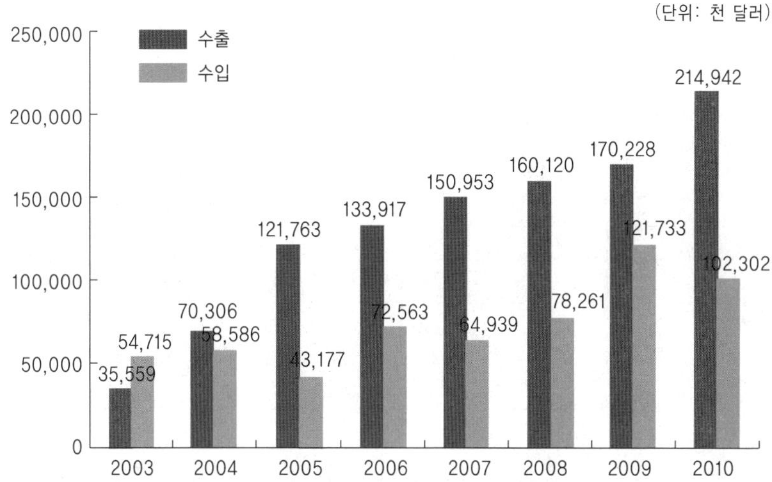

출처: 방송통신위원회, 〈2011년 방송산업 실태조사〉, 방송통신위원회 홈페이지.

〈그림 1-8〉 방송콘텐츠 국가별 수출현황(2011)

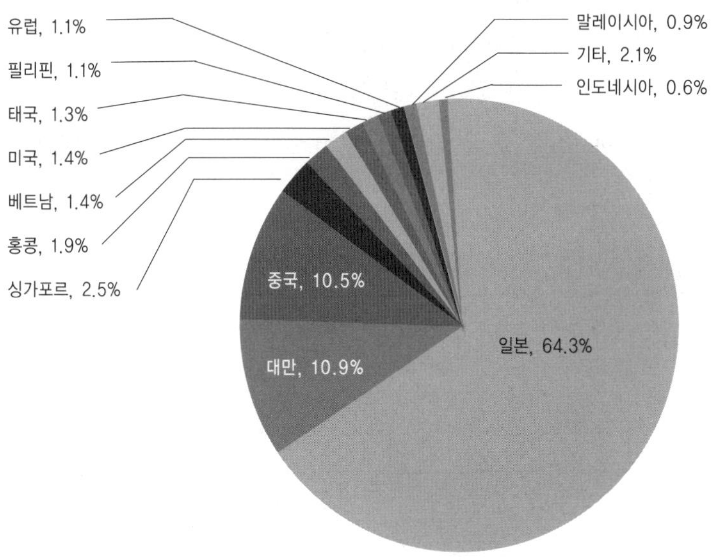

출처: 한국콘텐츠진흥원, 〈2011년 방송콘텐츠수출입 현황〉, 한국콘텐츠진흥원 홈페이지

〈표 1-8〉 한국 음악산업 수출입 현황

(단위: 천 달러/전년대비 증가율)

구분		2006년	2007년	2008년	2009년	2010년
수출	중국	850 (-)	1,665 (95.9%)	1,844 (10.8%)	2,369 (28.5%)	3,267 (53.1%)
	일본	14,309 (-)	9,431 (-34.1%)	11,215 (18.9%)	21,638 (92.9%)	67,267 (210.9%)
수입	중국	134 (-)	103 (-23.1%)	99 (-3.9%)	98 (-1%)	93 (-5.1%)
	일본	972 (-)	1,500 (54.3%)	2,212 (47.5%)	2,428 (9.8%)	2,135 (-12.1%)

출처: 한국콘텐츠진흥원. 《음악산업 백서》. 《문화산업 백서》. 각 연도; 한국콘텐츠진흥원 홈페이지.

우리는 '한류'가 경제적 이득을 가져다주었다는 것보다 중국과 일본 국민의 한국에 대한 이미지가 개선되었다는 사실을 중시해야 한다. 예컨대, NHK 방송문화연구소가 2004년 9월에 발표한 조사결과에 따르면, 일본에서 폭발적 인기를 끌었던 〈겨울연가〉를 알고 있는 사람은 국민 전체의 90%였으며, 50대 이하의 여성층에서는 96~98%에 달했다. 또한 〈겨울연가〉를 시청한 사람들에게 의식 면의 변화가 있었는지를 질문한 결과 '한국에 대한 이미지가 바뀌었다'라고 대답한 비율이 26%, '한국에 대한 흥미가 커졌다'는 22%, '한국문화에 대한 평가가 바뀌었다'가 13%로 나타났다.

이처럼 '한류'는 상품적 가치만 지니는 것은 아니다. 오히려 두 나라 국민들이 가지는 한국에 대한 이미지와 관심을 개선시켜, 시민사회의 문화적 교류를 위한 시금석의 역할을 할 수 있다는 점이 더 중요하다. 다시 말해 '한류'의 문화적 가치가 강조되어야 하는 것이다. 이는 곧 한류라는 일종의 내셔널리즘의 발현물이 동북아의 지역적 보편주의의 한 구성으로 발전될 가능성을 보여준다. 그러나 최근에는 반(反)한류, 또는 혐(嫌)한류의 움직임도 나타나고 있다. 대만에서는

〈표 1-9〉 한국 · 중국 · 일본의 NGOs 관련 지표

국가명	INGO수 1992/2002(절대증가율, %)	국제적 INGO 사무국수 1992/2002 (절대증가율, %)	국제적 NGO, IGO 회의수 2002[2)]
한국	1,357/2,241 (65)	45/51 (13)	156
중국[1)]	1,251/4,321 (245)	28/105 (275)	122
일본	2,548/3,751 (47)	173/263 (52)	259
벨기에	4,008/5,740 (43)	1,419/1,865 (31)	299
세계	세계평균 증가율(61) 선진국 평균 증가율(48)	세계평균 증가율(43) 선진국 평균증가율(45)	미국(1,131)

출처: 전봉근 외(2005: 35)에서 재인용
주: 1) 중국의 경우, 티베트자료도 포함한다.
2) IGO, INGO가 조직한 국제회의를 말한다.

2005년 7월 한국드라마에 대해 20%의 수입관세를 부과하기로 결정했으며, 일본에서는 한류붐이 진정되는 추세다. 또한 한류에 대해 문화 민족주의적 관점에서 적대적 태도를 보이기도 한다. 이처럼 내셔널리즘과 보편주의의 조화에는 여전히 해결해야 할 난제들이 기다리고 있다.

동북아 3국 사이 문화적 교류의 활성화와 함께 시민사회 운동의 직접적 교류도 늘어났다. 문화적 교류증대가 동북아의 보편주의를 위한 토대를 닦았다면, 시민사회 운동의 교류는 그것의 직접적 행위자의 역할을 한다는 의미에서 더욱 기대가 크다고 할 수 있다. 동북아 3국에서 다양한 배경 속에 자생적으로 성장한 시민사회는 근래에 들어 국제적 교류를 확대했다. 그 단적인 예가 한·중·일의 INGOs 활동의 증가일 것이다(〈표 1-9〉 참조).

나아가 동북아 3국 NGOs의 증가에 따라 이들 NGOs 사이 네트워크도 증가하는 추세다. 지역 NGOs 네트워크는 주로 일국 차원의 NGOs 네트워크와 다른 나라의 유사한 네트워크와의 연대, 지역적 지향을 지니는(*regionally oriented*) NGOs의 국가 지부들 사이의 네트

〈표 1-10〉 국제 NGO 네트워크

국가	네트워크 소속 단체 비율(%)	조직간 연결망 (*inter-org. links*)		양자(*dyad*) 연결망수
		해외로 나가는 연결망수(%)	국내로 들어오는 연결망수(%)	
중국*	0.13	24(0.34)	38(0.49)	15
일본	1.47	358(1.32)	436(1.61)	269
한국	0.22	38(0.14)	59(0.22)	12

출처: Anheier · Katz(2005: 408)에서 재인용
주: 중국의 경우, 티베트 자료도 포함한다.

워크, 국제연합(UN)과 같은 국제기구의 주도와 권고에 의해 형성된 NGOs 네트워크, 지역의 개별 NGOs 간의 네트워크 등의 형태를 띤다. 〈표 1-10〉은 한국, 일본, 중국 시민사회가 국제 NGO 네트워크 속에 어느 정도 긴밀하게 연결됐는지 보여준다. 서구 선진국의 네트워크 참여비율(예: 미국 19.98%, 영국 10.17%, 프랑스 8.01%, 벨기에 9.54%, 독일 4.90%, 네덜란드 4.01%, 스위스 4.26%)에 비하면 아직도 주변적 위치에 머물고 있지만, 점차 지역과 세계로 확대되고 있다.

이러한 네트워크의 등장은 지역 NGOs가 자신들의 역량을 강화하기 위한 수단으로 연대를 모색하는 한편, 지구적 차원과 지역적 차원에서 직면하는 새로운 공동의 이슈들 — 인권, 환경, 여성문제, 이주노동자, 난민, 에이즈의 확산, 인구증가 등 — 에 대처하기 위한 시민사회 차원의 협력 필요성을 배경으로 한다(전봉근 외, 2005: 35~36).

동북아 지역은 과거와 같이 일국에 의한 대국주의적 질서로 돌아갈 수 없다. 그렇다고 오늘의 한국, 중국, 일본이 국가주의와 민족주의의 속살을 지니는 내셔널리즘으로부터 벗어난 것도 아니다. 한 · 중 · 일은 문화공동체의 형성을 통해 동북아 나름대로의 미래상을 공유하려는 노력을 해야 할 것이다.

5. 맺음말

동북아에서의 긴장과 갈등을 협력과 상생으로 이끌어가기 위해서는 지역공동체의 건설이 중요하다. 이 점에서 동북아에서의 지역공동체 건설을 경제적으로 뿐만 아니라 문화적으로도 접근하는 것이 유용할 수 있다. 여기서 필자는 경제공동체보다 문화공동체의 구축이 더 현실성이 있다고 본다. 옛날부터 동북아에서 경제적 교류와 군사적 충돌이 있던 것은 EU와 다를 바 없겠지만, 강력한 국가주의 전통 아래 종교적으로나 정치적으로나 통합의 역사를 경험하지 못했다는 점에서 동북아는 유럽과는 현격한 차이를 보인다.[16]

동북아는 원래 중국문명권에서 한국, 중국, 일본 나름대로의 문화를 꽃피웠다. 고대로부터 한국, 중국, 일본이 문화적 교류와 접변을 통해 각기 나름대로 독자성을 지니는 문명을 만들었으나 그 본류는 역시 중국이라 할 수 있다. 이러한 문화적 교류와 접변의 과정에서 한국이 중국과 일본 사이의 교량 역할을 한 것은 잘 알려져 있다. 과거 한·중·일 3국을 이었던 불교의 전파가 좋은 보기가 될 것이다.

문화공동체의 모색과정에서 한국의 역할을 강조한 것은 한국이 중국이나 일본과 달리 예전이나 지금이나 대국주의와는 거리가 멀기 때문이다. 오히려 한국은 중국, 일본의 대국주의의 피해자일 수 있다. 여기에서 오늘날 동북아에서 강하게 부는 국가주의와 민족주의의 재등장을 극복하기 위한 한국이란 나라의 시대적 소명이 도출될 수 있다. 물론 한국이 중국과 일본의 내셔널리즘을 견제하고 포용하기에는 국력 면에서 역부족인 것이 사실이다. 그럼에도 불구하고 이러한 한국의 비팽창주의적 입장이 중국과 일본에 대해 도덕적 차원에서 헤

16 이에 관해서는 임현진 외(Lim et al., 2004: 25~66)를 참조하라.

게모니적 우위를 가질 수 있다는 역설에 주목하고 싶다.

동북아에서의 문화공동체는 정부와 민간 차원의 교류와 협력을 통해 대화와 소통을 늘리는 것과 다름없다. 이를 위해 필자는 두 가지를 제안하고 싶다. 하나는 정부 차원에서 '한·중·일 역사문화회의'(가칭)를 구성하는 것이고, 다른 하나는 민간 차원에서 '한·중·일 시민사회포럼'(가칭)을 결성하는 것이다. '한·중·일 역사문화회의'에서는 3국 정부의 각료급을 포함한 실무자들이 정기적으로 모여 한·중·일 사이의 현안인 역사왜곡, 영토분쟁은 물론이고 환경협력, 문화교류 등에 대해 논의할 수 있다. 이 과정에서 외국의 경험을 참고할 수 있고, 공통 역사교과서 개발이나 환경보호를 위한 의정서를 도출할 수도 있을 것이다. '한·중·일 시민사회포럼'에서는 3국 시민사회의 주요 NGO들이 정기적 회의 외에도 수시로 필요할 때 만나, 과거와 미래를 현재의 시점에서 연결할 수 있는 각종 경제, 사회, 문화, 환경 현안 등에 관한 의견을 개진할 수 있을 것이다. 결국 정부와 민간 차원에서 네트워크를 강화시킬 수 있는 대화와 소통의 통로로 문화공동체의 역할에 기대를 걸 수 있다.

참고문헌

고병익, 2001, "동아시아 나라들의 상호 소원과 통합", 정문길·최원식·백영서·전형준 편, 《동아시아, 문제와 시각》(23~40쪽), 서울: 문학과 지성사.

김두식, 2007, "세계화시대의 동북아와 동북아 공동체", 한국비교사회학회 편, 《동아시아 발전, 동북아 경제통합과 화해협력》(19~41쪽), 서울: 아르케.

이숙종 외, 2008, 《미·중·일·한 4개국 소프트파워 비교》, 서울: 동아시아연구원.

이우영·전영선, 2007, "동북아 문화공동체 형성과 국가의 역할", 한국비교사회학회 편, 《동아시아 발전, 동북아 경제통합과 화해협력》(43~78쪽), 서울: 아르케.

임현진, 2010, "동북아에서의 내셔널리즘과 보편주의의 조화: 문화공동체의 모색", 〈동북아문화연구〉, 24호: 169~187.

______, 2011, "지구적 변환, 아시아의 부상, 그리고 한국의 역할", 〈아시아리뷰〉, 1권 2호: 23~50.

전봉근·배진수·우평균·이상숙·미우라·김의영·김성형·손혁재, 2005, 《동북아 NGO 백서》, 서울: 통일연구원.

통일연구원, 2004, 《평화와 번영의 동북아 문화공동체 형성을 위한 정책연구》, 서울: 통일연구원.

한승완, 2006, "동북아 시민사회와 '동북아 정체성'의 형성", 〈사회와 철학〉, 11호: 235~258.

Anheier, Helmut & Katz, H., 2005, *Global Civil Society Yearbook 2005/2006*, London: Sage Publication.

Berger, Peter L., 1998, "An East Asian Development Model", In Berger, Peter L. & Hsin-Huang Michael Hsiao(eds.), *In Search of an East Asian Development Model*, New York: Transaction Books.

Frank, Andre G., 1998, *Reorient: Global Economy in the Asian Age*, Berkeley, CA: University of California Press.

Lim, Hyun-Chin, Kim Byungki & Chang Jinho, 2004, "Towards a Preliminary Analysis of the Political Economy of Regionalism in East Asia: Differences from the European Union Experience", 〈유럽연

구〉, 20호(겨울호) : 25~66.

Macrae, Norman, 1975, "Pacific Century, 1975~2075?", *The Economist* (January/4) : 38~54.

Tiryakian, Edward A., 1990, "On the Shoulders of Weber and Durkeim: East Asia and Emergent Modernity", In Kim, Kyong-Dong & Lee Su-Hoon(eds.), *Asia in the 21st Century: Challenges and Prospects*, Seoul: Panmun Book Co.

Toffler, Elvin, 2006, *Revolutionary Wealth*, New York: Knopf.

국가통계포털, http://www.kosis.kr.

교육과학기술부, http://www.mest.go.kr.

문화체육관광부, http://www.mcst.go.kr.

문화통계포털, http://culturestat.mcst.go.kr.

방송통신위원회, http://www.kcc.go.kr.

위키피디아, "연도별 반도체 생산 기업 순위", http://en.wikipedia.org/wiki/Semiconductor_industry(검색일: 2013. 1. 11)

일본무역진흥기구, http://www.jetro.go.jp.

한국관광공사, http://www.visitkorea.or.kr.

한국무역협회 무역통계, http://stat.kita.net.

한국문화관광연구원 관광지식정보시스템 DB, http://www.tour.go.kr.

한국콘텐츠진흥원, http://www.kocca.kr.

APEC(Asia-Pacific Economic Cooperation) 통계DB, http://statistics.apec.org.

ITU(International Telecommunication Union), World Telecommunication/ICT Indicators 통계DB, http://www.itu.int/ ITU-D/ict/statistics.

World Steel Association 통계DB, http://www.worldsteel.org/statistics.

WTO(World Trade Organization) 통계DB, http://stat.wto.org.

02

임혜란

동아시아 발전국가모델의 적용가능성과 한계

1. 서론

이 연구의 목적은 동아시아 발전국가모델의 적용가능성과 그 한계를 이론적으로 논의해 보는 데 있다. 1997년 동아시아 경제위기 이후 동아시아 발전모델은 위기의 주범으로 인식되면서 발전모델에 대한 학문적, 정책적 관심이 줄어들었다. 그러나 위기 이후 동아시아 지역이 회복세를 보이자, 당시 국제 정치경제의 불안정한 금융환경 때문에 위기가 닥쳤다는 외인론이 득세하기 시작했고 동아시아 발전모델은 다시 후발개도국의 관심을 끌게 되었다.

냉전 이후 세계 정치경제 질서에는 중대한 구조적 전환이 진행되고 있다. 세계화 과정이 급속히 진행됨에 따라 생산, 무역, 투자 과정이 전 세계적 차원에서 일어나고, 새로운 가치생산 네트워크가 구축되어 각국 간 지역 간 생산분업 구조가 재편되고 있다. 중국과 인도와 같은 대규모 신흥시장이 세계경제구도에 편입되었고 후발개도국이 빠르게

* 이 글은 2011년 한국의회발전연구회 연구지원을 받은 글을 수정 보완한 것임을 밝혀 둔다.

개발되어 21세기 경제구도도 변하고 있다. 2008년 미국이 금융위기를 맞이함에 따라 미국 중심의 패권질서의 흔들림이 감지되었다. 설상가상으로 2010년, 유럽에도 재정위기가 닥치자 이제 세계경제의 중심축은 서구에서 중국과 신흥국가를 포함한 비서구 지역으로 옮아가고 있다. 중국의 부상은 G2의 시대를 열었으며 이는 세계 정치경제 질서의 구도가 재편되고 있음을 잘 보여준다. 세계경제의 중심축이 서구사회에서 동아시아로 옮아오게 됨에 따라 산업화와 민주화를 동시에 이룬 동아시아 지역에 대한 관심이 증대했으며, 동아시아 발전국가모델을 다른 후발국에 적용해 보려는 시도가 이루어지고 있다.

그동안 사회과학 이론과 모델은 미국과 유럽 두 지역을 중심으로 하는 자민족중심주의적 해석에 치중되었다. 이러한 연구경향은 제 3의 물결 이후 성장한 다양한 비서구사회의 개발과 발전을 설명하는 데 일정부분 한계를 보인 것이 사실이었다. 신생 민주주의 국가의 발전과 저발전을 설명하는 이론화가 시급했음에도 불구하고 사회과학의 이론화는 여전히 서구에 의존했다. 이러한 관점에서 이 연구는 서구중심의 발전모델 연구를 벗어나 비서구의 개발과 성장을 설명할 수 있는 새로운 모델의 연구 가능성을 제기한다는 데 그 유용성이 있다. 빠른 경제성장을 보여준 동아시아 국가, 특히 한국은 후발개도국의 모범선례로 떠올랐다. 최근 한국 발전의 사례는 제 3세계 중에서 급속한 경제성장과 민주화를 동시에 달성한 나라로 인식되면서, 한국적 발전모델에 대한 관심이 급증하였다. 이 연구는 동아시아 발전국가모델에 대한 개념적 정의와 쟁점을 정리해 보고자 한다. 남미, 아프리카, 아시아 후발국가들은 한국의 사례를 적용하기 위한 다양한 시도를 하면서 실질적 조언을 구하고 있다. 한국은 다른 후발국에 대해 공적개발원조(ODA: Official Development Assistance)와 같은 역할을 통해 국제사회에서의 공공외교의 중요성을 인식하게 되었다. 이러한 상황에서 동아시아 발전국가모델의 세계화에 대한 학문적, 정책적 관심이 증가하고 있으며, 동시에 한국발전모델의 이론화의 필요성이 제기되고 있다. 이 연구는 이러한 관심에 기반을 두고 논의를 진행할 예정이다.

동아시아 발전국가의 성공사례를 세계화하는 것에 대한 관심이 더욱 커졌다. 그러나 서구발전모델을 후발개도국의 발전과정에 그대로 적용하기 힘들었듯이 동아시아 발전국가모델 또한 그대로 다른 국가에 적용할 수는 없을 것이다. 이 연구는 동아시아 발전국가모델의 세계화를 위해 필요한 이론적 논의와 쟁점들을 분석해 보면서 적용의 가능성은 있는지, 이 연구의 함의는 무엇인지 살펴보도록 하겠다.

이 연구의 목차는 다음과 같다. 2절에서는 동아시아 발전모델의 개념, 정의, 정책적 내용 등에 대해 살펴본다. 3절은 동아시아 발전모델의 세계화에 대한 주요 쟁점에 대한 논쟁을 다룬다. 4절은 이 글의 결론으로 요약과 함의를 제시해 본다.

2. 동아시아 발전국가모델의 개념과 정의

1) 발전국가모델의 기원

우선 발전국가모델, 동아시아 모델, 발전주의 국가, 한국발전모델 등 다양한 용어의 개념부터 논의해 보자. 일반적으로 이들 용어는 뜻이 비슷하여 서로 보완 가능한 용어로 사용된다. 그러나 좀더 엄밀한 의미에서는 발전주의 국가와 동아시아 모델을 분리된 개념으로 보는 경우도 있다(백종국, 2011). 발전주의 국가 개념은 개발경제학이라고 소개된 경제학 분야를 통해 수입되었다. 개발경제학은, 신고전주의 경제학과 함께 미국 주류 경제학으로 꼽히며 세계를 풍미한 케인스주의의 영향을 받았다. 그리하여 정부의 역할 자체가 시장의 기능보다 더 중시되어야 한다는 점을 강조한다. 동아시아 모델은 높은 자율성과 시장 개입능력으로 경제발전을 이끄는 강력한 국가모델이며, 일본을 비롯한 동북아 국가들이 여기에 해당된다.

이 두 개념은 서로 다르지만, 시장에서의 정부주도적 역할을 강조했다는 점에서는 공통적 특성을 보인다. 영국처럼 일찍이 산업화를 달성한 나라와는 달리 뒤늦게 산업화에 뛰어든 후발국가들은 국가가 적극적이고 직접적으로 개입하여 자원의 형성과 배분에 간여하고, 기업을 세우거나 경영하며 산업화를 서둘렀다. 예를 들어 독일, 이탈리아, 러시아, 일본 등은 점진적 산업화 대신 곧바로 자본집약적이고 규모의 경제를 요하는 근대적 산업부문으로 직행하는 추격적 산업화를 시도했다. 미국의 경우도 19세기 연방정부는 산업부문에 적극적으로 개입했으며, 제 2차 세계대전 이후까지 국내 산업을 적극 보호했다. 이러한 사례에서 보듯 강력한 발전국가는 높은 자율성과 높은 개입능력을 갖춘 국가로서, 경제발전을 국가 목표로 설정하고 이를 위해 자본과 노동을 동원해 효과적인 발전을 수행할 가능성이 크다.

동아시아 모델은 지리적, 공간적 명칭으로 동아시아에서만 가능하다고 보기도 한다. 동아시아 발전모델은 국가의 강력한 경제개입, 수출주도형 발전전략, 권위주의적 정치체제, 금융시장의 저발전, 정실자본주의 등의 특징을 보인다고 하여 1997년 외환위기의 원인으로 지목되기도 했다. 동아시아 발전모델이 외환위기의 원인이었는지의 여부에 대해서는 논쟁의 여지가 크다.[1] 동아시아 발전모델은 공통적으

1 이에 대해서는 학자들 간의 견해가 다른데, 예컨대 외환위기 초기에는 내인론이 득세하면서 동아시아 발전모델의 도덕적 해이, 정실자본주의가 위기를 가져왔다고 보았다. 위기가 어느 정도 극복되자 외인론이 득세하면서 국제금융시장의 불안정성, 투기자본가들의 투기행위가 원인이라고 지목하는 등 학자들 간의 논쟁이 지속되었다.

로 시장순응적, 공동체적, 수출지향적 발전정향, 유교, 개발독재, 국가주도 수출지향 공업화, 선 경제 후 정치발전 등의 특징이 있다(백종국, 2011).

한국발전모델은 지역적으로는 동아시아 모델, 패러다임은 민족주의, 산업화의 시기로 보면 후발산업화, 발전전략으로 보면 외부지향적, 산업화의 성격으로 보면 수출대체 산업화, 제도의 관점에서 보면 조정시장경제, 그리고 국가와 시장의 역할을 기준으로 볼 때에는 국가주도형 발전전략에 해당한다.[2] 동아시아 발전모델이 지역적 명칭이기 때문에 동아시아에서만 기능한다는 논의는 문제가 있다. 발전모델은 지역적 차원에 기반을 두고 태어났지만, 그 핵심적 틀은 일반적 함의를 통해 다른 지역에도 적용될 수도 있다. 그러므로 한국발전모델은 동아시아 발전국가모델에서 형성되었지만 한국적 발전 거버넌스의 특성을 띠며 발전했을 가능성이 크므로 이에 대한 독특성을 찾아볼 필요는 있다.[3]

발전국가모델의 이론적 논의의 기원은 거셴크론(Gerschenkron)의 주장에서부터 찾아볼 수 있다. 후발개도국(*late developer*)의 발전패턴이 선진국(*early developer*)의 경우와는 다르다고 한 거셴크론의 논의는

---

2 백종국, 2011, 9쪽. 그러나 한국발전모델을 제도의 관점에서 볼 때 조정시장경제라고 하는 것은 다소 논의의 여지가 있다. 홀과 소스키스의 '자본주의의 다양성' 시각에 의하면 조정시장경제는 이해당사자 자본주의 모델로 독일이 대표적인 경우라 할 수 있다. 굳이 한국을 유형화해 본다면 홀과 소스키스가 제기한 LME와 CME의 유형보다는 SME(국가주도 시장경제) 유형에 속한다고 볼 수 있다.

3 이 연구는 동아시아 발전국가모델과 한국적 발전모델의 개념을 상호보완적으로 사용하고 있다. 사실 한국은 동아시아 발전국가모델의 대표적인 국가이다. 따라서 발전국가모델의 설명에는 한국적 발전모델의 개념도 포함되는 것일 수도 있다. 한국적 발전모델의 좀더 구체적인 개념과 특징을 규명하는 것은 이 연구의 분석범위를 넘어서는 것이라 여기에서는 다루지 않을 것이다. 그러나 동아시아 발전국가모델의 세계화와 적용가능성을 타진해 보기 위해서 한국의 성공사례 정책을 예로 들고 있어 한국적 발전모델의 특성도 포함하고 있다.

후후발개도국의 개발과 성장을 설명하는 데 있어 유용한 함의를 제시한다. 거센크론은 영국과 독일의 산업화 과정의 차이를 선발주자와 후발주자의 차이로 설명한다.

우선 영국에서는 기업가가 점진적으로 자본을 축적했고 무역에서 얻은 자본을 농업, 면직물, 중화학공업 등으로 옮겨 투자했다. 따라서 투자은행이 발전될 필요가 없었고, 국가는 최소한의 역할에 머물러 있었다. 그러나 독일은 뒤늦게 산업화 과정에 뛰어들었는데 당시 경쟁력 있는 산업은 중화학공업이었다. 그때 독일은 투자를 위해 축적된 자본이 부족한 상황이었다. 따라서 독일의 산업화 과정은 영국과 달리 적극적인 국가역할을 필요로 했다.4

19세기의 러시아는 자본축적을 하지 못했는데, 그 이유는 신뢰의 정도가 낮아 은행이 발달하지 못했기 때문이다. 은행 대신 부패하고 비효율적인 정부 관료가 산업화의 주된 행위자였다. 러시아도 독일처럼 대기업 중심의 중화학공업 육성을 선호했으며 독일에서 은행이 했던 일을 정부가 대신했다. 정부에 의해 산업발전이 지속된 것이 사실이나 궁극적으로는 경제위축과 저발전을 가져왔다. 러시아는 내생적 구조 때문에 1861년까지 농노제도를 유지했기에 큰 발전을 하지 못하고 뒤처졌다. 거센크론은 발전을 위해서는 개별 국가가 당시의 국제 정치경제 환경을 정확히 판단하고 그에 맞는 내부적 구조 패턴을 잘 살리는 유연한 정책을 펴야 한다고 강조했다.

---

4 독일의 자본은 분산되어 있었기 때문에 'bigness'의 통합 압력이 증대했다. 독일의 기업은 은행과의 합병과 융합의 형태로 발전되었으며 철강 중화학공업을 집중적으로 선택, 육성하였다. 독일의 은행은 'universal bank'의 형태로 'credit mobilizer'의 중장기 투자 목적과 상업은행의 단기자금은행의 형태를 결합하여 발전되었다(Gerschenkron, 1962). 가장 먼저 산업화에 성공한 영국은 상업은행으로 족했으나, 후발국가인 프랑스는 개입주의적 국가와 투자은행, 그보다 더 늦은 독일은 개입주의적 국가와 투자은행 그리고 강력한 민족주의를 필요로 했다(백종국, 2011: 8).

거센크론의 논의가 발전국가 이론의 원형인 이유는 무엇일까? 거센크론은 후발주자(*late developers*)의 이점(*advantage*)을 설명하였다. 후발국가들은 적극적인 국가개입을 통해 특정 산업육성정책과 선발국가로부터의 기술이전 정책을 시도하여 경제성장의 속도를 낼 수 있다(Gerschenkron, 1962). 선발주자와 후발주자의 차이에 있어 가장 중요한 것은 산업화를 시작한 타이밍(*timing*)일 것이다. 왜냐하면 산업화를 시작할 당시 세계시장에서 경쟁력 있는 산업이 무엇인지에 따라 어떤 산업을 육성할 것인지 결정할 수 있으며, 그와 관련된 기술의 도입은 어떻게 가능한지 등을 고려하여 산업화 과정이 결정될 수 있기 때문이다. 동시에, 유망산업 육성을 위해서는 국내 산업구조 및 자본축적 정도, 기업가의 역량 등의 내생적 구조의 특징을 파악하는 것도 중요하다. 후발주자의 이점은 근대화된 기술을 도입하여 빠른 성장이 가능하다는 데 있다. 또한 선발주자의 길을 따라가므로 실패할 가능성을 줄일 수 있다. 그러나 구체적인 발전과정은 국가내부의 내생적 요인인 산업구조, 발전정향, 기업가 역할, 이데올로기 등에 따라 달라질 가능성이 더욱 높다.5

19세기 유럽의 산업화 과정을 살펴보는 것이 오늘날 우리에게 어떤 의미를 줄까? 후발주자는 선발주자보다 더 적극적으로 기술을 도입하고 국가가 개입하여 특정산업을 집중적으로 육성(*big push*)할 수는 있다. 그러나 다른 국가의 과거의 성공적인 산업전략 패턴을 그대로 따라할 수는 없다.

5 거센크론은 'ideologies of delayed industrialization'에 대해 논의한다. 후발개도국의 발전을 위해서는 강력한 아이디어, 믿음, 신념 자극이 필요하다고 강조한다. 프랑스의 생시몽주의자들(*Saint-Simonian*)이 그랬던 것처럼 신념(*faith*)이 중요한 것이다. 1890년 러시아의 산업화를 위해서 정통 마르크시즘이 그러한 역할을 수행했다. 러시아의 절대적으로 후진적인 조건에서는 더욱 강력한 이데올로기가 필요했다. 산업화의 지적 감정적 바퀴에 기름을 칠하기 위한 이데올로기였다(Gerschenkron, 1962).

물론 한국은 발전국가의 원형인 일본의 산업전환과정을 모방했다고 볼 수 있다(Petri, 1988). 한국은 일본이 이전에 시기별로 경쟁력 있는 산업을 집중육성한 순서를 그대로 따라했다. 그러나 산업의 육성방식과 패턴은 그 사회의 내부적인 제도적 특징, 국가-기업관계 등에 따라 달라질 수밖에 없다. 중요한 것은 산업발전과정에서 사용하는 제도적 수단과 이념이다. 후발국 산업화 과정을 연구할 때는 내생적 요소를 감지하는 것이 중요하다. 경제발전과정을 연구할 때, 옳고 그른 것에 대한 판단보다 더 중요한 것은 상대적이면서도 탄력적으로 접근하는 것이다. 한 국가 내에서도 삶의 패턴은 빠르게 변화하기 때문에 이에 대한 이해 없이 다른 시대 및 국가의 성공전략을 그대로 적용한다는 것은 무리가 있다. 후발국가들의 경제적 후진성의 독특성(*peculiarities*)을 숙지해야 선발주자들의 성공적 정책을 잘 적용해 볼 수 있다. 이것이 바로 거센크론의 핵심 주장이며 이는 발전국가모델의 세계화 논의에 적잖은 함의를 제시해 준다. 개발의 핵심에는 개별국가가 처한 당시 환경적 요인에 대한 정확한 판단과 내생적 요인에 대한 깊은 이해가 적절히 조화되어 있어야 한다. 예를 들어, 한국의 산업화 과정은 일본의 선례를 무조건 따르지 않고, 한국만의 외부적 환경과 내생적 요소를 적절하게 조화시킨 경우였다.

2) 동아시아 발전모델 개념의 유용성

동아시아 발전국가모델의 역사적 경험의 기원은 일본의 경우를 설명한 존슨(Johnson, 1987)의 논의에서 찾아볼 수 있다. 존슨은 1987년 논문에서 일본, 한국, 대만의 제도비교를 통해 이들 국가의 공통점과 차이점을 지적한다. 발전국가에 속하는 이 세 나라의 제도적 특징 가운데 중요한 요소는 정부의 금융통제이다. 금융통제야말로 발전국가

의 가장 중요한 수단 중 하나이기 때문이다. 일본과 한국에서는 간접금융이 매우 중요했으며 정책금융을 중요한 발전 수단으로 사용했다. 그러나 대만은 특정기업 및 산업에 대한 지원방식을 위한 정책금융보다는 다른 정책, 예를 들면 통화정책, 조세정책 등에 초점을 두었다. 노동관계에서는 일본이 연성권위주의 특성을 보이면서 회사에 대한 충성심과 노동자 간 경쟁을 유도했다면 한국과 대만은 강력한 노동탄압을 가했다. 외국자본에 대해 일본은 규제적 정책을 견지했으며 한국과 대만은 수출을 위한 투자에 집중했다. 관료적 자율성과 국가 자율성의 정도는 3국이 비교적 유사했다고 볼 수 있으나, 국가와 사회관계의 기반인 정치연합을 위한 정치적 지지기반은 나라마다 상이했다. 정치연합의 구성과 산업구조, 금융자본과 기업자본 간의 관계도 다소 다른 특성이 있다. 일본의 자이바츠(ざいばつ, 財閥, *Zaibatzu*)는 그룹 안에 자신의 은행을 포함하고 있으며, 한국의 기업은 정부가 통제하는 금융기관에 의존했다. 대만의 대기업은 국영기업이었으며 이들은 국가의 재정적 지원을 받았다. 결국 한국과 대만은 발전국가의 원형인 일본의 발전패턴을 따라했지만, 이들 3국가를 구체적으로 비교해 보면 국가-기업-금융기관의 관계와 산업구조에서 상당한 차이를 보이고 있음을 알 수 있다.

동아시아 발전모델에 속한다는 일본, 한국, 대만도 이처럼 서로 다른 제도적 특성을 보이는데, 신흥공업국가(NICs: Newly Industrializing Countries)에 속하는 싱가포르와 홍콩까지 포함해 비교하면 더욱 큰 차이를 발견하게 된다.[6] 동아시아 국가들이 여러 측면에서 서로 다르

6 한국과 일본만이 발전국가모델의 특징에 맞으며, 홍콩은 이 모델에서 벗어나 있다. 홍콩은 신고전주의적 경제학의 전제를 따라 국가가 산업정책을 펴기보다는 자유방임했고 최소한의 역할에 머물렀다. 싱가포르는 이보다는 적극적인 산업정책을 폈지만 산업화 과정에서 외국자본의 역할이 좀더 두드러졌다. 국가는 제조업 분야에 대한 금융지원을 제공하지 않았다(Chiu, 1988).

다는 것을 확인하면, 도대체 우리는 왜 동아시아 발전모델이라는 개념에 연연하는지 자문해 볼 수 있다. 동아시아 발전모델의 공통된 제도적 특성은 찾을 수 있는지, 찾아낸들 그 개념이 어떤 분석적 유용성이 있을 것인지 의구심을 떨쳐버릴 수 없다. 그러나 커밍스(Cumings, 1987)가 지적했듯이, 동아시아 지역의 발전국가들을 남미와 아프리카 국가의 경우와 비교해 보면 대륙에 따른 지역 간 차이가 부각되면서 상대적으로 지역 내 국가들은 유사한 것처럼 보인다. 그러나 비교의 관점을 동아시아 국가들에만 초점을 두고 관찰해 보면 그들 간의 서로 다른 특성들이 부각되는 결과를 가져 온다. 결국 비교대상과 연구자의 문제의식, 호기심에 따라 발전국가 간 차이점을 볼 것인지, 유사점을 볼 것인지의 문제가 결정될 수 있다.

동아시아 국가들은 남미, 아프리카 국가에 비해 빠른 경제성장과 민주화를 동시에 성취해낸 경우라 할 수 있다.[7] 그 이유에 답하기 위해서는 다른 지역과는 다른 동아시아 국가만의 공통된 특성에 논의의 초점을 둘 수밖에 없다. 동아시아 국가들은 각자 다양한 특성을 보이지만, 동아시아라는 지역적 환경, 지역적 생산분업 네트워크를 통한 상호작용, 식민지 경험, 냉전 경험, 비슷한 산업화 시기, 강한 권위주의 정권의 경험, 민주화 과정의 경험, 수출주도형 산업화, 그리고 유교자본주의 등을 공유한다. 이러한 공통성을 찾아내 만들어진 '동아

7 동아시아 국가인 한국과 대만이 경제성장과 민주화를 동시에 이루어냈다는 주장은 논쟁의 여지가 없지 않다. 두 나라의 빠른 경제성장은 사실 권위주의 정권에 의해 이루어졌기 때문이다. 1970년대 이후 민주화 요구가 시민사회의 성장과 함께 증폭되면서 한국과 대만은 1980년대 말 민주화를 이뤄냈다. 민주화 이후 한국과 대만은 지속적인 경제발전을 해야 하는 어려운 도전을 맞이했다. 1997년 동아시아 외환위기가 닥치자 동아시아 국가의 민주화가 후퇴할 수도 있다는 점이 염려되었으나 역사의 후퇴는 일어나지 않았으며, 지금도 경제발전과 민주화라는 두 가지 도전의 파고를 넘기 위해 노력하고 있다. 이러한 관점에서 경제위기와 정치적 후퇴를 경험하고 있는 다른 국가와 비교해 볼 때 동북아시아 국가들은 경제성장과 민주화를 동시에 이루어내고 있다는 주장이 가능한 것임을 알 수 있다.

시아 발전모델'은, 동아시아 국가들이 남미나 아프리카 지역과는 달리 빠른 경제성장과 민주화를 이룩한 이유를 잘 설명해 준다. 그 점에서 이 개념의 유용성을 찾아볼 수 있다.

3) 동아시아 발전모델의 개념 정의

동아시아 발전국가들은 비교적 짧은 시기에 경제성장과 민주화를 동시에 성취할 수 있었으며 후발개도국들은 이러한 성공사례에 이론적, 실천적 차원의 관심을 갖게 되었다. 그런 점에서 동아시아 발전국가모델에 대한 개념과 세계화의 가능성에 대한 논의는 필요하다고 볼 수 있다. 학자마다 발전국가모델의 개념과 정의가 다양하여 여러 가지 논쟁이 지속되었다. 와이스(Weiss, 2000)는 발전국가의 정의로 국가의 성장을 지향하기 위한 변혁적 이념여부, 상대적 자율성을 반영하는 엘리트 관료집단의 제도 존재 여부, 정책을 수행하기 위해 필요한 사회 내 경제집단과의 제도적 연계 존재 여부를 지적한다. 레프트위치(Leftwich)는 다음의 5가지 요소를 제시한다. 발전적 정향을 지닌 엘리트 집단의 존재 여부, 상대적으로 자율적인 관료집단, 복종적인 약한 시민사회, 사회경제 집단의 효율적 관리, 성과에 기반을 둔 정당성이 그것이다(Stubb, 2009 재인용).

발전국가모델의 가장 핵심적 요소로 강조되는 것이 '전략적 산업정책'이다(Wade, 1990; Amsden, 1989). 웨이드는 동아시아의 빠른 경제성장이 특정 전략산업에 대한 투자의 결과와 이들 산업이 국제 경쟁에 노출된 점에서 기인한다고 강조했다. 전략적 산업정책은 다양한 인센티브, 규제 수단 등을 제공하여 성공적 산업전환을 가능하게 했다. 암스덴은 발전국가의 중요한 목표는 빠른 산업화 과정이었으며 전략적 산업정책이 이를 가능하게 했다고 보았다. 산업계에 보조금을 주면서도 동시에 수출성과를 강조하는 이중적 압박을 가하였으며 이러한 동아시아적 경쟁정책(*East Asian style competition policy*)이 남미나 아프리카와 달리 경제적 효율의 원천이 되었다고 본다.

학자들은 발전국가를 다양하게 정의함에도 불구하고 다음의 공통된 특성을 제시한다. 첫째, 발전국가는 자본주의 경제성장을 위해 전략을 계획하고 이를 성공적으로 수행할 수 있는 자율적 역량이 있는 제도로 정의된다. 둘째, 관계적 측면으로 정치, 관료, 재계와의 연계를 강조한다. 셋째, 이념적 측면으로 발전국가는 발전정향, 민족주의 또는 중상주의 이념을 강조한다(Stubbs, 2009; 5~6).

존슨(Johnson, 1982)은 발전국가의 주요특징으로 첫째, 효율적 역량을 보유한 국가엘리트, 둘째, 관료의 자율성과 효율성이 특징인 정치제도, 셋째, 시장순응적인 국가개입, 넷째, MITI와 같은 선도기구(*pilot agency*) 조직의 존재 여부를 제시한다.[8] 동아시아 발전국가모델에서 핵심적 제도 요인 중 하나가 정부의 선도기구의 존재 여부이다. 동아시아 경제성장의 핵심요인으로 일본의 통산성(MITI: Mistry of International Trade and Industry), 한국의 경제기획원(EPB: Economic Planning Board), 대만의 경제부 공업국(IDB: Industrial Development Bureau)이나 경제자문기구인 건설위원회(CEPD: Council for Economic Planning and Development) 등의 역할에 주목한다. 이러한 기구들은 전략적 산업정책을 입안하고 집행하는 발전국가 내의 '경제참모본부'로서 관료의 자율성 요소와 연관된다. 일본의 통산성이 산업정책을 원활하게 추진할 수 있었던 원인으로 정부-기업 간의 정책 네트워크의

8 존슨은 국가의 시장개입을 시장원리에 따르는 것으로 논의한 반면, 암스덴과 웨이드와 같은 학자는 동아시아 국가가 시장순응적이었다기보다는 시장가격을 의도적으로 왜곡하는 좀더 국가주도적 시각(*governing the market*)에 속한다고 하였다. 같은 국가개입이라고 해도 주장하는 바가 다르다는 점에서 국가와 시장의 논쟁은 계속되어 왔다(Stubbs, 2009: 3~4).

작동을 들 수 있다.

관료의 자율성과 정부와 기업 간의 정책 네트워크의 중요성은 동아시아 발전국가의 핵심제도인 '연계된 자율성'(*embedded autonomy*)의 개념으로 발전되었다. 오니스(Onis, 1991) 역시 동아시아 발전국가의 제도적, 정치적 특성은 관료적 자율성(*bureaucratic autonomy*)과 공사협력(*public-private cooperation*)이었음을 지적한다. 관료의 자율성은 국가시험을 통해 관료의 역량을 유지하고, 권력분립을 통해 관료의 특정영역에 대한 독자적 역할분담을 허용하여 가능했다. 공사협력은 동아시아의 경우 국가에 의해 그 주도권이 유지되었으며 인센티브 정책을 통해 그러한 협력관계를 유도했다. 이는 다른 제 3세계 국가인 남미나 아프리카 국가들의 경우와 비교되며 결국 연계된 자율성(*embedded autonomy*)의 개념으로 발전된다. 자율성이 없는 연계성은 약탈국가(*predatory states*)의 경제적 비효율을 가져오며, 연계성이 없는 자율성 역시 비효율적인 독재체제만을 양산한다. 동아시아는 자율적 역량이 있는 관료와 사회집단과의 정책적 네트워크를 통한 협력에 의해 효율적 결과를 얻을 수 있었다. 이러한 논의는 에반스에 의해 더욱 이론적으로 발전되어 경험적 논의에 적용됐다. 에반스(Evans, 1995)는 합리적으로 발전목표를 설정하고 이를 효과적으로 수행하기 위해서는 국가자율성을 견지하면서도 경제발전의 파트너와 유대, 협력관계를 맺어야 하는데 이것이 바로 연계된 자율성이라고 주장한다.

요약해 보면 발전국가모델의 특징으로 전략적 산업정책, 상대적 자율성을 반영하는 관료집단의 존재, 그리고 국가사회의 협력을 반영하는 '연계된 자율성'의 제도적 배열 등을 들 수 있다. 이제부터는 발전모델의 적용가능성과 한계에 대한 논쟁을 살펴보기로 한다.

3. 동아시아 발전모델의 적용가능성과 한계에 대한 논쟁

딘(Phil Deans)은 발전국가모델의 정의가 좁을수록 다른 국가에의 적용가능성은 낮아진다고 주장했다. 정의범위가 좁고 구체적일수록 적용가능성은 어려워지며, 정의범위가 넓고 일반적일수록 적용가능성이 용이한 것이 사실이다. 발전국가에 대한 넓은 정의는, 예를 들면 발전적 목표가 있거나 합리적 계획에 근거한 정책을 지향하는 경우를 말한다.[9] 이와 달리 발전국가에 대한 좁은 의미의 정의는 역사적 맥락을 강조하면서 개념과 제도 및 네트워크, 이념, 관료자율성, 그리고 외부환경을 포함한 것이라 할 수 있다.

발전국가모델을 역사적 특수성(*historical specificity*)의 결과로 본다면 다른 나라에는 적용할 수 없을 것이며, 또다시 성공이 반복되리란 보장도 없다. 또, 발전국가의 정의, 구성요소를 발전목표, 관료조직, 공사협력으로 잡으면 동북아에는 발전국가모델을 적용할 수 있으나, 존슨의 말에 따르면 정실자본주의 체제인 동남아에는 불가능할 수 있다. 그러나 발전국가를 발전목표와 관료적 역량을 지닌 국가로 보면, 동남아는 동북아의 성공을 적용한 적절한 사례라고 할 수 있다. 동남아는 동북아 국가보다 덜 자율적이며 덜 강한 국가일 수 있다. 그러나 아프리카 국가보다는 더 발전적 목표를 지향하고 있으며, 동남아는 산업정책의 긍정적 역할을 수행했고, 관료제를 구축해 경제성장을 위한 기반을 발전시켰다고 볼 수 있다. 중국 역시 발전적 목표를 지향하며 관료제를 구축하고 있으므로 발전국가에 포함시킬 수 있을 것이다.[10]

---

9 이러한 경우 발전적 목표가 없는 국가가 어디 있을까 하는 문제가 제기될 수 있다. 발전국가에 속하기 위해서는 발전적 목표가 존재하는 것에 더해 이를 성취할 수 있는 관료제도의 역량이 있어야 할 것이다.

발전국가모델의 정의를 역사성 속에서만 정의 내린다면 발전국가는 그 어떤 경우에도 적용하기 힘들 것이다. 발전국가모델은 역사적 맥락에 기반을 둔 모델이지만 비교역사적 차원에서 다른 국가의 발전과 개발에도 어느 정도 적용 가능한 함의를 제시해 줄 수도 있다. 거셴크론과 존슨이 제시했듯이 선발주자와 후발주자의 차이에서는 산업화를 시작한 시기가 중요하다. 후발주자는 나중에 출발했다는 이점을 살려 선발주자를 추격(*catch-up*)할 수 있다. 다만 후발주자는 선발주자의 개발전략을 그대로 따라할 수는 없고, 외부환경에 대한 판단과 후발주자의 내생적 요인에 대한 이해가 전략개발을 위해 매우 중요함을 알 수 있었다.

1) 특수한 역사성으로서의 발전국가모델

동아시아 발전모델에 대한 학자들의 상반된 견해를 정리해 보면 다음과 같다. 동아시아 발전모델의 적용가능성에 대한 대표적인 회의적 견해는 펨펠(Pempel, 2002)의 주장에서 찾아볼 수 있다. 그는 기본적으로 동아시아 모델은 역사성 속에서 이해해야 한다고 주장하며, 발전국가의 성공은 국제정치라는 외부환경에 기인한 점이 많다고 강조한다. 그런 점에서 펨펠은 동아시아 모델이 다른 국가에 반복적으로 적용되기는 매우 어렵다고 보았다. 펨펠은 동아시아 국가의 발전은 제 3세계의 발전이 불가능하지 않았음을 경험적으로 알려준 '사실'이었다고 강조한다. 발전모델의 특징인 국가주도 자본축적 과정, 국가의 투자조정 역량, 산업정책, 노동규제, 외국자본에 대한 규제, 생산

10 동남아와 중국이 발전국가에 포함되느냐 아니냐의 문제는 그리 중요하지 않을 수 있다. 그보다는 이들 국가가 외부의 환경적 구조와 국가 내부의 제도적 특성을 적절히 잘 조화시켜 성공적인 정책을 지속했느냐의 문제가 더 중요할 수 있다.

성 향상, 기술개발 등과 같은 정책은 일본을 시작으로 한국과 대만에 광범위하게 적용되었다. 펨펠은 동아시아 발전모델의 주요특징으로 평등과 병행된 성장, 개방정책, 산업정책, 그리고 사적 기업의 역할 등을 제시한다. 그는 이 모델이 다른 후발 개도국에게 발전에의 '추격'(*catch-up*)이 가능함을 제시해 준 유용성은 있지만 다른 나라에도 그대로 적용될 수 있다고 보지는 않았다.[11]

펨펠은 동아시아 발전을 이해하는 데 다음의 두 가지 요소에 대한 이해가 부족함을 지적한다. 첫째, 동아시아 모델은 국제정치라는 외부조건에 대해 충분한 관심을 기울이지 않았다. 40년 동안 국제관계 환경은 동아시아 성장에 우호적 요소로 작용했다. 이런 당시 환경조건은 동아시아의 성공을 위해서는 필수적이었다. 우선 한국, 일본, 대만은 미국의 동아시아 외교정책의 전략적 요충지로서, 미국의 원조는 이 3국에 대한 중요한 경제적 기반이 되었다. 미국의 일반적인 시장개방은 이 3국의 수출주도산업이 지속될 수 있게 했다. 그러나 1980년대 중반 이후 이러한 조건이 바뀌자 아시아 경제는 부정적 영향을 받기 시작했다. 펨펠의 견해에 따르면, 많은 사람들은 이러한 우호적인 국제환경이 동아시아 경제발전을 위해서 필수불가결한 것이었음을 지적하지 못한다. 두 번째 국제적 요소는 동아시아 국가 간의 상호

---

11 아시아의 발전은 '평등'이 병행될 수 있었다는 점이다. GINI계수가 라틴아메리카의 경우는 .60이었던 것에 반해 대만은 .30, 한국은 .33~.35였다. 동아시아는 건강보험, 교육, 장수 등의 면에서 평등의 기회를 강조했다. 'Markets operate neither in political vacuums, nor as invisible hands.' 한국정부는 의도적으로 가격을 왜곡시키는 역할을 잘 수행했다. 산업정책은 경쟁력 있는 산업에 대한 집중적 투자를 가능하게 했으며, 산업구조 조정, 산업전환과정을 성공적으로 이행했다. 또한 개방정책이 중요했다. 동아시아 모델의 특징을 보면, 사적인 국내투자와 인적 자본의 성장이야말로 성장의 엔진이었다. 이러한 요인은 동아시아 성장에 대한 끊임없는 논쟁을 그대로 반영하는 것이다. 즉 정부정책에 대한 이해 없이는 성공을 설명할 수 없으며, 동시에 사적영역의 활동에 대한 이해 없이도 성공을 이해할 수 없다(Amsden, 1989; Pempel, 2002).

보완적 특성이다. 안행형 모델은 이들 국가 간의 보완적 특성을 잘 반영하는 것으로, 지역적 상호의존 관계가 개별국가의 성장에 긍정적 영향을 미쳤음을 강조한다. 동아시아의 성장은 국가 내부의 역동성의 결과이기도 하지만 동아시아의 지역적 역동성에 기인하기도 한다(Wong, 2004). 세 번째 국제적 요소는 국제금융에 대한 것이다. 동아시아 3국 모두 국제금융, 자본시장으로부터 국내경제가 보호를 받을 수 있었다. 이들 정부는 통화정책 및 환율에 대한 통제권을 갖고 있었다. 이러한 조건은 1980년대 중·후반부터 변화하기 시작하였고 발전모델에 대해 심각한 영향을 미쳤다. 미국의 대(對) 아시아 무역적자 폭이 커지자 미국 내에서 보호무역주의가 요구되었다. 플라자 합의는 일본 엔화가치 상승을 초래했으며, 이는 한국과 대만의 환율에도 영향을 미쳤다. 3국의 통화절상은 가격경쟁력을 약화시켰고, 국내 생산자였던 기업들은 생산의 지역화, 세계화 현상에 동참하게 되었다. 동북아가 성공하고 이러한 성공이 동남아로 확산되면서 동아시아 국가 간의 보완성은 경쟁성으로 변화되었다. 이러한 국제 정치경제의 환경변화는 동아시아가 기존모델을 그대로 유지할 수 없게 했다.[12]

둘째, 기존 연구자들은 동아시아 발전모델은 다소 정태적이라는 점을 간과했다. 동아시아 모델은 국내의 권력관계와 사회경제적 조건에 기반을 두고 있으나 이는 시간이 감에 따라 변화가능하기 때문에 이 모델은 변화와 탄력성을 설명하지 못한다. 1990년에 이들 국가의 노동비용은 상승하였으며, 복지요구도 증가하였다. 정부는 더 이상 기존모델을 유지하기 힘들게 되었다. 1980년대 말 한국과 대만의

---

12 기존의 우호적 통상환경이 보호주의적 무역환경으로 변화하게 되었다. 또한 산업정책에 대한 글로벌 스탠더드의 규범이 기존의 동아시아 국가의 산업정책을 문제로 지적하게 됨에 따라 동아시아 발전국가모델은 더 이상 가능하지 않게 되었다. 그러나 이는 미국을 중심으로 한 신자유주의적 이념을 무기로 국가역할의 축소를 강요할 위험이 있다(임혜란, 2003).

민주화 과정은 정치적 변화를 가져왔다. 그러나 한국은 재벌구조를 개혁하기는 힘들었으며, 1997년에는 외환위기를 경험하게 된다. 동아시아 발전모델에서 한때 성공의 원인이었던 것이 나중에 위기의 원인이 된 것이다.

결론적으로 펨펠은 동아시아 발전모델의 유용한 함의로 4가지 요소를 제시한다. 첫째, 추격전략(*catch-up strategy*)의 선택은 중요했으며, 1997년 위기 이후에도 이들 국가는 나름대로 구조개혁을 잘 시행하였다. 둘째, 성장에는 하나의 길만 있는 건 아니다. 셋째, 공공정책 선택, 정치제도의 디자인과 역량이 중요하다. 마지막으로, 국가와 사회와의 협조가 중요하다. 동아시아 발전모델은 역사적 특수성(*historical specificity*)의 특성을 반영하는 것이므로 다른 역사적 맥락을 가진 국가에게는 적용될 수 없다(Pempel, 2002).

펨펠은 동아시아 국가들이 성장한 중요한 요인으로 내부적 요인뿐만 아니라 외부적 환경에도 초점을 둔다. 따라서 앞에서 이야기한 환경변화는 동아시아 발전모델이 더 이상 기능하지 못하도록 했다고 본다. 그러한 주장이 일면 설득력이 있어 보이지만 다음과 같은 문제점을 지적할 수 있다. 거센크론이 지적했듯이 동아시아 국가들이 미국의 우호적 대외 경제정책의 혜택을 받은 것은 사실일지 모르나 그와 별개로 동아시아 국가들은 후발개도국의 이점을 살릴 수 있었다. 뒤늦게 산업화를 시작했기 때문에 보다 적극적인 국가주도의 산업화가 가능했으며, 일본 및 미국과 같은 선발주자로부터 기술 이전을 받아 산업화 과정에서 빠른 속도를 낼 수 있었다. 이는 역사적 맥락을 뛰어넘는 일반적 적용이 가능한 요소일 수 있다. 최근 중국의 부상은 후후발주자로서의 이점을 잘 살린 결과이기도 하다. 무엇보다 외부환경이 후발주자에게 우호적일 수도 그렇지 않을 수도 있지만, 설령 똑같이 우호적인 환경에 있더라도 국내의 정치적 의지와 결단에 따라 우호적 환경을 혜택으로 살리느냐 마느냐가 갈린다. 따라서 발전과정에 있어 국내의 내생적 조건을 반드시 고려해야 한다.

오니스(Onis, 1991) 역시 발전국가의 일반적 적용은 무리라는 입장을 보였다. 동아시아 발전국가는 특수한 역사적 상황(*unique historical circumstances*)에서 나온 것이므로 적용은 가능하지 않다. 동아시아 발전국가의 역사적 특수성의 특징은 다음과 같다. 동아시아는 안보위협이라는 특수성 때문에 평등과 분배문제보다는 성장이라는 중장기적 목표가 더 중요했다. 국제경제 구조에 편입되기 이전에 이미 권위주의 정권이 형성되었었다는 순서(*sequence*) 및 시기(*timing*)도 중요했다. 이는 동아시아 국가들이 외국자본에 대해 우위의 역할을 유지할 수 있는 결과를 가져왔다. 동아시아는 산업화를 시작하기 전에 농지개혁을 시행하여 상당 부분 평등한 사회경제관계를 이뤄냈다. 라틴아메리카의 경우 민중주의적 레짐(*populist regimes*)에 노동을 포함했다가, 관료적 권위주의 정권(BA 정권: Bureaucratic Authoritarian regime)이 들어서자 노동을 배제시켜 정당성의 문제를 야기했다. 동아시아는 애초부터 노동을 배제했기 때문에 민주화가 시작되기 전까지는 큰 문제를 야기하지는 않았다. 또한 이미 농지개혁을 통해 지주계급 등이 없어지면서 상당히 평등한 관계를 기반으로 하여 산업화를 추진할 수 있었다.

오니스(Onis, 1991)는 발전모델의 일반적 적용가능성에 문제가 될 수 있는 점을 다음의 3가지 이유와 연관하여 설명한다. 첫째, 발전모델의 지속적 유지에 의문을 제기할 수 있다. 발전모델의 주요특성은 성장을 지향하며 분배는 배제하는 것인데, 이것이 민주화의 발전과 어떻게 공존 가능한지 논의의 여지가 있다. 둘째, 발전국가는 내재적으로 불안정할 수 있다. 예를 들면, 공사협력과 관료적 자율성은 내재적으로 긴장관계에 있다. 재벌은 시간이 갈수록 영향력이 증대하여 국가와 재벌 간의 권력관계가 변화가능하며, 관료적 엘리트들이 기업을 통제할 힘과 수단이 없어지게 되면 이는 지대추구 국가가 될 가능성이 높다. 셋째, 발전국가의 정책은 우호적 통상환경이 보호주의적 통상압력으로 변화되는 상황에서도 성공적으로 작동될 수 있는지 확실하지 않다. 오니스의 견해는 앞서 논의한 펨펠의 견해와 매우 유사하다. 동아시아 발전국가 시대의 외부의 환경과 내부의 구조가 특정시대의 역사성 속에서 나온 것이기 때문에 다른 역사적 시대와 다른 국가에는 적용될 수 없다는 것이다. 일면 설득력이 있지만, 모든 역사의 순간은 유일한(*unique*) 경우라 일반적 함의를 이끌어낼 수 없다고 해석한다면 사회과학의 비교연구가 무용지물이 된다는 문제가 있다. 앞서 언급한 대로, 역사적 맥락이 다른 경우라 해도 비교연구를 통해 어떤 조건에서 어떤 선택이 가능한지의 함의를 이끌어낼 수 있다.

2) 일반적 적용가능성으로서의 발전국가모델

일반적으로 세계화가 되면서 발전국가의 정책적 수단은 축소되며 냉전시기에 작동했던 우호적 통상환경도 사라져, 탈냉전시기와 세계화 시대에 발전국가는 더 이상 적응하기 힘들다는 주장이 있다. 그러나 하야시(Hayashi, 2010)는 산업정책의 주요 수단이 꼭 보호주의일 필요는 없으며, 예컨대 정책금융과 같은 수단만 필요한 것은 아니라고 강조한다. 발전 정도에 따라 산업정책의 내용도 바뀔 수 있다. 세계화시기에 발전국가가 필연적으로 와해된다고 하는 것은 잘못된 주장이다. 발전국가들은 세계화시대에 들어서도 국제경제체제에 적극적, 자율적으로 선택하고 참여했다(Weiss, 1997). 따라서 발전국가모델은 탈냉전시기에서도 적용가능하다(Hayashi, 2010). 발전모델의 일반적 적용은 가능하고, 초기 발전시기에 적용하면 더욱 유용할 수 있으며 유망산업의 선택 역시 먼저 발전한 국가의 선례를 따라가면 된다는 것이다.

비슨(Beeson, 2009)은 발전국가의 기원은 일본이며, 비록 중국은 일본과 다른 체제적 특성을 보이지만, 두 나라는 같은 발전모델국가 유형에 속한다고 강조한다. 발전국가의 정의로 비슨은 국가역량(*state capacity*)과 발전적 정향을 강조하는데, 이는 정책을 고안하고 실행할 수 있는 능력과 발전적 오리엔테이션을 의미한다. 발전국가의 발전적 정향은 영미국가의 신자유주의적 이념인 작은 국가와 시장중심적 정향과는 다르다. 레프트위치(Adrian Leftwich)는 발전이란 행위자, 권력, 자원의 의도적 상호작용의 정치적 과정을 수반하며, 서로 다른 문화적, 역사적 맥락과 함께 발전의 패턴과 결과를 형성한다고 본다. 중국과 일본은 당연히 그 역사적, 문화적 맥락의 차이를 보이지만 발전적 정향의 공통점을 보인다.

중국은 일본보다 덜 유리한 외부환경에 처해 있다. 예를 들면 미국 주도적 세계화 탓에 주로 구소련에 의지했다. 중국은 탈집중화, 분권과, 연방적 제도의 특성을 반영하는데 이는 중앙정부의 자의성에 제약을 가하는 구조적 요인이다. 중국은 비효율적인 국영기업과 효율적인 사적 영역의 존재라는 이중경제적 특성을 보인다. 중국은 외국기업과 국내기업 간 연계 네트워크가 부족하며 제도적 분권화의 특성 때문에 산업전환을 위한 산업구조조정과 기술이전이 효과적으로 이뤄지지 못했다. 그럼에도 중국은 발전주의적 정향을 반영하며, 역량 있는 관료제도를 발전시켰다고 본다(Beeson, 2009). 최근 미국의 경제위기 이후 동아시아에서의 '국가 자본주의' 모델이 그 대안으로 떠오르고 있는 것을 보더라도 중국식 발전모델이 나름의 성과를 잘 보여주고 있음을 알 수 있다.

4. 동아시아 발전모델의 적용사례 : 한국모델의 수출 가능성

동아시아 발전모델의 대표적 사례라 할 수 있는 한국은 성공적인 경제성장과 민주화를 이룬 국가로 후후발개도국에게 모범선례로 떠올랐다. 한국의 발전과정은 국가주도의 산업정책을 통해 성공적 산업전환과정을 경험했다. 한국의 발전과정은 국가주도적, 위에서 아래로의 정책결정과정 패턴을 보였지만, 동시에 시민사회의 역동적 발전과 역할이 한국적 발전과정의 독특한 특성이었음을 무시할 수 없다. 뿐만 아니라 발전국가모델의 핵심적인 제도적 특성은 '연계된 자율성'이었다. 즉, 국가와 사회의 협조가 성공의 주요 요인이었음은 이미 지적되었다.

발전국가모델을 대표적으로 반영하는 것은 산업전환을 가능하게 했던 산업정책이다. 그간 발전국가모델이 경제정책에 초점을 두고 평가됐던 것과 달리 한국의 산업정책은 복지 및 사회정책과도 밀접한 연관이 없지 않다. 특히 새마을운동은 발전국가를 더욱 공고히 한 배경이 되었다. 1970년대 경공업에서 중화학공업으로의 전환과정에서 탈농과 정책적 소외감의 위기는 새마을운동을 적극적으로 추진할 필요성을 제기했다. 새마을운동은 농민 및 농촌의 위기의식에 대응하여 나온 것이며 국가와 지역사회의 상호작용을 통해 시너지적 결과를 가져왔다.

후발개도국들은 한국의 성공사례를 배우기 위한 실질적 조언을 구했다. 발전국가모델의 대표적 정책이라고 할 수는 없지만 새마을운동은 국가브랜드로서 세계로 퍼져나가고 있으며, 1991년 몽골을 시작으로 최근까지 84개국에서 5만여 명이 새마을운동 학습을 위해 한국을 찾았다. 현재 미얀마, 캄보디아, 네팔 등 아시아 6개국과 콩고민주공화국, 우간다, 탄자니아 등 아프리카 6개국, 총 12개 나라가 한국형 발전모델 새마을운동(*Saemaulundong*)을 접목하고 있다.[13] 특히 아프리카 국가들은 농촌개발을 위해 한국정부가 적극적으로 주도했던 '새마을운동'을 공유하길 원하고 있다. 콩고, 르완다 등 아프리카 국가 농업 장・차관들은 한국을 방문하여 실질적 조언을 요청했다. 그들은 농촌개발을 비롯해 인프라 구축, 인적 자원 개발 등의 분야에서 경제발전 경험을 공유하기를 원하며, 한국정부는 이에 대해 대외경제협력기금 등 원조자금과 민간자금을 연계해 지원하기로 했다.

새마을운동은 환경개선, 소득증대, 인적 개발, 의식개혁을 동시에 진행하는 효과가 있다는 점에서 개발도상국들이 큰 매력을 느끼고 있다. 예를 들면 몽골은 한국 새마을운동의 성과를 얻고자, 2004년부터 한국식 새마을운동을 응용한 몽골 새마을운동을 시작하였다. 소득증대나 생활환경 개선, 의식개혁 등에 초점을 맞춘 구체적 실천방안은 한국과 같으나 운동의 주체, 방식 및 성격은 상당히 다르다는 연구도 있다.[14]

둘의 차이를 좀더 구체적으로 살펴보면 다음과 같다. 첫째, 초기 한국의 새마을운동이 정치지도자(대통령)의 개인적 의지와 중앙정부의 강력한 주도로 진행되었다면, 몽골 새마을운동은 초기부터 지역주민의 자발적 참여의지를 바탕으로 자생단체인 〈몽골새마을회〉와 산하 지부에 의해 주도되었다. 하향식(*top-down*)인 한국과 달리 몽골의 운동은 상향식(*bottom-up*)이라 할 수 있다. 둘째, 몽골 중앙정부와 지방정부는 재정, 제도, 정책(전략), 교육(계몽)의 측면에서의 역할

13 "국가 브랜드인 '새마을 운동'… 최근까지 세계 84개국 전수", 〈조선일보〉, 2011. 4. 22.

14 몽골 새마을운동의 현재까지의 성과에 관해서는 새마을운동중앙회, 2007; 새마을운동중앙회, 2008; 새마을운동중앙회, 2009; 새마을운동중앙회, 2010을 참조. 몽골 새마을운동과 한국의 경우를 비교분석한 연구로는 김정호, 2011 참조.

이 결여되어 있다. 다만 홍보, 동원의 측면에서의 역할은 두드러진다. 지방정부의 역할이 필요한 것은 몽골 새마을운동이 한국과는 달리 특정 지역을 중심으로 순차적인 방식으로 진행되고 있기 때문이다. 셋째, 한국의 초기 새마을운동이 중앙정부의 전폭적인 재정, 제도, 및 정책적 지원에 의해 진행되었던 반면, 몽골의 새마을운동은 초기부터 국제협력단체인 〈한국새마을중앙회〉 및 산하지부·단체의 재정지원과 현지 교육, 몽골 새마을지도자를 비롯한 공무원 및 정치인 등에 대한 교육 및 국내 홍보에 크게 의존했다(김정호, 2011). 한국의 성공적 사례인 새마을운동의 세계화는 받아들이는 국가의 내성적 구조에 따라 그 나라만의 독특한 방식으로 적용되고 있음을 잘 알 수 있다.

마지막으로, 동아시아 발전국가모델과 한국적 거버넌스의 세계화를 위해서는 이를 받아들이고자 하는 국가의 내재적 자율성(*embedded autonomy*)의 제도화가 이뤄져야 함을 지적하고자 한다. 자율적 역량이 있는 관료제의 건설과 국가-사회의 상승적 상호작용을 위한 협조네트워크 건설이 필요하며 이는 성공적인 경제발전과 민주화의 병행을 위한 제도적 원천으로 기능할 것이다.

5. 결론

이 연구의 목적은 동아시아 발전국가모델의 적용가능성과 그 한계를 이론적으로 검토해 보는 데 있다. 냉전 이후 세계경제의 중심축은 서구사회에서 중국과 신흥국가를 포함한 비서구 지역으로 옮아가고 있다. 2008년 미국 경제위기, 2010년 유럽의 재정위기, 중국의 부상과 G2 시대 등을 겪으면서 국제 정치경제 질서에는 중대한 구조적 전환이 진행되고 있다. 이러한 상황에서 서구중심의 발전모델 논의를 벗어나 비서구의 개발과 성장을 설명해 줄 수 있는 새로운 발전모델의 논의 필요성이 제기되고 있다. 이 연구는 제 3세계에서 급속한 경제성장과 민주화를 동시에 달성한 동아시아 발전국가모델을 논의하고 발전국가모델의 세계화의 가능성과 그 한계를 분석해 보았다.

동아시아 발전모델의 특성은 발전적 목표를 지향하는 이념의 측면과, 관료의 자율성과 국가와 사회의 협조를 합한 '연계된 자율성'(*embedded autonomy*)의 제도적 측면으로 축약될 수 있다. 동아시아 국가의 빠른 성장을 가능하게 했던 냉전이라는 국제정치의 환경도 중요했지만, 동아시아 국가의 내생적 구조와 정치적 선택이 발전과정에 큰 영향을 미친 변수임을 무시할 수 없다. 발전의 핵심은 개별국가가 처한 국제 정치경제 환경에 대한 정확한 판단과 개별국가의 내생적 구조에 맞는 정치경제적 선택이 얼마나 잘 조화되느냐에 달려 있다.

동아시아 발전모델을 역사적 특수성의 결과로 보면 발전모델을 세계화하는 데 어느 정도 한계를 보일 수밖에 없다. 후발개도국은 성공한 선진국의 길을 그대로 따라갈 수는 없다. 개별국가의 발전과정은 새로운 역사적 맥락에서 일어날 수밖에 없기 때문에 선발주자의 길을 그대로 따라가기보다는 선택된 경로(*path*)를 분석하여 일반적 함의를 이끌어내야 한다. 동아시아 발전모델은 후발개도국의 '추격'이 가능하다는 사실을 잘 증명해 준 사례였다는 점에서 후후발개도국에게 적잖은 함의를 제시한다. 후발개도국의 이점, 즉 기술이전과 정부의 주도적 역할을 통하면 발전을 향한 '추격'(*catch-up*)이 가능하다는 점을 배울 수 있다. 또한 연계된 자율성의 제도적 특성은 곧 동아시아 발전모델의 핵심이다. 그러므로 국가와 사회가 더 높은 곳을 지향하며 서로 협력하고, 자율적이며 역량 있는 국가관료 제도를 발전시키면 성공적인 산업전환과 민주적 사회로의 변화를 이룰 수 있다.

최근 동아시아 발전국가모델 또는 한국적 발전 모델을 배우기 위해 경제정책뿐만 아니라 사회정책, 선거와 관련된 정치제도를 이식해 달라는 후발개도국의 요청이 계속됐다. 그러나 성공적인 제도 이식을 위해서는, 먼저 받아들이는 국가의 내생적 토양을 체계적으로 분석하고 이해해야 한다. 동아시아 발전국가모델의 세계화를 위해 몇 가지 짚고 넘어가야 할 사항이 있다. 첫째, 선발주자(*early developers*)의 사례를 후발주자(*late-developers*)가 그대로 따라갈 수는 없다. 성공사례라 하여 무조건 이식하면 오히려 실패할 확률이 높을 수 있다. 제도가 성공적으로 기능하기 위해서는 제도의 구조적 영향을 받는 행위자들의 인식과 규범이 뒤따라야 한다. 즉 제도가 기능하기 위해서는 내생적 토양이 함께 성숙되어야 하며 그런 점에서 이식받으려는 국가의 토착적 독특성을 먼저 이해해야 한다. 둘째, 제도를 이식하려면, 후발개도국은 자신이 처한 현재의 국제정치경제 환경과 변화 가능성을 인식해야 하며, 그에 따라 내부적 결단을 내리고 강한 의지를 가져야 한다. 결론적으로 선발주자의 발전모델을 성공적으로 적용하기 위한 요인은, 환경에 대한 정확한 인식과 받아들이는 국가의 내생적 구조가 조화될 수 있는 정책적 선택에 달려 있다.

참고문헌

김정호, 2011, “몽골 새마을운동의 거버넌스: 특성과 개선방향”, 한국하계 정치학회, 2011. 8, 서울.

김영명, 1996, 《동아시아 발전모델의 재검토》, 서울: 소화.

류상영 · 이승주, 2003, “탈냉전기 한일경제관계와 플라잉 기즈 모델”, 〈국제정치논총〉, 43권 2호: 175~199.

박번순, 2005. 11. 17, “중국의 부상과 동아시아 지역발전모델의 변화”, *Issue Paper*, 삼성경제연구소.

백종국, 2011, “한국발전모델 논의에 대한 비판적 고찰: 한국정치학계에서 나타난 연구들을 중심으로”, 〈한국정치학회보〉, 45권 1호: 211~233.

윤광재 · 전기우, 2009, “발전국가론적 시각하의 새마을운동 기원과 발전에 관한 연구”, 〈대한정치학회보〉, 17권 2호: 73~104.

윤상우, 2005, “발전국가를 준거로 한 중국 성장체제의 평가”, 〈한국사회학〉, 39권 2호: 135~162.

임혜란, 2000, “동아시아위기: 동아시아모델과 지역경제협력”, 〈국제정치논총〉, 40권 2호: 25~44.

______, 2003, “세계화와 한국의 통상산업정책”, 윤영관 · 이근 편, 《세계화와 한국의 개혁과제》, 파주: 한울아카데미.

Amsden, Alice, 1989, *Asia's Next Giant: South Korea and Late Industrialization*, Part Ⅰ & Part Ⅲ, New York: Oxford Univ. Press.

Ando, Mitsuyo & Fukunari Kumura, 2003, “The Formation of International Production and Distribution Networks in East Asia”, *NBER Annual East Asian Seminar on Economics*, September, Taipei, Taiwan.

Bates, Robert(ed.), 1988, “Governments and Agricultural Markets in Africa”, *Toward a Political Economy of Development: A Rational Choice Perspective*, Berkeley: University of California Press.

Beeson, Mark, 2009, “Developmental States in East Asia: A Comparison of the Japanese and Chinese Experiences”, *Asian Perspective*, 33(2): 5~39.

Chang, Ha-Joon, 2003, *Globalization, Economic Development and the Role of the State*, London & New York: Zed Books Ltd.

______, 1998, "South Korea: The Misunderstood Crisis", *World Development*, 26(8): 1555~1561.

Chiu, Stephen W. K. & Tai-lok Lui, 1998, "The Role of the State in Economic Development", In Grahame Thompson(ed.), *Economic Dynamism in the Asia-Pacific*, London & New York: Routledge.

Cline, William R., 1982, "Can the East Asian Model of Development be generalized?", *World Development*, 10(2): 81~90.

Cumings, Bruce, 1987, "The Origins and Development of the Northeast Asia Political Economy: Industrial Sectors, Product Cycle, and Political Consequences", In Frederic C. Deyo(ed.), *The Political Economy of the New Asian Industrialism*, Ithaca: Cornell University Press.

Doner, Richard F., Bryan K. Ritchie & Dan Slater, 2005, "Systemic Vulnerability and the Origins of Developmental States: Northeast and Southeast Asia in Comparative Perspective", *International Organization*, 59(2): 327~361.

Evans, Peter, 1995, *Embedded Autonomy: States and Industrial Transformation*, Princeton: Princeton Univ. Press.

______, 1997, "The Eclipse of the State?: Reflections on Stateness in an Era of Globalization", *World Politics*, 50(1): 62~87.

Gereffi, Gary, 1999, "Commodity Chains and Regional Divisions of Labor in East Asia", In Kim Eunmi(ed.), *The Four Asian Tigers: Economic Development and Global Political Economy*, Emerald Group Publishing Limit.

Gerschenkron, Alexander, 1962, *Economic Backwardness in Historical Perspective*, Cambridge: Belknap.

Gilpin, Robert, 2001, *Global Political Economy*, Princeton: Princeton University Press.

Hall, Peter & David Soskice, 2001, *Varieties of Capitalism: The Institutional Foundations of Comparative Advantage*, Oxford University Press.

______ & Rosemary C. R. Taylor, 1996, "Political Science and the Three New Institutionalism", *Political Studies*, 44(5): 936~957.

Hayashi, Shigeko, 2010, "The Developmental State in the Era of Globalization: Beyond the Northeast Asian Model of Political Economy", *The Pacific Review*, 23(1): 45~69.

Jayasuriya, Kanishka, 2001, "Globalization and the Changing Architecture of the State: The Regulatory State and the Politics of Negative Co-ordination", *Journal of European Public Policy*, 8(1): 101~123.

Johnson, Chalmers, 1987, "Political Institutions and Economic Performance: The Government-Business Relationship in Japan, South Korea, and Taiwan", In Frederic C. Deyo(ed.), *The Political Economy of the New Asian Industrialism*, Cornell University.

Johnson, Chalmers, 1982, *MITI and the Japanese Miracle: The Growth of Industrial Policy 1925~1975*, Stanford University Press.

Kang, David C., 2002, "Bad Loans to Good Friends: Money Politics and the Developmental State in South Korea", *International Organization*, 56(1): 177~207.

Krugman, Paul, 1994, "The Myth of Asia's Miracle", *Foreign Affairs*, Nov/Dec.

Lee, Sook-Jong & Taejoon Han, 2006, "The Demise of Korea Inc.: Paradigm Shift in Korea's Developmental State", *Journal of Contemporary Asia*, 36(3): 305~324.

Macintyre, Andrew & Barry Naughton, 2005, "The Decline of a Japan-Led Model of the East Asian Economy", In T. J. Pempel(ed.), *Remapping East Asia: The Construction of a Region*, Ithaca: Cornell University Press.

Onis, Ziya, 1991, "The Logic of the Developmental State", *Comparative Politics*, 24(1): 109~126.

Pempel, T. J, 2002, "Revisiting the East Asian Economic Model", In Kim et al. (ed.), *Redefining Korean Politics*, KPSA.

Peter, B. Guy, Jon Pierre & Desmond S. King, 2005, "The Politics of Path Dependency: Political Conflict in Historical Institutionalism", *The Journal of Politics*, 67(4): 1275~1300.

Petri, Peter, 1988, "Korea's Export Niche: Origins and Prospects", *World Development*, 16(1): 47~63.

Polanyi, Karl, 2001, *The Great Transformation: The Political and Economic Origins of Our Time*, Ch. 10～14, New York: Farrar and Rinehart, Inc.

Stubbs, R., 2009, "What ever Happened to the East Asian Developmental State?: The Unfolding Debate", *The Pacific Review*, 22(1): 1～22.

Wade, Robert, 1990, *Governing the Market: Economic Theory and the Role of Government in East Asian Industrialization*, Princeton, New Jersey: Princeton University Press.

Weiss, Linda, 1997, "The Myth of the Powerless State", *The Myth of the Powerless State*, Ithaca and New York: Cornell Univ. Press.

______, 2000, "Developmental States in Transition: Adapting, Dismantling, Innovating, Not 'Normalizing'", *The Pacific Review*, 13(1): 21～55.

Wong, J., 2004, "The Adaptive Developmental State in East Asia", *Journal of East Asian Studies*, 4(3): 345～362.

World Bank, 1993, *The East Asian Miracle: Economic Growth and Public Policy*, Overview, Oxford University Press.

Wu, Yu-Shan, 2007, "Taiwan's Developmental State: After the Economic and Political Turmoil", *Asian Survey*, 47(6): 977～1001.

03 사회적 자본의 측정과 대륙별 비교
아시아를 중심으로

김병연·강영호

1. 서 론

사회적 자본이 경제성장의 중요 요인으로 부각되면서, 최근 이에 대한 연구들이 쏟아지고 있다. 그러나 아직까지 사회적 자본의 개념에 대한 연구자들의 합의 수준은 높지 않다. 더라우프(Durlauf, 2002)가 주장하듯이, 결국 이러한 개념의 모호성은 실증분석을 통한 사회적 자본 연구에 커다란 장애요인으로 작용할 수 있다.[1] 이런 시점에서 사회적 자본 개념이 연구주제와 어떻게 연관되어 발전했는지 살펴보고, 이를 바탕으로 국가 간, 더 넓게는 대륙 간 사회적 자본을 측정하여 비

* 이 연구는 포스코청암재단의 학술연구지원사업의 후원으로 이루어진 것으로 재단에 감사의 뜻을 표한다.

1 사회적 자본에 대한 정의가 모호함에 대한 대표적 비판으로는 다스굽타(Dasgupta, 2000), 맨스키(Manski, 2000), 포르트(Portes, 1998) 등이 있다. 특히, 애로우(Arrow, 2000)의 경우 '사회적 자본'이란 용어에서 '자본'이란 용어의 부적절함에 대해 언급하면서 사회적 상호작용(*social interaction*)을 측정하는 개념은 함정과 환상이라고 언급했다. 몽고메리(Montgomery, 2001)는 사회적 자본의 개념은 여전히 블랙홀로 남아 있다고 언급했다.

교하는 것은 앞으로도 지속될 사회적 자본 논의의 기초를 강화시킨다는 점에서 중요하다.

초창기 논의에서 사회적 자본은 개인차원의 연결망이 갖는 자원과 그가 속해 있는 그룹이 갖는 자원을 포괄하는 개념이었다. 예를 들면, 사회적 자본이란 단어를 처음으로 사용한 학자 중 한 명인 로리(Glenn Loury)는 그의 인종 간 임금차이에 대한 연구에서, 원자화된 경제주체를 통해 임금격차를 설명하는 신고전학파 경제이론을 비판하면서 사회적 자본 개념을 도입했다. 즉, "한 개인의 사회적 출신은 그의 발전을 위해 투자되는 자원의 양에 명백하고 중요한 영향을 미친다. 따라서 이러한 인적 자본의 획득을 촉진시키는 사회적 위치의 결과를 보여주는 '사회적 자본'이란 개념을 도입하는 것은 유용하다."(Loury, 1977: 176) 더 나아가, 부르디외·와쿠언트의 경우 사회적 자본은 "상호인지와 인정이 제도화되어 이 연결망을 소유한 개인 혹은 그룹이 가지게 되는 실제적, 가상적 자원의 합"(Bourdieu & Wacquant, 1992: 119)으로 정의했다. 보다 구체적으로 그들은 부모와 그 부모의 연결망이 가지고 있는 문화적 자원과 다양한 사회적 기회 등이 자식 세대에 전승되는 과정을 분석한다.

이와 같은 흐름에서 사회적 자본 개념을 사용한 다른 중요한 학자로는 콜만이 있다. 콜만은, '인적 자본 형성에 있어서 사회적 자본'(Coleman, 1988)이란 논문에서 개별 주체들이 극단적 행동을 피하고 합리적 행동을 취하는 것을 설명하기 위해 사회적 자본 개념을 도입한다. 또한, 사회적 자본 개념이 공동체 내에서 일정한 규범을 구성하고 합의하게 되는 과정을 설명하는 데 유용하다고 주장한다. 구체적으로, 콜만은 특정한 목적을 원활히 달성하게 하는 사회적 관계나 사회적 구조, 특히 생산적인 사회적 연결망을 사회적 자본으로 정의 내린다. 즉, "사회적 자본은 그 기능에 근거하여 정의할 수 있으며 그것은 하나의 실체가 아니라 다양한 실체들의 집합이다. 이 실체에는 두 가지 공통점이 있다. 첫째는 사회적 자본은 다양한 사회구조의 측면들로 구성되어 있으며 그 구조 아래에서 행동주체들의 행동을 더욱 원활히 한다는 것이다. 또한 다른 형태의 자본과 같이, 그 자본이 존재하지 않을 때는 성취할 수 없는 어떤 목표를 그 자본 때문에 성취할 수 있게 한다는 의미에서 사회적 자본은 생산적 자본이다."(Coleman, 1988: 96)

지금까지 살펴본 로리, 부르디외·와쿠언트, 콜만의 경우, 개인의 의사결정에 영향을 미치는 요인 또는 개인의 생산성에 영향을 주는 요인으로 사회적 자본을 다뤘다. 하지만 푸트남(Robert D. Putnam)과 그 이후 연구자들은 사회적 자본을 지역 간 또는 국가 간 경제성장률의 차이를 설명하는 주요한 요인으로 간주하여, 사회적 자본에 대한 연구 영역을 거시적 차원으로 확장시킨다. 푸트남은 이탈리아의 남북지역의 행정정책 집행의 유효성 차이와 경제적 격차를 사회적 자본 개념을 통해 설명하고자 하였다. 사회적 자본 연구에 있어 푸트남의 두 가지 커다란 공헌2은 다음과 같다. 첫 번째는 사회적 자본 논의를 거시적 차원으로 확장시켰다는 점, 두 번째는 사회적 자본을 측정할 척도를 제시하고 있다는 점이다. 사회적 자본의 측정이 가능하려면 사회적 자본에 대한 정의가 구체화되어 수치적 자료가 뒷받침되어야 한다. 이런 점에서 푸트남의 사회적 자본에 대한 정의는 무엇보다 관심의 대상이 된다. 푸트남은 사회적 자본을 "신뢰, 규범, 연결망 등과 같이 사회의 효율성을 제고할 수 있는 사회조직의 여러 측면을 의미한다."(Putnam, 1993: 167) 라고 정의하였다. 즉, 그의 사회적 자본에 대한 정의는 사회적 자본의 하위 구성요소들에 대한 언급을 통

2 핼펀(Halpern, 2004)에 따르면 1995년 이후부터 사회적 자본에 대한 연구 논문들이 급증하기 시작했는데, 이런 흐름에 기폭제가 된 것은 푸트남의 "Tuning in, Tuning out: The Strange Disappearance of Social Capital in America"(1995) 논문이었다.

해 정립되는데 그 결과 구체화된 하위 구성요소들의 측정을 통해 사회적 자본을 측정할 수 있게 되었다. 푸트남의 사회적 자본의 이런 강점으로 인해 이후 사회적 자본을 측정하는 연구논문은 대부분 푸트남의 사회적 자본 정의를 출발점으로 삼는다.

후쿠야마(Fukuyama) 또한 거시적 차원에서 사회적 자본 논의를 하고 있지만, 사회적 자본을 수량적으로 측정하지 않고 국가별 사례연구를 통해 자신의 주장을 펼친다. 특히, 그는 사회적 자본을 신뢰로 국한하여, 장기적 관점에서 국가 경제성장의 흥망성쇠와 연관시켜 연구한다. 그에 따르면, 사회적 자본은 "공동체 구성원들 사이에 공유되며 다른 사람들과 협동하게 만드는 비공식 가치나 규범"이고(Fukuyama, 1995: 10), 이런 사회적 자본은 그룹이나 조직 내 신뢰라는 윤활유를 증진시키는 것과 같아 조직을 좀더 효율적으로 움직이게 한다. 결국 후쿠야마는 이런 윤활유가 많은 고(高)신뢰 사회에서 기업은 효율적으로 운영되고, 그것이 국가 경제발전을 이끈다고 주장한다.

낵과 키퍼(Knack & Keefer, 1997)의 연구는 국가별 사회적 자본을 측정 비교하였다는 점에서 거시적 주제에 대한 실증적 연구들 중 가장 주목할 만하다. 이들의 연구에서는 국가별 사회적 자본을 측정한 후 경제성장률과 같은 거시 경제지표들과의 관계를 살펴보았다. 이들은 한 국가 내 사회적 자본을 측정하기 위해 푸트남의 사회적 정의에 따라 〈세계가치관조사〉(WVS: *World Value Survey*)를 이용, 사회적 자본의 하위 구성요소들을 측정하였다. 이들 연구의 주된 결론은 다음과 같다. 신뢰와 시민 협력은 경제성장으로 이어지는 반면, 시민참여 활동은 푸트남의 결과와는 달리 경제성장과 상관관계가 없는 것으로 나타났다. 특히 신뢰와 시민협력은 사유재산권과 계약권, 그리고 계층이나 인종의 양극화 정도가 낮은 나라에서 높다는 사실을 발견하였다.

낵과 키퍼(Knack & Keefer, 1997)가 국가 간 사회적 자본과 경제성과의 관계를 연구함에 따라 이후 연구자들은 사회적 자본이 어떠한 경로를 통해 경제성과에 영향을 주는지에 관심을 쏟게 되었다. 이런 연구들로는 사회적 자본이 정부정책에 미치는 효과(Knack, 2002), 사회적 자본과 투자와의 관계(Lyon, 2005), 사회적 자본의 생산성 증진효과(Spagnolo, 1999), 사회적 자본과 인적 자본의 축적(Knack & Keefer, 2001), 사회적 자본이 금융발전에 미치는 영향(Guiso, Sapienza & Zingales, 2004), 사회적 자본이 기업가 형성에 미치는 영향(Kim & Kang, 2012) 등이 있다.

하위 구성요소들의 측정을 통한 사회적 자본 연구들이 활발해지자 사회적 자본에 대한 개념 정립에도 변화가 생겼다. 즉, 연구자들은 사회적 자본 내 하위 구성요소들의 특징과 이들의 상호작용에 더욱 비중을 두는 방향으로 사회적 자본에 대한 개념 정립을 시도하였다. 이러한 흐름은 최근 연구자들의 사회적 자본에 대한 정의를 통해 알 수 있다. 대표적으로 더라우프(Durlauf, 2002)는 사회적 자본에 대한 연구를 "규범과 신뢰를 통하여 양의 결과를 생산하는 연결망에 대한 연구"로 정의하고 있고, 포르트(Portes, 2000)는 "사회적 자본은 개인들이 편익을 지키기 위해 그룹과 연결망 내에서 소속감(*membership*)을 사용할 수 있는 상황(*circumstances*)을 의미한다"라고 정의한다. 이러한 정의들은 사회적 자본의 구성요소 중에서 신뢰를 형성하기 위한 호혜성이 어떠한 다른 하위 구성요소를 통해 집행되고 있는지에 초점을 두고 사회적 자본의 개념을 정립하고 있음을 알 수 있다. 보울스와 긴티스(Bowles & Gintis, 2002) 역시 유사한 흐름에 서 있다. 이들은 "사회적 자본을 신뢰, 타인에 대한 관심, 그리고 공동체 규범을 준수하고 그것을 어긴 자를 처벌하려는 자발성을 의미하는 것"이란 정의를 통해 '자발적 처벌'이란 호혜성 기제(*mechanism*)에 중점을 두었다.

지금까지 우리는 사회적 자본에 대한 정의가 연구주제와 사용가능한 자료의 등장에 반응해 어떻게 정립되는지를 살펴보았다. 이런 논의를 통해 사회적 자본을 측정하고 국가 간 비교를 하려는 연구에서는 다음과 같은 사항을 고려해야 함을 알 수 있었다. 첫째, 사회적 자본에 대한 정의를 구체화시켜 사회적 자본을 측정할 수 있어야 한다는 것이다. 둘째, 푸트남의 공헌과 〈세계가치관조사〉와 같은 조사자료의 등장으로 사회적 자본의 측정이 가능해졌고, 그리하여 최근에는 사회적 자본 내 하위 구성요소들 간의 상호작용과 호혜성을 집행하는 기제가 무엇인지를 고려하여 사회적 자본이 정의되고 있다는 사실이다. 그러나 이러한 점들을 고려하여 사회적 자본을 측정한 후, 한 사회 또는 국가 내 사회적 자본의 특성을 연구한 문헌은 찾기 어렵다. 이 연구에서는 사회적 자본의 하위 구성요소인 신뢰, 규범, 연결망 등을 좀더 세밀하게 측정하여, 사회적 자본 내 하위 구성요소들 간 상호작용 및 호혜성을 집행하는 기제가 국가 간에, 더 나아가 대륙 간에 어떠한 특성이 있는지를 살펴보고자 한다.

이 연구의 구성은 다음과 같다. 2절에서는 사회적 자본 측정대상 국가와 사용한 자료를 설명하였다. 3절은 사회자본의 구성요소인 신뢰, 사회규범, 그리고 연결망을 어떤 방식으로 측정하였지 설명하고, 각 항목마다 대륙 간 비교하였다. 4절에서는 이렇게 구한 사회적 자본의 구성요소 값을 대륙별로 한 그림 내에 도식화하여 아시아 대륙이 다른 대륙에 비해 어떠한 특징이 있는지를 살펴보았다. 5절에서는 논문을 결론짓고, 추후 연구에 대해 언급하였다.

2. 측정범위와 자료

이 연구에서는, 사회적 자본 측정에 대하여 기본적으로 낵과 키퍼(Knack & Keefer, 1997)의 방법을 따르되, 이를 두 가지 측면에서 확장시켰다고 할 수 있다. 첫 번째는 자료의 확장이다. 낵과 키퍼의 경우, 〈세계가치관조사〉의 1판과 2판의 자료만을 사용하는 반면, 이 연구에서는 1판에서 4판까지의 자료를 모두 사용하여 사회적 자본을 측정한다. 3판과 4판에서는 1판과 2판에 비해 상대적으로 유럽 이외의 여러 국가들에서도 설문조사가 이루어졌다. 이 점에서 자료의 확장은 좀더 다양한 국가들의 사회적 자본을 측정 비교할 수 있는 장점이 있다. 또한 조사시점이 확장되어 한 국가 내 사회적 자본의 추이를 살펴볼 수 있다.

두 번째는 사회적 자본의 하위 구성요소들에 대한 확장이다. 낵과 키퍼(Knack & Keefer, 1997)는 사회적 자본의 하위 구성요소들을 신뢰, 시민 규범, 연결망으로 규정하고 이것들을 측정하여 사회적 자본을 측정하였다. 이들이 각 하위 구성요소들을 측정하기 위해서 사용된 설문항목을 하위 구성요소별로 살펴보면 다음과 같다. 신뢰의 경우 "대다수 사람들을 신뢰하는가?"라는 항목을 통해 일반화된 신뢰(*generalized trust*)를 측정하였다. 시민규범은 Max 50이라는 지표로 측정하였는데, 이것은 불법적 행위들을 어느 정도 용인하는지 살펴본 5가지 10점 척도항목을 이용해 만든 것이다. 마지막으로 연결망의 경우에는 각 국가별 응답자들이 설문지에 쓰여 있는 단체들 중 평균적으로 몇 개의 단체에 가입했는지를 통해 측정하였다. 그런데 이 연구에서는 신뢰의 경우, 일반화된 신뢰에 기관에 대한 신뢰(*trust in organization*)를 추가하였다. 또한 시민규범에서는 자녀교육에서 중요한 항목의 지표를, 연결망에서는 연결망의 종류를 좀더 세분화해 살펴보았다.

이상에서 언급한 것처럼, 이 연구에서 사회적 자본 측정에 〈세계가치관조사〉의 1판에서 4판까지의 자료를 사용했다. 〈세계가치관조사〉는 1980년 20개국을 대상으로 조사한 1판에 이어, 2판은 1990년에 42개국을, 3판은 1995년에 55개국을, 4판은 2000년에 70개국을 대상으로 실시한 방대한 설문자료이다. 이 연구에서는 사회적 자본 측정의 일관성을 유지하기 위해 모든 판에 공통적으로 실렸던 질문항목에 기초하여 분석했다. 〈표 3-1〉은 사회적 자본 측정대상 국가들을 대륙별로 분류한 것이다.

〈표 3-1〉 분석대상 국가들의 대륙별 분류

대륙	국가명 (81개)	국가수
아시아	방글라데시, 중국, 대만, 인도, 인도네시아, 일본, 한국, 필리핀, 싱가포르, 베트남	10
북미	캐나다, 푸에르토리코, 미국	3
남미	아르헨티나, 브라질, 칠레, 콜롬비아, 도미니카 공화국, 엘살바도르, 페루, 우루과이, 베네수엘라, 멕시코	10
유럽	오스트레일리아, 오스트리아, 덴마크, 핀란드, 독일, 그리스, 아이슬란드, 아일랜드, 이탈리아, 룩셈부르크, 몰타, 네덜란드, 노르웨이, 뉴질랜드, 포르투갈, 스페인, 스웨덴, 스위스, 영국, 북아일랜드	20
동유럽	알바니아, 아제르바이잔, 아르메니아, 벨기에, 보스니아헤르체고비나, 불가리아, 벨라루스, 크로아티아, 체코, 그루지야, 헝가리, 키르기스스탄, 라트비아, 리투아니아, 몰도바, 폴란드, 루마니아, 러시아, 슬로바키아, 슬로베니아, 우크라이나, 마케도니아, 탄자니아, 세르비아, 몬테네그로	25
아프리카	알제리, 모로코, 나이지리아, 남아프리카 공화국, 우간다	5
중동	이란, 이라크, 이스라엘, 요르단, 파키스탄, 사우디아라비아, 터키, 이집트	8

3. 사회적 자본 측정: 신뢰, 시민규범, 연결망 3

1) 신뢰의 측정과 대륙 간 비교

(1) 신뢰의 개념

잭과 낵(Zak & Knack, 2001)이 언급하듯이 신뢰는 사회 내 거래비용을 낮춰 경제성장에 긍정적 역할을 하는 중요한 사회적 자본의 하위 구성요소이다. 강베타(Gambetta, 2000)는 이런 신뢰가 "자신이 예상한 것을 타인에게서 발견하게 될 기대에 기초"하고 있음을 언급했는데, 이런 기대에 근거가 되는 것은 푸트남(Putnam, 1993)도 언급하고 있는 호혜성이다. 따라서 신뢰는 명시적이든 암묵적이든 서로에게 기대하는 호혜성 원칙을 집행할 수 있는 기제가 갖추어진 사회에서 형성된다. 그런데 이러한 원칙이 집행되는 정도와 기제는 사회 발전과 역사적 경험에 따라 다르며 이는 신뢰의 성격에도 영향을 준다. 예를 들면 토시오 야마가시와 미도리 야마가시(Yamagishi & Yamagishi, 1994)에 따르면 신뢰에는 '억제'(*deterrence*)에 근거한 것과 '인애'(*benevolence*)에 근거한 두 유형이 있다. 따라서 신뢰를 측정함에 있어서 어떤 대상에 대한 신뢰인가뿐만 아니라 신뢰를 형성하게 하는 호혜성이 어떠한 기제에 근거하는가를 이해하는 것도 중요하다.

이 연구에서는 국가별 신뢰 정도를 '대다수 사람에 대한 신뢰'와 '기관에 대한 신뢰도'로 나누어 측정했다. 기관에 대한 신뢰도를 추가하는 목적은 신뢰의 대상을 구체화하려는 것이다. 또한 신뢰가 어떠한 기제에 근거하여 호혜성을 집행하는지 조사자료를 통해서는 확인할 방법이 없으므로, 이 연구에서는 마지막 절에서 대륙 내 사회적 자본의 하위 구성요소를 그림을 통하여 종합적으로 제시하려고 한다.

3 각 질문마다 참여에 빠진 국가들이 존재하여 각 항목 관측 국가 수가 상이하다.

(2) 신뢰의 측정: 대다수 사람에 대한 신뢰

낵과 키퍼(Knack & Keefer, 1997)는 연구대상 국가들의 신뢰수준을 세계가치관조사에 포함된 질문항목 '대다수의 사람들을 믿을 수 있는가?'에 긍정적으로 답변한 사람들이 전체 응답자에서 차지하는 비율 통해 측정했다. 이렇게 측정된 신뢰를 보통 '일반화된 신뢰'(*generalized trust*)로 부른다.[4]

그러나 이 질문항목을 통해 한 국가의 신뢰를 측정하는 것에 이의를 제기하는 목소리도 있다. 대표적으로 더라우프(Durlauf, 2000)는 질문에 언급된 '대다수'라는 용어가 응답자의 인식범위 차이에 크게 의존하고 있음을 지적했다. 이런 단점을 보완하고자 응답자의 관계, 예를 들어 친구의 수, 친척의 수, 이들과의 접촉빈도 정도 등을 고려하여 신뢰를 측정하는 방법들이 있다. 또한 누구에게 도움을 줄 것인지에 대한 답변을 통해 신뢰를 측정하는 시도도 있다. 하지만 〈세계가치관조사〉에서는 이러한 질문항목이 없기 때문에 여기에서는 기관에 대한 신뢰도를 동시에 측정하여 '일반화된 신뢰'에서 나타나는 응답자의 측정오차를 가늠할 수 있게 하였다.

먼저 '대다수 사람에 대한 신뢰'를 측정한 결과를 살펴보면 〈표 3-2〉와 같다. 여기서 알 수 있듯이 표본국가들의 '대다수 사람에 대한 신뢰'에 대한 평균 신뢰도는 점차 감소하는 추세를 나타내지만, 각 판(*wave*)별로 표본국가들이 동일하지 않음을 고려하면 판별 추세는 큰 의미가 없다. 그러나 각 판별로 '대다수 사람에 대한 신뢰' 값이 가장 낮은 3개의 국가와 높은 3개의 국가를 살펴보면, 북유럽 국가들이 일반화된 신뢰지수의 값이 높고 대체적으로 남미 국가들의 값이 낮음을 알

---

4 '일반화된 신뢰'는 신뢰에 대한 실증연구에서 많이 사용된다. '일반화된 신뢰'를 통해 신뢰를 분석한 연구논문들은 알레시나와 페라라(Alesina & Ferrara, 2002)의 연구 및 잭과 낵(Zak & Knack, 2001), 헬리웰(Helliwell, 1996), 라 포르타 등(La Porta et al., 1997)이 있다.

〈표 3-2〉 대다수 사람에 대한 신뢰항목의 기본 통계치

구분		1판	2판	3판	4판
관측치		21	43	54	70
평균		36.3	32.7	24.8	27.1
표준편차		11.1	13.9	12.8	13.7
최소	1	몰타(9.4)	브라질(6.4)	브라질(2.8)	탄자니아(7.7)
	2	프랑스(23.1)	터키(9.8)	페루(4.9)	우간다(7.8)
	3	아르헨티나(23.7)	루마니아(15.8)	터키(5.5)	필리핀(8.5)
최고	1	노르웨이(55.5)	노르웨이(60.7)	노르웨이(64.8)	덴마크(64.1)
	2	스웨덴(52.1)	스웨덴(59.6)	스웨덴(56.6)	스웨덴(63.7)
	3	덴마크(47.2)	핀란드(59.5)	중국(50.4)	네덜란드(59.7)

〈그림 3-1〉 대부분 사람들에 대한 신뢰: 대륙별 비교

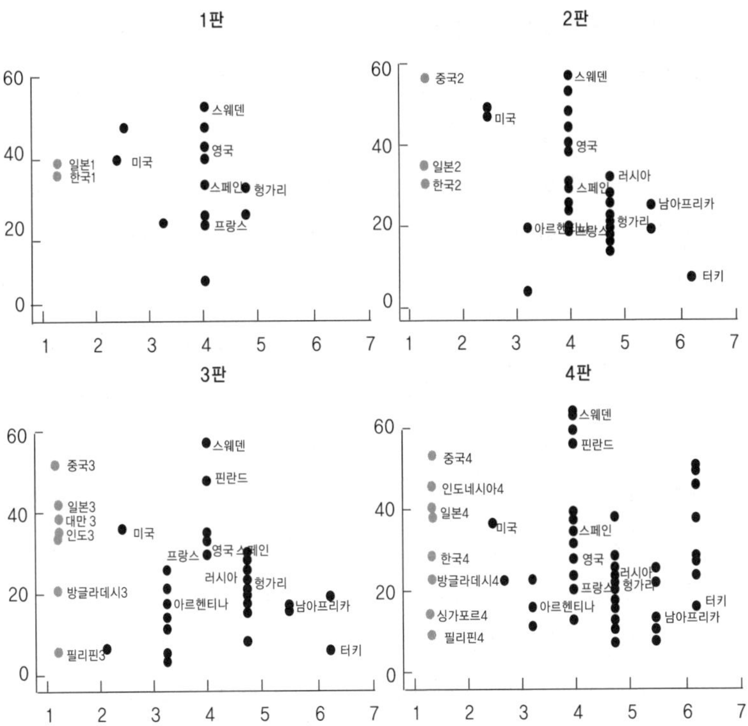

주: 1) X축: 1 = 아시아, 2 = 북미, 3 = 남미, 4 = 유럽, 5 = 동유럽, 6 = 아프리카, 7 = 중동
2) Y축: 대부분 사람들에 대한 신뢰도(%)

수 있다. 이는 판별 대륙별로 구분하여 측정대상 국가들의 일반화된 신뢰값들의 분포를 살펴본 <그림 3-1>을 보면 더 명확히 알 수 있다.

<그림 3-1>을 살펴보면, 유럽 국가들이 대체적으로 일반화된 신뢰지수가 높고, 남미, 동유럽, 아프리카의 경우 그 신뢰도의 값이 낮게 나타난다. 또한 아시아의 경우에는 일반화된 신뢰지수 값이 매우 넓게 퍼져 있음을 알 수 있다. 즉, 필리핀, 싱가포르에서의 신뢰의 값은 낮은 반면 일본, 중국, 인도네시아에서는 일반화된 신뢰지수 값이 높게 나타난다.

(3) 신뢰의 측정: 기관에 대한 신뢰

"대다수의 사람들에 대한" 신뢰, 즉 일반화된 신뢰로 한 사회가 가지고 있는 신뢰의 특성을 나타내는 것에는 한계가 있다. 이는 대다수 사람들에 대한 질문은 응답자가 '대다수'라는 사람들에 대해 어떻게 인식하는지에 따라 응답이 달라질 수 있기 때문이다. 따라서 이 연구에서는 여러 기관에 대한 신뢰도를 측정하여 이러한 한계점을 보완하려고 한다.

<세계가치관조사>에서는 기관(*organization*)에 대한 신뢰를 묻는 항목이 있다. 이들 기관 중에서 4개의 판에 모두 포함되어 있는 항목을 사용하여 기관들에 대한 신뢰도를 측정했다. 4개의 판에 모두에 포함된 기관은 군, 경찰, 공무원, 의회, 노조, 대기업, 언론, 교회이다. 이 기관들을 분석의 용이성을 위해 다음과 같이 분류하였다. 우선 공공기관 성격이 강한 기관인 군, 경찰, 공무원, 의회를 모아서 공공기관에 대한 신뢰라는 하나의 지표로 만들었으나, 노동조합, 대기업, 언론은 성격이 상이하기 때문에 이들 기관에 대해서는 각각 살펴보았다.

기관들에 대한 신뢰도는 다음과 같은 방법으로 측정하였다. <세계가치관조사>에서는 이 항목들을 4점 척도로 측정한다. 이 연구에서는 이런 4점 척도를 '많이 신뢰한다'와 '다소 신뢰한다'를 신뢰함으로,

'다소 신뢰하지 않는다'와 '많이 신뢰하지 않는다'를 신뢰하지 않음으로 2점 척도로 바꾸었다. 이는 앞에서 계산한 대부분 사람들에 대한 신뢰가 2점 척도이므로 이와 쉽게 비교하기 위해서이다. 따라서 기관에 대한 신뢰값은 한 국가 내 응답자들 중 얼마나 많은 응답자들이 기관에 대해 신뢰하는가를 나타내는 것이다. 이렇게 측정된 값은 100점 기준으로 전환하여 다른 사회적 자본의 하위 구성요소들과 비교 가능하게 하였다. 이를 수식으로 나타내면 다음과 같다.

$$(x_1 + x_2 + ... + x_n)/n \times \frac{100}{2}$$

x=질문(단체)항목, n=질문항목 수(단체 수)

공공기관에 대한 신뢰도는 〈표 3-3〉에 제시되어 있다. 〈표 3-3〉과 〈그림 3-2〉에서 알 수 있듯이, 공공기관에 대한 신뢰도는 아시아, 유럽 국가들, 북미에서 높게 나타난다. 이에 반해서 남미와 동유럽권 국가들은 공공기관에 대한 신뢰도가 상대적으로 낮다.

언론의 경우 〈표 3-4〉에서 볼 수 있듯이, 시간이 경과할수록 신뢰도 값이 증가한다. 언론에 대한 신뢰도에서 특기할 만한 발견은, 언론이 발달되었다고 생각되는 북미와 유럽보다도 동유럽과 아프리카에서의 신뢰도가 더 높다는 점이다. 아시아 국가들에서도 언론에 대해 신뢰도가 매우 높게 나타난다. 이는 언론과 비교할 수 있는 다른 기관의 발달이 상대적으로 지체되어, 이를 비판하는 언론에 대한 응답자의 기대감이 반영된 결과로 풀이할 수 있다.

노동조합과 대기업에 대한 신뢰도는 많은 의미를 가지고 있다. 이들은 앞서 논의한 다른 기관에 비해 이익집단으로 인식되는 기관들이다. 또한, 한 국가 내에 노동조합의 신뢰도가 높은 경우 그 사회가 분배지향적 사회임을, 반면에 대기업에 대한 신뢰도가 높은 경우 기업에 대한 우호적 정서가 있음을 간접적으로 가늠해 볼 수도 있다.

〈그림 3-2〉 공공기관에 대한 신뢰도

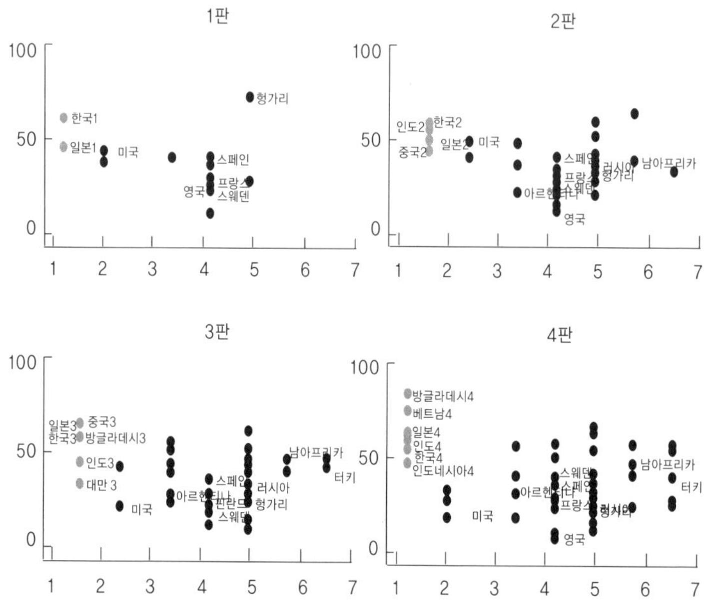

주: 1) X축: 1 = 아시아, 2 = 북미, 3 = 남미, 4 = 유럽, 5 = 동유럽, 6 = 아프리카, 7 = 중동
2) Y축: 공공기관에 대한 신뢰도(%)

〈표 3-3〉 기관 신뢰도: 공공기관

구분		1판	2판	3판	4판
관측치		21	42	52	68
평균		54.0	46.6	45.6	47.3
표준편차		11.3	14.5	12.0	15.2
최소	1	헝가리(38.6)	에스토니아(10.3)	도미니카(15.2)	이라크(13.1)
	2	일본(39.0)	라트비아(10.9)	아르헨티나(16.5)	페루(14.1)
	3	아르헨티나(41.1)	리투아니아(12.4)	페루(21.5)	아르헨티나(16.3)
최대	1	대한민국(77.2)	중국(71.1)	보스니아(69.7)	베트남(88.4)
	2	노르웨이(72.7)	인도(66.9)	노르웨이(69.3)	방글라데시(76.4)
	3	아일랜드(66.3)	북아일랜드(65.1)	터키(68.0)	중국(76.3)

〈그림 3-3〉 언론에 대한 신뢰도

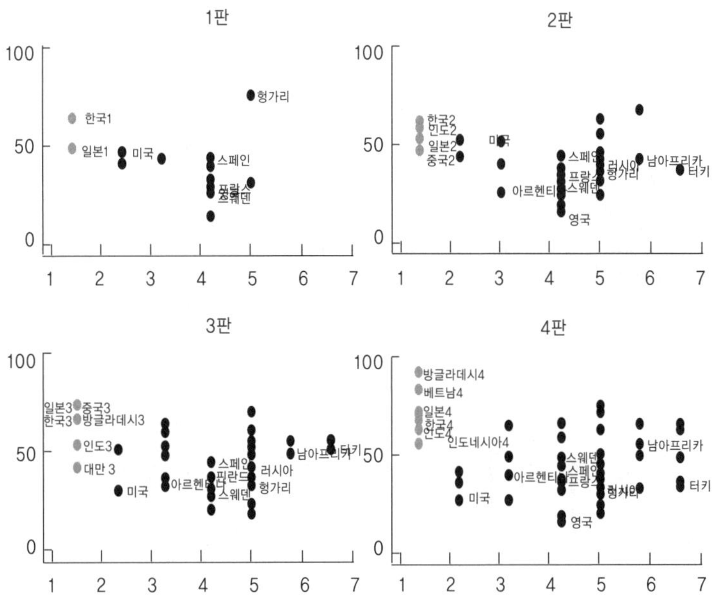

주: 1) X축: 1 = 아시아, 2 = 북미, 3 = 남미, 4 = 유럽, 5 = 동유럽, 6 = 아프리카, 7 = 중동
2) Y축: 언론에 대한 신뢰도(%)

〈표 3-4〉 기관 신뢰도: 언론

구분	1판	2판	3판	4판
관측치	21	42	52	67
평균	38.7	41.3	42.0	44.0
표준편차	14.7	14.0	14.7	16.4
최소 1	아이슬란드(15.5)	영국(14.8)	오스트레일리아(16.2)	영국(14.2)
2	스웨덴(26.6)	북아일랜드(16.1)	알바니아(16.3)	크로아티아(15.3)
3	네덜란드(27.5)	오스트리아(17.6)	마케도니아(16.5)	북아일랜드(17.9)
최대 1	헝가리(79.0)	나이지리아(70.8)	일본(71.6)	방글라데시(90.0)
2	대한민국(67.5)	리투아니아(67.1)	필리핀(71.1)	베트남(80.8)
3	일본(51.2)	대한민국(65.8)	리투아니아(68.4)	탄자니아(72.5)

〈그림 3-4〉 노동조합에 대한 신뢰도

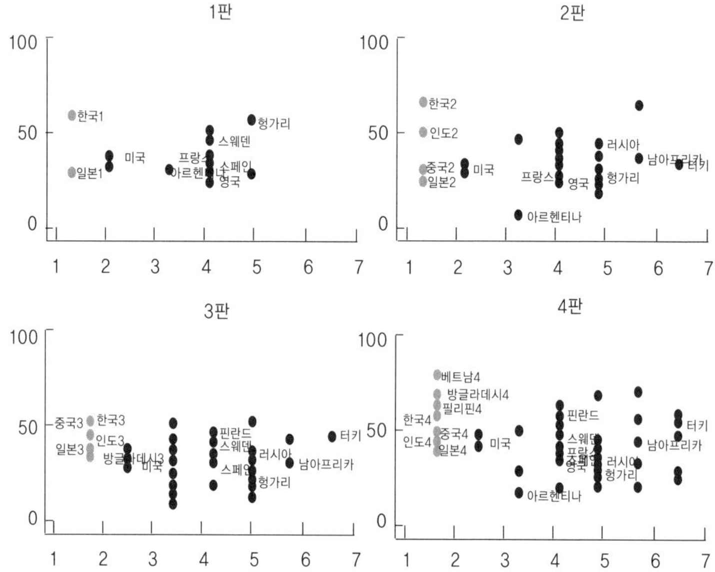

주: 1) X축: 1 = 아시아, 2 = 북미, 3 = 남미, 4 = 유럽, 5 = 동유럽, 6 = 아프리카, 7 = 중동
2) Y축: 노동조합에 대한 신뢰도(%)

〈표 3-5〉 기관 신뢰도: 노동조합

구분		1판	2판	3판	4판
관측치		21	42	51	66
평균		37.6	35.5	33.3	34.6
표준편차		10.7	11.9	12.7	13.5
최소	1	북아일랜드(23.3)	아르헨티나(8.2)	아르헨티나(9.2)	아르헨티나(10.9)
	2	오스트레일리아(23.9)	폴란드(19.7)	알바니아(11.9)	마케도니아(12.2)
	3	영국(24.9)	라트비아(23.2)	마케도니아(13.0)	불가리아(12.8)
최대	1	대한민국(58.3)	대한민국(65.7)	노르웨이(64.1)	베트남(71.9)
	2	헝가리(56.2)	나이지리아(65.6)	대한민국(55.1)	나이지리아(63.0)
	3	노르웨이(55.6)	노르웨이(58.2)	보스니아 헤르체고비나(55.1)	방글라데시(62.3)

우선 노동조합의 신뢰도를 살펴보자. 〈표 3-5〉에서 알 수 있듯이 판별로 표본 전체의 평균값은 큰 변화가 없다. 하지만, 앞서 기관 신뢰도들의 값들에 비해 노동조합에 대한 신뢰도 값은 매우 낮다. 〈그림 3-4〉를 보면 판별로 조금의 차이가 있지만, 아시아와 아프리카 내에서 노동조합에 대한 신뢰도 값이 매우 높다. 반면에 남미와 동유럽의 경우 노동조합의 신뢰도가 매우 낮게 나타난다.

기관에 대한 신뢰도의 마지막으로 대기업을 살펴보면 다음과 같다.

우선 전체 표본의 평균값은 〈표 3-6〉에서 볼 수 있듯이, 다른 기관들에 비해 높은 값은 아니지만 노동조합에 대한 신뢰도보다는 평균적으로 높게 나타나고 있다. 대기업에 대한 신뢰도의 대륙별 특징은 〈그림 3-5〉에서 잘 나타나는데, 이들 값은 대륙별로 큰 차이는 없고 대륙 내 국가들 간에 격차가 좀더 뚜렷하다. 그런데 특이한 사항은 아프리카 국가들 내 대기업에 대한 신뢰도 값이 매우 높은 것으로 관측된다는 점이다.

〈표 3-6〉 기관 신뢰도: 대기업

구분	1판	2판	3판	4판
관측치	20	42	52	52
평균	42.9	42.3	43.4	39.7
표준편차	12.2	14.6	13.3	16.1
최소 1	일본(23.4)	라트비아(11.2)	알바니아(13.3)	리투아니아(10.3)
2	덴마크(32.0)	에스토니아(15.3)	러시아(19.4)	우크라이나(15.5)
3	이탈리아(32.4)	리투아니아(16.0)	마케도니아(23.4)	러시아(15.9)
최대 1	오스트레일리아(77.9)	나이지리아(75.7)	브라질(66.8)	방글라데시(88.0)
2	몰타(55.5)	남아프리카(68.7)	남아프리카(66.7)	나이지리아(67.8)
3	북아일랜드(53.2)	몰타(68.2)	필리핀(63.2)	남아프리카(67.0)

〈그림 3-5〉 대기업에 대한 신뢰도

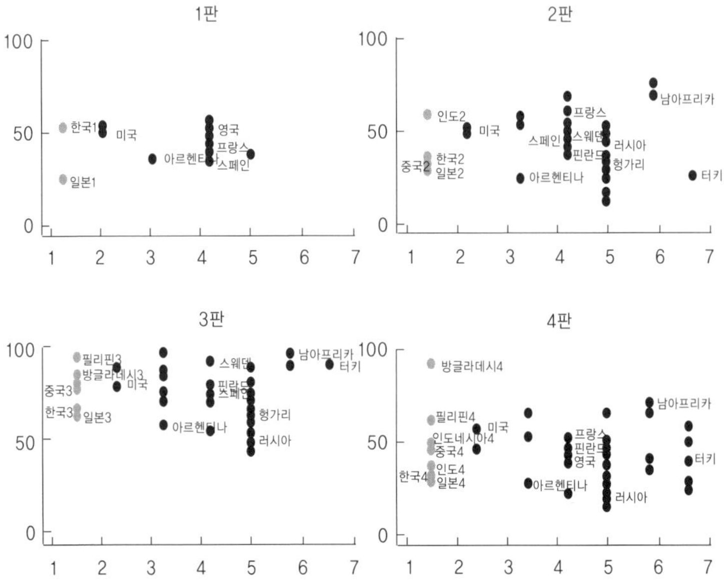

주: 1) X축: 1 = 아시아, 2 = 북미, 3 = 남미, 4 = 유럽, 5 = 동유럽, 6 = 아프리카, 7 = 중동
2) Y축: 대기업에 대한 신뢰도(%)

2) 시민적 규범의 측정과 대륙 간 비교

(1) 시민적 규범지수

낵과 키퍼(Knack & Keefer, 1997)에 따르면 "시민적이란 변수는 죄수의 딜레마 상황에서 익명자들과 협력하려는 태도로 정의된다." 이러한 시민적 규범은 앞서 살펴본 신뢰를 형성하기 위해 중요한 조건인 호혜성을 확립하는 기제로 작용한다. 대다수 사람이 시민적 규범을 준수하는 사회에서는 시민적 참여의 연결망이 조밀하므로 '썩은 사과'(*bad apple*)를 찾아내고 처벌하는 것이 용이하며, 따라서 타인을 배반하는 전략의 위험이 커지게 되기 때문이다.

일반적으로 시민적 규범은 한 국가의 법체계 및 법 집행 강도뿐만 아니라 도덕교육과도 밀접한 관련이 있다. 따라서 여기에서는 낵과 키퍼(1997)가 사용한 시민적 규범지수에 더해 '자녀교육 시 중요한 덕목들'을 분석하여 한 국가의 시민적 규범지수를 측정하려고 한다. 좀 더 자세히 낵과 키퍼의 방법을 살펴보면, 이들은 10점 척도의 5가지 항목을 통해 시민적 규범을 측정한다. 이 5가지 항목은 ① 정부 보조금을 부당하게 수령하는 것, ② 차비를 내지 않는 것, ③ 조세포탈, ④ 주운 돈을 가지는 것, ⑤ 주차된 차에 우연히 손상을 주었을 때 알리지 않는 것을 말한다.

이 연구에서는 1판에서 4판을 모두 분석대상으로 두기 때문에, 위 질문들 중 모든 판에 실린 3가지 질문(①, ②, ③)만 갖고 시민적 규범지수를 측정한다. 이 질문들은 10점 척도로 응답하게 되어 있다. 낵과 키퍼(1997)의 방법을 따라 높은 점수를 받을수록 시민적 규범이 더 잘 확립된 것으로 점수를 변환한 다음 이들 응답 값을 아래 수식과 같은 방법을 통해 100점으로 표준화시켰다.

$$(x_1 + x_2 + x_3)/3 \times \frac{100}{10}$$

위의 방법으로 구해진 값의 특징을 살펴보면 〈표 3-7〉과 같다. 이들 값의 특징은 전체 표본의 평균값이 높고 표준편차가 낮다는 점이다. 이는 시민적 규범이 표본 국가들 내에서 대다수 강하게 나타나고 있음을 의미한다.

〈그림 3-6〉을 통해 알 수 있듯이, 시민적 규범지수는 아시아 국가들과 유럽 국가들에서 높게 나타난다. 시민적 규범지수가 낮은 국가들은 모든 판에 걸쳐 대개 사회주의 경험이 있는 국가들인데, 특이하게도 중국의 경우 높은 시민적 규범지수를 가지고 있다.

〈그림 3-6〉 대륙별 시민적 규범지수의 추이

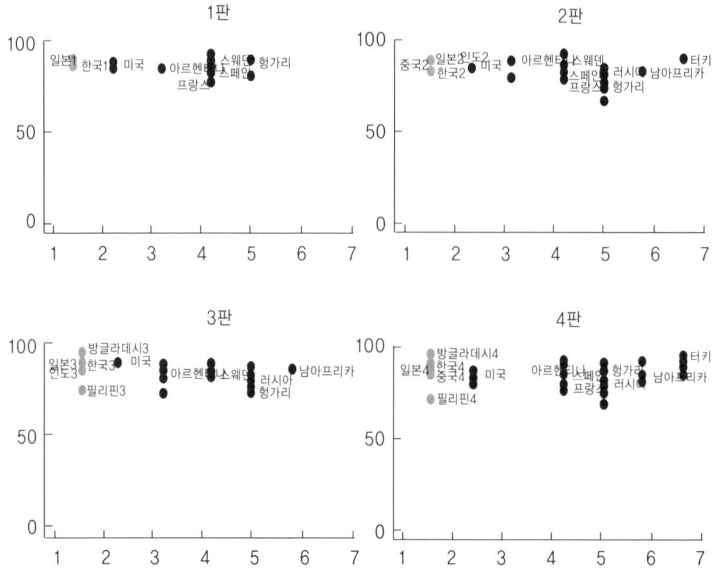

주: 1) X축: 1 = 아시아, 2 = 북미, 3 = 남미, 4 = 유럽, 5 = 동유럽, 6 = 아프리카, 7 = 중동
2) Y축: 시민적 규범지수

〈표 3-7〉 시민적 규범지수에 대한 기본 통계치

구분		1판	2판	3판	4판
관측치		21	43	51	70
평균		89.6	87.9	86.1	88.5
표준편차		3.7	5.2	5.8	5.7
최소	1	프랑스(79.7)	멕시코(70.8)	브라질(75.1)	몰도바(70.9)
	2	벨기에(85.0)	슬로바키아(77.0)	크로아티아(75.3)	벨라루스(71.8)
	3	아일랜드(86.5)	체코(79.9)	필리핀(77.0)	필리핀(75.7)
최대	1	몰타(96.9)	몰타(97.1)	방글라데시(97.7)	방글라데시(98.5)
	2	스웨덴(93.9)	터키(95.2)	미국(94.0)	터키(98.2)
	3	헝가리(93.0)	인도(94.6)	중국(93.4)	파키스탄(97.2)

(2) 자녀교육에서의 덕목

앞서 언급한 것처럼 시민적 규범은 한 국가 내 법체계뿐만 아니라 도덕교육과도 연관이 되어 있다. 따라서 이 절에서는 자녀교육 시 중요한 덕목에 대한 질문항목을 통해, 한 국가 내 도덕교육의 특성을 살펴보고자 한다. 이와 관련된 질문항목은 다음과 같다.

- 다음은 자녀들의 가정교육을 위하여 부모들이 중요하다고 생각하는 덕목들이다. 가장 중요하다고 생각하는 5가지를 선택하라.

  독립심, 근면, 책임감, 상상력, 참음과 타인을 배려, 검약과 저축, 결단력과 인내, 종교적 믿음, 이타심, 순종

질문항목에 있는 도덕항목들을 살펴보면, 호혜성의 강도에 따라 이들 덕목을 '개인적 성취동기' 또는 '관계 중심'을 강조하는 것으로 분류할 수 있다. 즉, 개인성취와 관련된 덕목의 경우 호혜성의 강도가 직접적이며 단기적인 반면에 관계 중심적 덕목의 경우 호혜성의 강도가 간접적이고 장기적인 성격을 가지고 있다. 도덕 덕목을 분류해 보면, 개인성취와 관련된 덕목은 독립심, 상상력, 결단력과 인내, 근면, 검약과 저축이고 관계 중심에 대한 덕목으로는 책임감, 종교적 믿음, 순종, 참음과 타인을 배려, 이타심이다. 자녀교육에 있어서의 덕목은 개인성취 덕목을 관계중심 덕목보다 강조하는 응답자가 전체 응답자 중에 몇 퍼센티지인가를 통해 측정하였다.[5] 〈표 3-8〉은 이런 지표에 대한 전체 표본의 기본 통계이다.

〈그림 3-7〉에서 볼 수 있듯이, 아시아 국가들의 경우 이 지표가 매우 높은 데 반해, 유럽 국가들은 전반적으로 낮다.

---

5 이 지수에 대한 측정방법을 좀더 구체화하면, 개인 응답자 중 $\frac{\text{개인성취}}{\text{관계중심}} > 1$ 인 응답자가 측정대상 국가 내에 몇 퍼센티지인지 파악한 것이다.

〈그림 3-7〉 자녀교육에서 개인성취 중심 덕목의 중요성

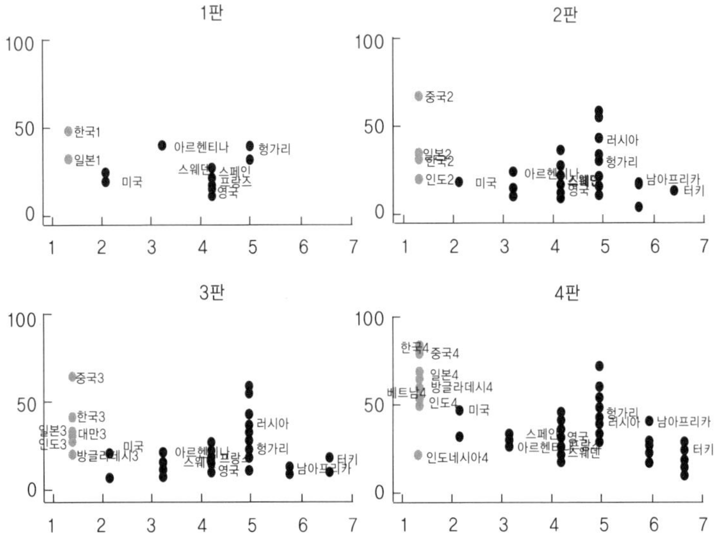

주: 1) X축: 1 = 아시아, 2 = 북미, 3 = 남미, 4 = 유럽, 5 = 동유럽, 6 = 아프리카, 7 = 중동
2) Y축: 자녀교육에서 개인성취 중심 덕목(%)

〈표 3-8〉 덕목에 대한 기본 통계치

구분		1판	2판	3판	4판
관측치		21	43	54	69
평균		22.9	23.3	25.4	27.7
표준편차		9.8	14.1	13.1	15.6
최소	1	북아일랜드(10.9)	나이지리아(5.1)	푸에르토리코(5.7)	이라크(0.8)
	2	오스트레일리아(12.6)	북아일랜드(8.2)	엘살바도르(7.3)	요르단(3.8)
	3	스웨덴(13.9)	폴란드(8.4)	콜롬비아(7.9)	이집트(7.7)
최대	1	대한민국(46.4)	중국(66.6)	중국(63.2)	대한민국(73.2)
	2	아르헨티나(39.1)	라트비아(57.1)	아제르바이잔(55.3)	중국(69.7)
	3	헝가리(37.2)	리투아니아(52.9)	리투아니아(51.2)	키르기스스탄(61.4)

〈그림 3-8〉 성취중심적 성향 대 종교적 성향

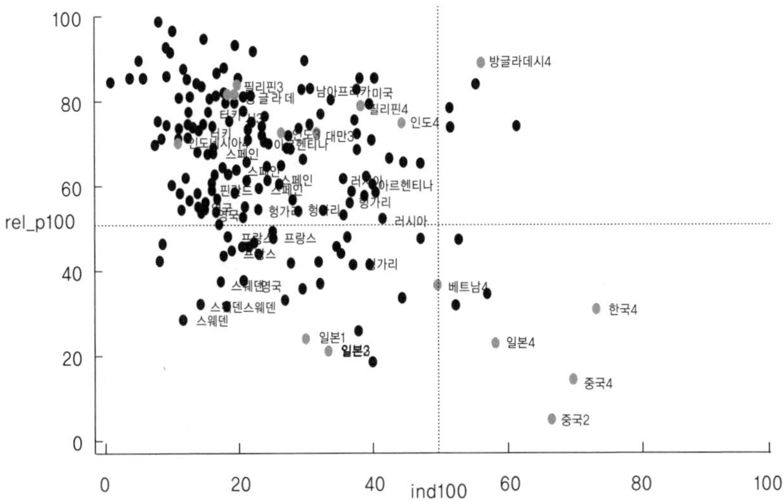

주: rel_p100 = 종교적인 사람(%), ind100 = 개인성취동기(%)

이 지수가 무엇을 의미하는지 좀더 구체적으로 살펴보기 위해서, 한 국가 내 자신을 종교적인 사람이라 응답한 사람들의 비율을 측정한 변수와 비교하여 보았다.6 일반적으로 종교적인 사람의 경우 직접적이고 단기적인 호혜성보다는 간접적이고 장기적인 호혜성에 더 큰 가치를 두는 경우가 많다. 이는 지옥 또는 천국이 존재한다고 믿는 성향이 높고 이에 따라 내세에 어떠한 보상을 기대하는 성향이 있기 때문이다. 이 두 지수 값을 비교한 것이 〈그림 3-8〉이다. 그림을 통해 알 수 있듯이, 둘 사이에는 (-)의 상관관계가 있다. 특히, 아시아 국

6 〈세계가치관조사〉에서는 천국 또는 지옥을 믿는가라는 질문항목이 있다. 하지만 자신을 종교적인 사람이라고 생각하는가라는 질문항목과 상관관계 값이 매우 높고, 간접적이고 장기적인 호혜성은 내세뿐만 아니라 그 사람의 신념과도 연관이 있을 수 있기 때문에 좀더 폭넓은 질문인 종교적인 사람인가에 대한 질문항목을 선택하여 비교하였다. 이 지수는 종교적인 사람이라고 응답한 사람이 측정대상 국가 내에 몇 퍼센티지인가를 보여 준다. (Barro & McCleary, 2003)

가들의 경우 방글라데시, 인도, 필리핀 등을 제외하고는 개인적 성취 동기가 매우 강한 반면에 자신이 종교적인 사람이라 응답한 사람이 적었다.

3) 연결망의 측정과 대륙 간 비교

(1) 연결망의 측정방법

앞서 살펴본 시민적 규범과 같이 신뢰를 형성하는 호혜성의 성격을 결정하는 또 다른 기제는 연결망이다. 푸트남은 이탈리아 지역의 연구에서 시민적 참여의 연결망이 조밀한 지역일수록 빠른 경제적 성장이 나타나고 있음을 언급하여 연결망의 중요성을 강조하였다. 특히, 그의 연구에서는 이들 연결망 중에서도 정치적 목적의 그룹보다는 스포츠 그룹의 참여가 높은 지역에서 연결망의 긍정적 효과가 높은 것으로 나타났다. 이는 연결망의 양적 측면보다도 연결망의 성격을 나타내는 질적 측면이 더욱 중요할 수 있음을 의미한다.

연결망의 개념은 다음과 같은 몇 가지로 구분된다. 일반적 구분은 그래노베터(Mark Granovetter)가 언급한 강한 연대(*strong ties*)와 약한 연대(*weak ties*)이다. 또 다른 것으로는 이음 연결망(*bridge network*)과 연대 연결망(*bond network*)이 있다(Sjoerd Beugelsdijk & Sjak Smulders, 2003). 하지만 이들 연구들을 살펴보면 이음 연결망과 약한 연대, 그리고 연대 연결망과 강한 연대는 매우 유사한 개념이다. 낵과 키퍼(Knack & Keefer, 1997)는 앞서의 구분과는 성격이 다르게 구분하였는데, 올슨 그룹(*O-Groups*)과 푸트남 그룹(*P-Groups*)으로의 구분이 그것이다. 이 연구에서는 낵과 키퍼(1997)가 사용한 분류법을 이용해 연결망의 성격을 분석했다.

따라서 낵과 키퍼(1997)가 사용한 올슨 그룹과 푸트남 그룹에 대해 좀더 상세히 살펴볼 필요가 있다. 올슨 그룹은 올슨(Olson, 1982)에 의해 구분된 지대추구 단체들로 올슨은 이들의 부정적 효과들을 언급하였다. 올슨 그룹의 예로는 노조, 정당, 전문가 집단을 들 수 있는데, 이들은 경제적 성과를 재분배하려는 목표를 가지고 있다. 또 다른 그룹인 푸트남 그룹은 종교적 또는 교회단체, 교육·예술·음악 또는 문화적 활동단체, 그리고 청소년 사역과 같은 그룹들로, 신뢰하고 협력하는 습관을 형성할 수 있는 사회적 상호작용과 관련된 그룹들이다.

이 연구에서는 한 국가 내 연결망의 성격을 파악하기 위해서 연결망의 양적 수준 및 질적 수준을 측정하였다. 연결망의 양적 수준은 단체가입밀도를 통해 한 국가 내 응답자들이 얼마나 많은 단체에 가입되어 있는지를 보아 판단하였고, 연결망의 질적 수준은 한 국가 내 올슨 그룹 가입자와 푸트남 그룹 가입자 중 어느 그룹의 가입자 비율이 높은지를 통해 파악하였다. 먼저 단체가입과 관련된 질문항목을 살펴보면, 1, 2, 4판에서는 단체 가입과 관련된 질문이 단체 소속과 비소속 두 가지로 구분되어 있지만, 3판에서는 관련 질문항목이 활동적, 비활동적, 비참여적으로 구분되어 있어 '활동적'과 '비활동적'을 '참여적'으로 바꾸어서 다른 판과의 통일성을 유지하였다.[7]

우선 한 국가 내 연결망의 양적 측면을 나타내 주는 단체가입밀도를 측정하는 방법을 살펴보자. 낵과 키퍼(Knack & Keefer, 1997)는 그들의 논문에서 단체가입활동의 밀도에 대해 각 국가 내 응답자가 언급한 단체들의 수의 평균을 통해 측정하였다. 그러나 이런 방법은

---

7 또 다른 고려 사항은 판별로 단체 구분이 상이하다는 것이다. 따라서, 응답자가 기타(*others*)로 대답한 정보를 그대로 사용할 경우 판별로 단체가입밀도가 잘못 측정될 있다. 이러한 문제를 없애기 위하여 이 연구에서는 모든 판에 포함된 단체, 즉 운송노조, 정당, 종교 또는 교회 기관, 그리고 교육, 예술, 또는 문화활동 단체들만을 사용하여 연결망 지수를 구하였다.

앞서 언급한 대로 각 판별로 예시한 단체들의 종류가 다르기 때문에 판별로 통일성을 유지하기 어렵다는 점 때문에 한계가 있다. 따라서 1판에서 4판까지 포함된 단체들을 선별한 후 이들 단체에 가입한 응답자의 수가 전체 응답자의 몇 퍼센티지인지를 통해 단체가입밀도를 측정하였다.

$$\frac{4\text{개 단체의 가입자수}}{N \times 4} \times 100$$

단, N=해당 국가의 전체 응답자수

〈표 3-9〉는 위의 수식에 근거하여 구한 단체가입밀도에 대한 기초 통계값이다.

〈표 3-9〉 단체가입밀도

구분		1판	2판	3판	4판
관측치		20	38	51	61
평균		12.1	11.8	19.7	11.4
표준편차		5.15	6.3	10.6	8.3
최소	1	프랑스(5.0)	아르헨티나(3.4)	폴란드(2.2)	터키(0.4)
	2	이탈리아(5.3)	스페인(3.5)	그루지야(3.4)	모로코(1.2)
	3	스페인(6.6)	폴란드(3.7)	불가리아(5.5)	리투아니아(2.5)
최대	1	아이슬란드(22.9)	아이슬란드(30.7)	미국(44.5)	스웨덴(37.0)
	2	미국(21.0)	네덜란드(22.2)	남아프리카(41.3)	아이슬란드(36.9)
	3	스웨덴(17.3)	미국(21.3)	도미니카(40.8)	탄자니아(32.5)

〈그림 3-9〉 단체가입밀도

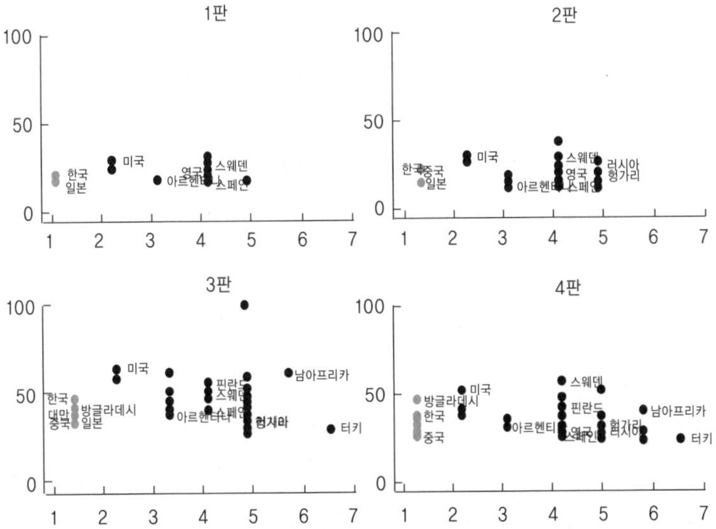

주: 1) X축: 1 = 아시아, 2 = 북미, 3 = 남미, 4 = 유럽, 5 = 동유럽, 6 = 아프리카, 7 = 중동
2) Y축: 단체가입밀도(%)

〈그림 3-10〉 올슨 그룹과 푸트남 그룹

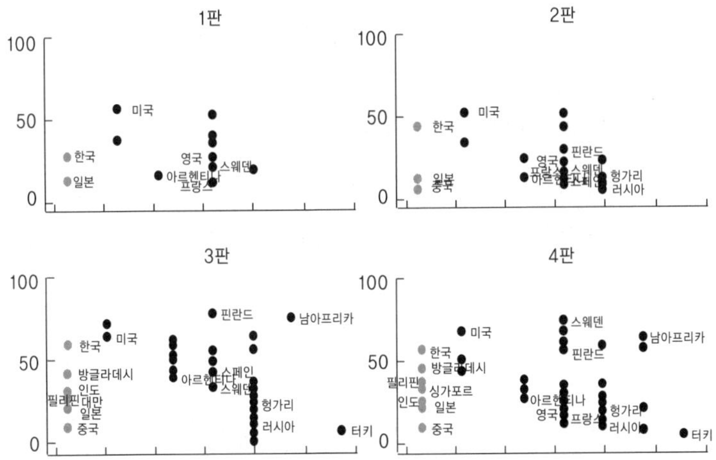

주: 1) X축: 1 = 아시아, 2 = 북미, 3 = 남미, 4 = 유럽, 5 = 동유럽, 6 = 아프리카, 7 = 중동
2) Y축: 연결망의 질적 특성이 푸트남적 특성임을 나타내는 지수(%)

〈그림 3-9〉에서 보듯이, 아시아 국가들의 경우 단체가입밀도가 낮은 편인 반면에 북미의 경우 매우 높게 나타난다. 이 단체가입밀도 지수는 한 사회에 연결망이 얼마나 조밀한지, 사회적 자본의 전이성(*transitivity*)이 얼마나 클지, 그에 따른 호혜성의 범위가 어느 정도인지를 간접적으로 설명한다. 하지만 이 값은 한 국가의 연결망의 질적 특성을 설명해 주지는 못한다. 따라서 이 연구에서는, 올슨 그룹보다 푸트남 그룹에 더 많이 가입한 사람들이 전체 응답자 중에서 몇 퍼센티지를 차지하는지를 통해 연결망의 질적 특성을 살펴보았다. 즉, 이 지수의 값이 높은 국가일수록 재분배적 목적의 단체보다는 사교적, 친목적 목적의 단체가 더욱 조밀하게 분포되어 있음을 의미한다.

〈그림 3-10〉은 북미와 유럽 국가들의 경우 올슨 그룹보다는 상대적으로 푸트남 그룹의 연결망이 더욱 조밀하게 분포되어 있음을 보여준다.

4. 사회적 자본관련 변수 간의 관계 및 대륙 간 비교

이 절에서는 앞서 살펴본 사회적 자본들의 하위 구성요소들이 대륙별로 어떠한 특징을 띠는지 살펴보고자 한다. 1절에서 사회적 자본에 대한 개념을 살펴보면서, 사회적 자본에 대한 연구가 진행될수록 사회적 자본 내 하위 구성요소들의 상호작용이 더욱 중요해지고 있음을 알 수 있었다. 이는 단순히 '대다수 사람에 대한 신뢰'를 통해 측정한 신뢰값으로 한 사회 내 신뢰의 수준, 더 나아가 사회적 자본 수준을 분석하는 것에는 한계가 있기 때문이다. 이 연구에서는 이러한 한계점을 극복하고자 한 국가 내 사회적 자본의 하위 구성요소들을 그림 하나로 도식화하여 한 국가가 지닌 사회적 자본의 특성을 살펴보고자 한다.

〈그림 3-11〉 아시아 대륙의 사회적 자본

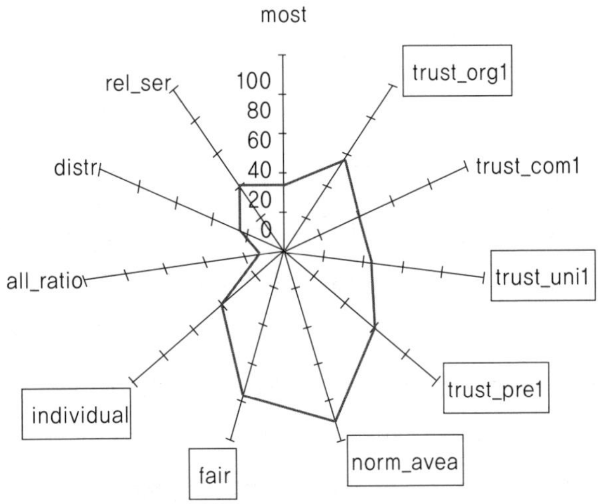

주: most = 대부분 사람들에 대한 신뢰, trust_org1 = 공공기관에 대한 신뢰도, trust_com1 = 대기업에 대한 신뢰도, trust_un1 = 노동조합에 대한 신뢰도, trust_pre1 = 언론에 대한 신뢰도, norm_avea = 시민적 규범MAX30, fair = 공정성, individual = 자녀교육에서 중요한 덕목(성취중심 정도) all_ratio = 단체가입밀도, distri = 가입단체의 성격(푸트남형), rel_ser = 종교행사 참여여부

이러한 연구 방식은 사회적 자본 내 하위 구성요소들 간 회귀분석을 통해 그 관계를 살펴보는 것보다는 덜 엄밀해 보이지만, 사회적 자본의 하위 구성요소의 값을 한눈에 볼 수 있어 다른 국가와 비교하기 용이하다는 장점이 있다. 또한 어떤 하위 변수값들이 높은지를 살펴보아 한 국가 내 '대다수 사람에 대한 신뢰'가 어떠한 기제에 의해 집행되는지 유추해 볼 수도 있다.

〈그림 3-11〉과 〈그림 3-12〉는 사회적 자본의 하위 구성요소들의 값을 대륙별로 분류하여 각 국가별로 측정된 값에 대한 대륙별 평균값으로 나타낸 것이다.[8] 각 그림마다 표시된 사각형은 각 하위항목별

8 각 개별 국가들에 대한 사회적 자본의 하위 구성요소들 값을 나타낸 그림은 〈부록〉을 참조.

로 전체 7개 대륙 중 상위 3개 대륙을 표시한 것이다. 그리고 〈그림 3-11〉과 〈그림 3-12〉에서는 3장에서 언급되지 않은 공정성[9]에 대한 것과 종교 활동에 관련된 변수[10]가 추가되었다. 공정성에 대한 변수는 한 국가 내 구성원들이 보상체계에 대해 얼마만큼 시장경제체제 가치관을 수용하고 있는가를 보여준다. 종교활동에 대한 변수는 종교적 활동에 어느 정도의 자원을 사용하는지 나타내는 것으로, 배로와 맥클레리(Barro & McCleary, 2003)에서 사용한 변수를 인용했다.

〈그림 3-11〉을 통해 아시아 대륙의 사회적 자본 특징을 살펴보면 다음과 같다. 첫째, 신뢰에 있어서는 공공기관, 노동조합, 언론에 대한 신뢰가 높다. 둘째, 시민적 규범 또한 다른 대륙에 비해 강하게 나타난다. 셋째, 자녀교육 덕목에 있어 성취중심적 덕목을 강조하고, 공정성(*fair*)이 높으므로 시장경제체제 가치관을 전반적으로 수용하는 것으로 보인다. 이러한 특징들을 보면, 아시아 대륙에서는 시민적 규범과 자녀교육에 있어 성취동기 중심의 가치관이 호혜성의 기제가 됨을 유추할 수 있다.

〈그림 3-12〉는 아시아 대륙과 타 대륙들과의 비교를 위하여 타 대륙들의 사회적 자본 하위 구성요들의 값들을 도식화한 것이다. 〈그림 3-12〉를 통해 각 대륙별 사회적 자본의 특성을 살펴보면 다음과 같다. 북미의 경우 사회적 자본의 모든 하위 구성요소들의 값이 높다. 이에 반해 남미와 아프리카의 경우에는 연결망의 하위항목들 값이 높

9 〈세계가치관조사〉 항목에는 공정성(*fairness*)에 대해 측정할 수 있는 다음과 같은 질문항목이 있다: 즉, '동일한 연령에 같은 일에 종사하는 두 명의 비서가 있는데, 이 중 일을 더욱 빠르고 효율적이고 신뢰 있게 하는 비서가 다른 한 명보다 높은 임금을 받는다면, 이는 공정한 것인가?' 이 질문에 긍정적으로 답한 사람이 한 국가 내 몇 퍼센티지인가를 통해 한 국가의 국민들이 공정성에 대해 어떠한 가치판단을 하는지를 측정하였다.

10 종교적 의식(*religious services*) 참여 여부에 대한 변수는 한 달에 한 번 이상 종교적 의식에 참여하는 사람의 비율을 측정한 것이다.

〈그림 3-12〉 비아시아 대륙의 사회적 자본

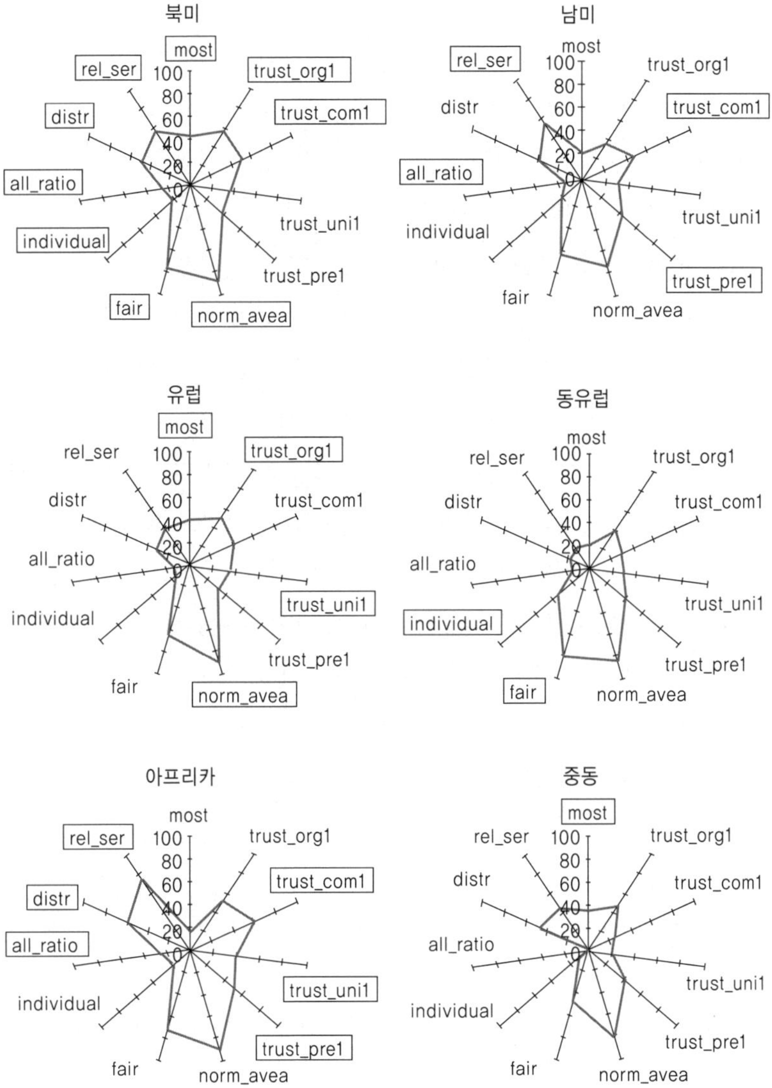

게 나타나고, 유럽과 중동의 경우에는 '대다수 사람들에 대한 신뢰' 항목 값이 높다. 이 그림에서 독특한 점은 구(舊) 사회주의 국가들로 구성된 동유럽의 경우 자본주의 가치관을 나타내는 공정성(*fairness*)과 자녀교육에 있어 성취 덕목의 값이 높다는 것이다. 이는 1990년 이후 구 사회주의 국가들 내 구성원들이 자본주의로의 개혁을 지지하는 것과 연관 지어 생각해 볼 수 있다.

이러한 특성들을 고려하여 이들 대륙들 내에 호혜성을 집행하는 기제를 다음과 같이 유추해 볼 수 있을 것이다. 먼저 사회적 자본의 크기가 가장 큰 북미의 경우 시민적 규범, 강한 개인적 성취동기, 푸트남 그룹의 조밀한 연결망 등이 '대다수 사람들에 대한 신뢰' 및 기관에 대한 신뢰를 유지시키는 기제로 작용하는 것으로 보인다. 이에 반해 남미와 아프리카의 경우 호혜성에 대한 기제가 연결망을 통해서 이루어지는데, '대다수 사람들에 대한 신뢰'는 낮은 수준에 머물고 있음을 알 수 있다. 유럽의 경우 시민적 규범이 '대다수 사람들에 대한 신뢰'와 공공기관에 대한 신뢰를 유지시켜 주는 기제로 작용하고 있다. 마지막으로 중동과 동유럽의 경우 호혜성을 집행해 주는 사회적 자본의 하위 구성요소가 형성되어 있지 않은 것으로 보인다.

5. 요약 및 결론

이 연구에서는 사회적 자본을 신뢰, 시민규범, 연결망이라는 하위 구성요소들을 통해 정의하고 국가별 사회적 자본량을 측정했다. 측정을 위해 〈세계가치관조사〉 자료와 낵과 키퍼(Knack & Keefer, 1997)의 방법론을 주로 사용하였다. 다만, 낵과 키퍼의 경우 신뢰 부분에서 단지 대다수 사람들에 대한 신뢰만을 사용한 반면, 이 연구에서는 기관에 대한 신뢰를 추가해 신뢰 대상을 더욱 구체화시켰다. 또한 시민 규범의 경우에는 법체계뿐만 아니라 도덕교육 또한 중요한 요인이 될 수 있으므로 자녀교육에 중요하게 강조되는 덕목을 사용해 보완했다. 이렇게 사회적 자본의 구성요소를 보완한 것 외에도 이 연구에서는 이들 간의 상호작용의 중요성을 고려하여 한 국가 내 사회적 자본의 구성요소들을 전체적으로 보여주는 그림을 제시했다.

이런 그림으로 표현된 각 국가들 내 사회적 자본의 구성요소들의 차이는 대륙별로 어느 정도 유사한 패턴을 보여준다. 아시아 국가들의 경우 불특정 다수에 대한 신뢰도 면에서는 다른 대륙과 뚜렷한 차이가 발견되지 않지만 기관에 대한 신뢰도는 높은 것이 특징이다. 좀더 구체적으로 보면, 공공기관에 대한 신뢰도, 언론에 대한 신뢰도, 노조에 대한 신뢰도는 다른 대륙에 비해 평균적으로 높다.

아시아의 시민적 규범 정도도 상대적으로 강한 편이며 자녀교육에서는 관계 중심적 교육보다는 개인의 성취 덕목을 강조하는 경향이 있다. 그러나 연결망의 조밀도는 다른 대륙의 국가들에 비해 낮은 편이며 일반적으로 사회적 관계형성을 지향하는 푸트남 그룹보다는 재분배를 의도하는 올슨 그룹의 연결망이 좀더 잘 발달된 특징도 지닌다.

다른 대륙의 국가들, 예를 들면 남미의 경우는 자녀교육에 있어 개인적 성취를 강조하는 정도가 낮고 대다수의 사람들에 대한 신뢰 또한 낮게 나타난다. 이에 반해 유럽의 경우는 대다수의 사람들에 대한 신뢰가 높고 시민규범지수도 높은 편이다. 따라서 이와 같이 대륙별, 또는 국가별로 차이를 보이는 사회적 자본이 경제성장, 민주주의 발전, 소득불평등도의 개선 등의 다른 변수에 어떠한 영향을 미치는지 이해하는 것은 대단히 흥미롭고 중요한 연구과제라고 볼 수 있다. 이 연구에서 개발, 측정한 사회적 자본과 관련된 지수와 다른 변수와의 관계는 현재 다른 연구에서 검토하고 있다.

참고문헌

Alesina, Alberto & Eliana La Ferrara, 1999, "Participation in Heterogeneous Communities", *NBER Working Paper.*

Arrow, 2000, "Observations on Social Capital", In Dasgupta, P. & Serageldin, I. (eds.), *Social Capital: A Multifaceted Perspective.* Washington: The World Bank.

Barro, Robert J. & Rachel McCleary, 2003, "Religion and Economic Growth", *NBER Working Paper* 9682.

Beugelsdijk, Sjoerd & Sjak Smulders, 2003, "Bridging and Bonding Social Capital: Which Type is Good for Economic Growth?", ERSA (European Regional Science Association) Conference Papers.

Bonnett, C. & A. Furnham, 1991, "Who Wants to be an Entrepreneur?: A Study of Adolescents Interested in a Young Enterprise Scheme", *Journal of Economic Psychology*, 12: 465~478.

Bourdieu, P. & L. Wacquant, 1992, *An Invitation to Reflexive Sociology*, Chicago: University of Chicago Press.

Bowles, S. & H. Gintis, 2002, "Social Capital and Community Governance", *Economic Journal*, 112: 419~436.

Brandstatter, H., 1996, "Becoming an Entrepreneur: A Question of Personality Structure?", *Journal of Economic Psychology*, 18: 157~177.

Bullen, P. & J. Onyx, 1998, "Measuring Social Capital in Five Communities in NSW", Centre for Australian Community Organizations and Management (CACOM), The University of Technology.

Coleman, J., 1988, "Social Capital in the Creation of Human Capital", *American Journal of Sociology*, 94.

Dasgupta, P., 2001, "Economic Development and the Idea of Social Capital", In Ismail Serageldin & Partha Dasgupta (eds.), *Social Capital: A Multifaceted Perspective*, Washington: World Bank.

Durkin, J., 2001, "Measuring Social Capital and its Economic Impact", *Working Paper.*

Durlauf, S., 2002, "On the Empirics of Social Capital", *Economic Journal* 112

(483) : 459~479.

Fagerberg, J., 1994, "Technology and International Differences in Growth Rates", *Journal of Economic Literature*, XXXII(September, 1994) : 1147~1175.

Fukuyama, F., 1995, *Trust: Social Virtues and the Creation of Prosperity*, New York: Free Press.

Gambetta, D., 2000, "Can We Trust Trust?", In Gambetta, Diego(ed.), *Trust: Making and Breaking Cooperative Relations*(Electronic Edition) (Chapter 13, pp. 213~237), Department of Sociology, University of Oxford, http://www.sociology.ox.ac.uk/papers/gambetta213-237.pdf

Glaeser, E., D., Laibson, J. Scheinkman & C. Soutter, 2000, "Measuring Trust", *Quarterly Journal of Economics*, 115(3) : 811~846.

Glaeser et al., 1999, "What is Social Capital? The determinants of Trust and Trustworthiness", *NBER Working Paper*.

Grafton, R. Quentin, Tom Kompas & P. Dorian Owen, 2004, "Productivity, Factor Accumulation and Social Networks: Theory and Evidence", *University of Otago Economic Discussion Papers* 0304.

Guiso, L., P. Sapienza & L. Zingales, 2004, "The Role of Social Capital in Financial Development", *American Economic Review*, 94(3) : 526~556.

Halpern, D., 2004, *Social Capital*, Polity.

Helliwell, John F., 1996, "Do Borders Matter for Social Capital? Economic Growth and Civic Culture in U.S. States and Canadian Provinces", *NBER Working Paper* 5863.

______, 1997, "Economic Growth and Social Capital in Asia", *NBER Working Paper* 5470.

Kim, Byung-Yeon & Youngho Kang, 2012, "Social Capital and Entrepreneurship: A Pseudo-Panel Approach", *Working Paper*.

Knack, Stephen, 2002, "Social Capital and the Quality of Government: Evidence from the States", *American Journal of Political Science*, 46: 772~787.

______ & Philip Keefer, 1997, "Does Social Capital Have an Economic Payoff?: A Cross-Country Investigation", *The Quarterly Journal of Economics*, 112(4) : 1251~1288.

La Porta, R., F. Lopez-de-Silances, A. Shleifer & R. Vishny, 1998, "Trust in Large Organizations", *American Economic Review Papers and Proceedings* LXXXVII.

Loury, Glenn, 1977, "A Dynamic Theory of Racial Income Differences", In P. A. Wallace & A. Le Mund (eds.), *Women, Minorities, and Employment Discrimination* (Chapter 8), Lexington, Mass.: Lexington Books.

Lyon, Thomas P., 2005, "Making Capitalism Work: Social Capital and Economic Growth in Italy, 1970~1995", *Working paper.*

Manski, C., 2000, "Economic Analysis of Social Interactions", *Journal of Economic Perspectives*, 14 (3): 115~136.

Montgomery, J. D., 2000, "Social Capital as a Policy Resource", In Montgomery, J. D. & A. Inkeles (eds.), *Social Capital as a Policy Resource*, Kluwer Academic Publishers.

Portes, A., 2000, "The Two Meanings of Social Capital", *Sociological Forum* 15 (1): 1~12.

Putnam, R., 1993, *Making Democracy Work: Civic Traditions in Modern Italy*, Princeton, NJ: Princeton University Press.

Sabatini, Fabio, 2005, "Measuring Social Capital in Italy: An Exploratory Analysis", *Working Paper.*

Spagnolo, G., 1999, "Social Relations and Cooperation in Organizations", *Journal of Economic Behavior and Organization*, 38 (1): 1~25.

Welzel, C., R. Inglehart & F. Deutsch, 2005, "Social Capital, Voluntary Associations and Collective Action: Which Aspects of Social Capital Have the Greatest 'Civic' Payoff?", *Journal of Civil Society*, 1 (2): 121~146.

Yamagishi, T. & M. Yamagishi, 1994, "Trust and Commitment in the United States and Japan", *Motivation and Emotion*, 18: 129~166.

Zak, Paul J. & Stephen Knack, 2001, "Trust and Growth", *The Economic Journal*, 111 (470): 295~321.

〈부록〉 분석대상 국가들의 판별 분류

구분	국가명	국가수
1판	아르헨티나, 호주, 벨기에, 캐나다, 덴마크, 프랑스, 독일, 영국, 헝가리, 아이슬란드, 아일랜드, 이탈리아, 일본, 한국, 몰타, 네덜란드, 노르웨이, 스페인, 스웨덴, 미국	20
2판	아르헨티나, 오스트리아, 벨라루스, 벨기에, 브라질, 불가리아, 캐나다, 체코, 칠레, 중국, 덴마크, 에스토니아, 핀란드, 프랑스, 독일, 영국, 헝가리, 아이슬란드, 인도, 아일랜드, 이탈리아, 일본, 한국, 라트비아, 리투아니아, 몰타, 멕시코, 네덜란드, 나이지리아, 노르웨이, 폴란드, 포르투갈, 루마니아, 러시아, 슬로바키아, 슬로베니아, 남아공화국, 스페인, 스웨덴, 스위스, 터키, 미국	42
3판	알바니아, 아르헨티나, 아르메니아, 호주, 아제르바이잔, 방글라데시, 벨라루스, 보스니아헤르체고비나, 브라질, 불가리아, 콜로비아, 크로아티아, 체코, 칠레, 중국, 도미니카공화국, 엘살바도르, 에스토니아, 핀란드, 조지아, 독일, 영국, 헝가리, 인도, 일본, 한국, 라트비아, 리투아니아, 마케도니아, 멕시코, 몰도바, 몬테네그로, 뉴질랜드, 나이지리아, 노르웨이, 파키스탄, 페루, 필리핀, 폴란드, 푸에르토리코, 루마니아, 러시아, 세르비아, 슬로바키아, 슬로베니아, 남아공화국, 스페인, 스웨덴, 스위스, 대만, 터키, 우크라이나, 미국, 우루과이, 베네수엘라	55
4판	알바니아, 알제리, 아르헨티나, 오스트리아, 방글라데시, 벨라루스, 벨기에, 보스니아헤르체고비나, 불가리아, 캐나다, 크로아티아, 체코, 칠레, 중국, 덴마크, 이집트, 에스토니아, 핀란드, 프랑스, 독일, 영국, 그리스, 헝가리, 아이슬란드, 인도, 인도네시아, 이란, 이라크, 아일랜드, 이스라엘, 이탈리아, 일본, 요르단, 한국, 키르기스스탄, 라트비아, 리투아니아, 룩셈부르크, 마케도니아, 몰타, 멕시코, 몰도바, 몬테네그로, 모로코, 네덜란드, 나이지리아, 파키스탄, 페루, 필리핀, 폴란드, 포르투갈, 푸에르토리코, 루마니아, 러시아, 사우디아라비아, 세르비아, 싱가포르, 슬로바키아, 슬로베니아, 남아공화국, 스페인, 스웨덴, 탄자니아, 터키, 우간다, 우크라이나, 미국, 베네수엘라, 베트남, 짐바브웨	70

2

동아시아 협력과 공동체

사례연구

04

강명구 · 김수아

동아시아에 유교가족은 있는가

한국, 중국, 일본, 대만 드라마가 재현한 가족관계

1. 들어가는 말

출산율 저하, 이혼율 증가, 고개 숙인 남편, 고령화되는 노인세대 등등 한국의 가족이 흔들리고 있다. 가족은 물질적 안정과 정서적 평화를 기대할 수 있는 생존과 존재감의 마지막 보루라고 하는데, 현실의 가족은 보통 사람들의 기대를 저버리고 변모하고 있다. 여성주체의 시각에서 볼 때 가족이 사랑과 배려의 공동체이기보다, 고통과 억압의 원천임을 주장하는 비판적 목소리도 높아지고 있다. 이 연구는 현실에서 일어나는 가족의 변화를 염두에 두면서 동아시아의 한국, 일본, 중국, 대만 4개 사회에서 텔레비전 드라마가 가족과 가족관계를 어떻게 재현했는지 주목하고자 한다. 공통점과 차이점을 분석함으로써 4개 사회의 가족을 둘러싼 상징적 현실의 모습을 밝히고자 한다. 연구에 앞서 몇 가지 전제를 밝힐 필요가 있다.

---

* 이 글은 〈한국언론학보〉, 52권 6호(2008. 2), 25~56쪽에 실린 동일 제목의 논문을 수정하여 재수록한 것이다.

첫째, 왜 이 연구는 가족의 재현, 재현된 가족에 주목하고자 했는가. 텔레비전 드라마를 통해 재현된 가족의 모습은 우리의 인식세계를 구성하는 상징체계이고, 그것은 우리의 일상적 실천과 세상을 보는 눈에 커다란 영향을 미친다. 드라마가 재현한 삶의 모습에 대한 분석을 재현의 정치(*politics of representations*)를 밝히는 작업이라 한다. 대중문화의 형식 중 가장 많은 사람들에게 사랑받는 문화형식으로서 텔레비전 드라마는 가족이라는 상징현실을 구성한다. 우리는 그러한 상징을 통해 나와 가족의 존재를 인식하고 특정한 방향으로 행동하고 실천한다. 그것이 진실이기 때문에 그렇게 하는 게 아니라, 재현된 실제로서 가족의 모습이 나와 우리 가족을 구성하는 상징체계이기 때문이다.

〈엄마가 뿔났다〉에서 김혜자가 연기하는 엄마는 현실의 엄마이기도 하면서 전연 현실적 엄마가 아니다. 4대에 걸친 가족의 일상사를 모두 건사하느라 전 생애를 바친 자신의 삶에 대한 회한이 일고, 그럼에도 나에게 끊임없이 의존하고 요구하는 식구들에게 뿔이 난 엄마는 '현실적'이다.[1] 4대가 함께 사는 확대가족 안에서 정말 뿔이 날 만큼 내 삶을 지치게 한 가족을 그래도 지킬 수밖에 없음을 몸으로 실천하는 엄마의 모습은 상상으로만(*the imaginary*) 가능한 엄마의 모습이다. 시청자들은 비현실적인 것을 앎에도 불구하고, 상상적 허구를 통해 위로 받는다. 김수현 작가와 정을영 프로듀서가 만들어낸 가족 돌보기에 지친 엄마에게 연민을 느끼고, 그럼에도 불구하고 가족을 포기하지 않고 '엄마로서, 아내로서, 할머니로서' 자신의 위치를 지키는 엄마에게 위로 받는다. 텔레비전 드라마가 재현한 가족은 이 점에서 실재하지 않으면서 우리가 가족을 체험하는 상징적 공간을 제공한다.

1 여기서 현실적(*realistic*)이란 용어는 그러한 이미지를 만들고 그것을 바라보는 사람들이 특정한 의미로 받아들인다는 뜻에서 문화적 유사성(*cultural verisimilitude*)이라는 의미로 사용했다.

둘째, 왜 한국, 일본, 중국, 대만 등 동아시아에 주목하고자 했는가. 기존 사회제도와 기구, 대중매체를 통한 재현, 담론분석은 동아시아 사회와 서구사회, 즉 한국과 미국, 일본과 미국, 중국과 미국 등을 비교하는 경우가 대부분이었다. 아시아 각국이 모두 서구와 어떻게 다르고 같은가 하는 문제가 기본적인 비교의 틀이었다. 동아시아 안에서 한국과 중국, 중국과 일본의 사례를 비교할 경우에도 이들 연구가 대부분 동아시아 학자들에 의해 동아시아 내부에서 이뤄지기보다 서구학자나 서구대학에서 활동하는 동아시아 출신 연구자들에 의해 이뤄졌다. 이것은 연구의 출발, 문제의식, 이론적 틀 등이 서구의 인식관심(*interests*)에 기초했음을 보여준다. 예를 들어 중국과 미국의 가족제도를 비교하는 것도 중국가족제도의 특성을 드러내기 위한 것이 아니라, 전연 다른 문화와 역사를 지닌 중국을 비교대상으로 삼아 미국의 특성을 더 잘 밝히기 위한 것이었다.

1990년대 이후 동아시아, 아시아에 대한 관심이 크게 부상했음에도 동아시아 사회 내부의 구체적 변화양상을 비교해서 차이와 공통점을 드러내고자 하는 연구는 많지 않았다. 관심이 없어서라기보다는, 동아시아는 공통적 문화와 역사를 공유하고는 있지만 언어장벽을 넘는 것이나 역사와 문화에 대한 깊이 있는 인식을 갖춰야 한다는 선결조건이 비교연구를 가로막았기 때문이다.

이 연구는 그동안 쉽게 가정해 왔던 동아시아의 유교주의적 가족, 가족중심적 집단주의 문화 또는 그러한 가치지향에 대해 의문을 제기한다. 유교주의적 가족관계, 가족중심의 집단주의 문화는 서구학자들뿐만 아니라 동아시아 학자들도 공통적으로 받아들이는 가정이었다(Zakaria, 1994; Moody, 1996; 조긍호, 2007). 가족주의가 경제발전과 근대화의 원동력이었다는 연구, 서구와 동아시아의 가치지향과 행동양식이 개인주의와 집단주의로 대비된다는 연구결과 등이 대표적이다(Yoshihisa et al., 2005). 미국과 일본을 비교한 연구에서 전자는 개인주의적이고 후자는 집단주의적이라고 하면(Triandis, H. C., 1989), 많은 사람이 수긍할 것이다.[2] 그러나 일본인들 스스로는 누구보다 개인주의적이라고 생각하고, 여러 연구결과가 그것을 보여준다(Hofstede, 1980). 미국사회와 비교할 때도 일본의 가족관계는 미국보다 더 개인화되어 있다는 연구도 있다(Kim, Triandis, Kagitcibasi, Choi & Yoon, 1994). 이러한 의문은 한두 개의 연구를 통해 대답할 수 있는 질문은 아니기 때문에, 더 작고 구체적인 질문이 필요하다. 이러한 맥락에서 이 연구는 동아시아 텔레비전이 재현한 가족의 모습이라는 작은 질문(사실은 여전히 큰 질문)을 제기하고자 했다.

셋째, 동아시아 텔레비전 드라마에서 재현된 가족의 모습을 비교함으로써 무슨 주장을 하고자 하는가. 무엇보다 이 연구는 동아시아 사회 안에 존재하는 가족(여기서는 상징적 현실로서 가족)들은 정말 같은 종류의 가족일까. 인상적 수준에서 텔레비전 드라마를 통해 나타난 가족과 가족관계의 양상은 사뭇 다른 점이 많아 이들 네 사회의 가족구성원들이 유사한 가족관계 안에 산다고 보기 어렵다. 미국사회가 가족을 강조하는 양상을 보면 일본의 가족이 오히려 더 '서구'(우리가 상식적 수준에서 가정하는 서구라는 의미에서)에 가까운 것은 아닐까라는 의문이 들 정도이다. 서구화의 충격을 거쳐 나름대로의 근대(*modernities*)를 이룩한 동아시아 사회에서 개인주의와 집합주의가 다른 양상으로 결합되어 변화하는 것은 아닐까.

이상의 3가지 전제 위에서 이 연구는 4개국 텔레비전 드라마가 재현한 가족의 모습을 분석하고자 했다. 분석대상으로는 2000년대 이

2 이들 주장에 대해 반박하는 주장들도 동아시아가 유교문화나 집단주의 문화를 공유한다는 가정을 반박하는 것이 아니라, 유교와 근대화 혹은 사회변동을 직접 연결시키는 이론적 가정을 반박했다고 할 수 있다.

후 4개국에서 시청률 20위에 든 드라마 가운데 가족이나 가족관계가 주요 줄거리를 구성하는 드라마를 선정하였다.[3]

2. 기존연구의 검토

1) 4개 사회의 가족구조의 역사적 변화

(1) 한국 가족의 구조적 변화와 가족문화

한국 가족은 근대화와 산업화 과정을 통해 가족의 규모가 축소되고 다양한 가족형태가 출현하는 등 전통적 가족구조의 변화를 겪었다. 산업화 이후에 3세대 이상의 대가족구조가 급격히 감소하여, 소가족화와 더불어 핵가족화가 진행되었다.[4] 최근에는 이혼율 증가[5]와 독신 세대의 증가, 편부모 가족, 노인 가족, 소년소녀가장 세대를 일컫는 새싹가정 등이 증가하며 가족구조가 변하는 모습을 보인다(김승권 외, 2000). 하지만 핵가족화가 단순히 가족의 해체 혹은 가족 기능의 약화와 직결된 것은 아니다. 한국사회에서 산업화 시기를 거친 핵가족의 비중 증가에도 불구하고 가족의 사회적 기능의 수행은 여전히 중요하게 생각되고, 동시에 가족주의는 한국사회의 가장 중요한 특징 중 하나로 간주되기 때문이다(손승영, 2006).

---

3 대만의 드라마는 접근성이 높지 않고, 장르 및 편성, 시청 상황의 특성에 따라 시청률을 중요한 기준으로 사용하기 어려운 점이 있었다. 이러한 점으로 인해 대만 드라마에 대한 분석과 자료수집이 아직 완전하지 못하며 이는 추후 보완해나갈 것이다.

4 2005년 통계청의 자료에 따르면 한국의 가족구조는 2세대 가족이 가장 많은 비중을 차지하며 (55.4%), 그다음으로는 1인 독신가구(20.0%), 1세대가구(16.2%), 3세대가구(6.9%)의 순이다.

5 보건복지부에 따르면 우리나라 부부의 결혼 대비 이혼율은 47.4%로 부부 2쌍 가운데 1쌍이 이혼한다고 볼 수 있다. 이는 미국(51%), 스웨덴(48%)에 이어 세계 3위다("베테랑 커플매니저들이 털어놓은 재혼 풍속도", 〈신동아〉, 2007. 4. 25).

한국사회에서 가족이 중시되는 것은 여러 가지 설명이 가능하다. 최성재는 가족이 한국사회에서는 일종의 복지기관으로서의 역할을 한다는 점을 지적한 바 있다(최성재, 1992). 이는 일제 강점기와 한국전쟁, 급속한 산업화 등의 사회적 격변을 겪으며 '매달릴 것은 가족밖에 없는' 상황이 오래 지속되었고, 국가 역시 전후 재건과 산업화를 위해 가족을 적극적으로 활용했기 때문이다. 그 결과 오랜 기간 동안 한국사회에서 가족을 둘러싸고 일어나는 모든 문제는 개별 가족의 책임으로 전가되고 국가는 철저하게 방관자적 입장을 취했으며, '신유교주의적 가족부양 규범'이 한국의 반복지적 복지정책을 이념적으로 떠받치게 되었다(이정옥, 1997).

이처럼 일제 강점기, 미군정, 분단, 전쟁, 가난, 군사 파시즘이라는 비극적 근현대를 살아야 했던 한국인들은 '가족'을 중심으로 그 가혹한 시대를 견딜 수밖에 없었고(김수영, 2004), 이로 인해 한국의 가족은 '공리주의적 가족주의', '축소된 가족주의', '신가족주의' 등의 모습을 띠게 되었다. '공리주의적 가족주의'란 일제 강점기, 한국전쟁, 초기 산업화시기까지 가족 외에는 자신을 보호해 줄 어떠한 조직도 없으며 생존 자체가 어려운 상황에서 가족이 생존과 지위상승을 위해 똘똘 뭉쳐 전력투구하는 집단이 된 것을 말한다(조혜정, 1985). '축소된 가족주의' 역시 한국전쟁을 거치면서 만연한 빈곤과 불신으로 인해 무한 생존경쟁에 내팽개쳐진 소규모의 가족이 가부장권을 중심으로 단단히 뭉친 양상을 말한다(강인철, 1999).

이와 같은 한국의 가족주의적 특성에 대해서 다수 연구자들은 강력한 정서적 지지, 출세주의, 과도한 교육열, 엄격한 위계서열과 성역할 강조 등의 요소를 꼽는다(예: 조혜정, 1985; 김수영, 2004; 강인철, 1999). 산업화를 이룩하기 위해서 가부장적 가족을 최대한 활용하고 동원하였다는 지적, 출세주의와 결합하여 가족에 대해 헌신하는 규범을 자연스럽게 실천하는 양상들에 대한 논의들이 한국 가족주의의 특성들을 틀 짓는다. 서구의 경우 가족의 역할이 국가나 사회로 이전되면서 가족의 역할이 정서적, 애정적 기능에 강조되었다면, 한국은 국가가 가족에게 복지의 기능을 전가하고 동원하는 과정에서 산업화와 근대화가 이루어진 것이다. 따라서 가족주의는 이와 같은 역사적 배경 아래서 한국사회에서 가장 강력하게 유지되는 중요한 가치 체계가 되었다.

이러한 점에서 조혜정(1985)이 한국에는 가족을 대체할 수 있는 다른 중간 집단이 존재하지 않는다고 지적한 점은 매우 흥미롭다. 이를 하용출(2001)은 '산업화의 급속한 이행과정에서(에도 불구하고) 전통적인 관계적 유대가 강화되면서 사회의 구조적 형태(예컨대 계급)가 이루어지지 않음'을 의미하는 '신가족주의' 사회로 설명한다. 일제 강점기-해방 이후-한국전쟁을 거치면서 한국사회는 구조적 조직형태를 결여한 '무정형 상태'를 띠게 되었고, 이것이 국가의 경제 정책과 상호작용하면서 개인이 혈연(특히 가족)을 이용하여 경제수단을 극대화하려는 전략을 구사하게 되었다는 것이다. 한・중・일 3국 가운데 한국이 가족문화가 가장 잘 발달한 나라라고 평가되는 것도 이런 점과 연관될 수 있을 것이다(최석만・이태훈, 2006: 5).

(2) 중국 및 대만의 가족구조와 가족문화

현재 중국의 가족의 대표적 가족구조는 부부형 가족이다. 2002년의 통계에 따르면 중국 가족구조의 대표적 형태인 부부형 가족(2~3인 가정)의 총비중은 50.1%이며, 부부와 자녀 외의 기타 가족이 함께 거주하는 형태의 5인 가정 이상의 비중은 19.0%가량이다. 이경아(2005)는 사회주의 정부가 실시한 토지개혁에 따라 가장의 권위가 감소하고 분가가 쉬워졌다는 점 때문에 이와 같은 가족구조의 변화가 발생했다고 설명했다. 셀든(Selden, 1993) 역시 이러한 토지개혁이 가부장제의 권위의 자연스러운 약화를 가져왔다고 지적한다.

전통적으로 중국의 가족관계와 가치체계는 유교적 영향을 받아 구성되어 왔지만 근대화 과정에서는 사회주의의 영향 아래서 또 다른 일정한 변화를 거쳤다. 중국의 가족관계에 대해서 자주 지적되는 점은 부부관계에서의 평등성이다. 확대가족 구조라 할지라도 다수의 부부가 동거하기 때문에 부부라도 남편은 남성집단에 부인은 '여성집단'에 충실하다. 또 남자와 여자는 대가족의 가사를 분담하기에 각각의 부부가 독립된 가사영역을 가진다. 중국의 가장은 가족원을 통솔하는 역할에 역점을 두고 주부는 재산을 관리하는 데 역점을 둔다. 중국의 부인은 한국과 일본의 부인들과 같이 무조건적으로 복종하고 순종하는 여성상이 아니라, 재산권을 주장하며 가장과 대등한 권리를 가져 가장에 종속성이 약하다. 따라서 중국의 가장과 주부 역할관계는 상호견제적이다. 가장과 주부의 역할분담도 자율적이고 자동적이다(김도연 · 오혜경, 2005: 177).

그런데 오히려 개혁개방시기 이후는 전통적 가족구조로의 회귀현상이 나타난다고 한다. 록악평(绿乐平, 2005)에 따르면, 가족문화는 중국문화의 기본명제인 동시에 중국이 현대사회로 이행해오면서 끊임없는 문제의 대상이었다. 5 · 4 운동 시기의 전통 비판은 곧 봉건적 가부장제에 대한 비판으로, 가정과 국가의 대립에서 소가족〔小家〕보다는 대가족〔大家〕을, 개인보다는 집체를 강조하는 것이었다. 정치형 사회에서 국가는 가정보다 우위를 점했는데, 경제형 사회로 들어서면서 이데올로기 투쟁보다는 개인적 가치와 세속적 평화를 선호하게 되었다고 한다. 이러한 점들은 중국 대중문화의 전반에서 가족적 가치와 가족 간의 우애를 강조하는 경향들을 통해서 드러난다.

대만의 가족제도의 경우, 호주제와 같은 제도에서는 중국대륙과 유사성을 갖는다. 가족의 구조를 표현하는 대만 고유의 용어는 소가정, 절충가정, 대가정이다. 소가정은 부모와 미혼자녀 2세대 위주, 절충가정은 조부모, 부모와 미혼자녀 3세대 위주, 대가정은 3세대 가운데 매 세대에 두 개 이상 동세대 기혼가정이 있고 그 가운데 배우자 여부를 고려하지 않는 것, 결손가정〔单亲家庭〕은 부 또는 모와 미혼자녀, 독신은 성인 혼자인 경우를 가리킨다.[6] 2005년을 기준으로 할 때 소가정의 비중은 55.3%, 절충가정의 비중이 30%로 나타나며, 대가정은 5.8%에 이른다(중앙연구원 사회학연구소, 2005).

대만의 가족문화에서는 중국 고유의 가족기업 형태에서 비롯된 특성들이 많이 지적된다. 연구(Yang, 1988)에 따르면, 가족구조의 경우 확대가족 구조라고 해도 가족 간의 관계가 독립적이고 평등하기도 하며, 핵가족 형태이지만 모두 함께 가사를 하는 경우도 있다. 부모의 권위와 영향력의 경우, 도시지역에서는 많이 사라졌지만 일상생활의 일부분에는 여전히 남아 있다고 한다. 결혼 후 부모와 같이 사는 비중이 높고, 젊은 세대들은 부모 봉양의 의무를 당연하게 여긴다. 대만 역시 복지제도는 완전하지 않아서, 부모들도 자식들에게 노후를 의지해야 한다. 하지만 의식조사 결과를 보면, 점차 부모들은 자식들에게 노후봉양을 기대하지 않는 추세다.

(3) 일본의 가족구조와 가족문화의 변화

일본의 경우, 1947년(昭和 22년)에 소화민법의 가족법은 근본적으로 개정되고, 현행가족법이 성립되었다. 이로써 이에〔家〕제도의 잔존 규정이 여전히 어느 정도 남아 있기는 하나, 전체적으로는 근대적인

6 예를 들면 3세대가 모두 존재하는데 제2세대에 남편과 미혼 여동생이 있으면 절충가정으로 본다. 제2세대가 부재하고 조부모와 손자가 같이 살면 절충가정이다. 어머니와 성년 미혼자식이 같이 사는 것은 소가정이다.

가족의 법제도가 입법화되었다고 할 수 있다. 옛날 일본에서는 여성이 며느리 자격으로 남편〔夫〕의 집안〔家〕에 들어가는 혼인형태를 바람직한 가족의 모습으로 여겼으나, 오늘날에는 혼인으로 새로운 가족이 형성된다는 사고방식으로 변화하였다. 처의 무능력제도 폐지, 부부별산제도의 신설, 부부의 이혼원인의 평등화, 재산분여제도의 신설, 부모공동친권, 상속에서의 남녀평등, 처의 상속상의 지위 향상 등 일본 가족법은 크게 근대화의 방향으로 전환되었다고 할 수 있다(나카가와 준, 2003: 309).

일본의 가족구조 변화에서 근대화 이후 가장 크게 지적되는 것은 가족집단의 붕괴현상이다. 1960년대 이후 고도성장기에 들어서면서 가족제도는 3세대 이상의 가족구조보다는 부부 중심의 핵가족제도로 급격하게 재편되었다(고명자, 2007: 338). 1980년대 이후로는 핵가족구조가 유지되기보다 다양한 형태의 별거로 인한 가족집단의 붕괴현상이 두드러진다. 이혼이나 파탄적 별거 외에 가족원의 사정에 의한 결속의 약화현상(가족의 주거를 떠나 남편만이 단신 부임하거나 자녀가 부모 곁을 떠나 다른 도시로 입학, 취직을 하는 경우, 커리어우먼이 결혼하지 않는 풍조나 가족을 형성하지 않겠다는 현상 등)이 나타나면서 가족이 일체가 되어 생활하는 실태는 붕괴되고 개인화 경향이 강화되고 있다(나카가와 준, 2003: 314).

이상에서 한국, 중국, 대만, 일본의 가족구조와 가족문화의 차이에 대해 간략하게 고찰하여 보았다. 특히 한국, 중국, 일본의 가족구조나 가족문화에 대해서는 국제 비교연구들이 다수 제출된 바 있다(예: 최석만·이태훈, 2006; 정희순, 2006; 안병걸, 2004; 김은미, 1996; 홍상욱, 1990, 1991). 이 중에서 최석만과 이태훈(2006)은 지금까지도 동양적 가족의 원형이 한국에 가장 많이 남아 있다고 주장하기도 한다. 우선, 중국의 경우는 60년에 가까운 사회주의로의 변화로 인해 전통이 와해

되었다. 특히 1970년을 전후한 비림비공(批林批孔)의 문화혁명 기간에 중국 정부는 임표의 수정주의와 공자로 대변되는 전통주의를 치열하게 비판하고 제거하였다. 일본의 경우, 메이지 유신 이래 서구화를 추진하면서 서구적 개인주의의 양상이 강해졌다고 평가된다(최석만·이태훈, 2006: 7~8). 일본의 개인주의적 양상을 서구의 개인주의와 동일한 것으로 간주하기는 어렵다. 그러나 몇 가지 의식조사에 따르면, 일본은 한국에 비해 가족주의의 양상보다 개인주의의 양상이 뚜렷하여 혈연주의가 약한 대신 개방적이고, 가족보다 가업이 중심이 되는 문화라고 할 수 있다. 일본의 부부는 한국의 부부에 비해 가족지향의식이 약하며(김은미, 1996: 12), 개인주의에 더 가깝다고 평가할 수 있다(홍상욱, 1991: 174~175).

이와 같은 구조적 변화나 현재까지 수행된 가족주의 및 가족 가치관에 대한 연구들을 종합하여 본다면, 동아시아적 가치라고 흔히 이야기되는 가정은 상당히 많은 변이들을 무시한 언술이거나, 맥락적 검토가 없는 상황에서 사용하기에 위험한 언술로 간주할 수 있을 것이다. 1994년 이른바 '동아시아 가치 논쟁'에서 이광요는 동아시아적 가치의 핵심이 가족에 있으며 이것이 서구적 가치와의 핵심적 차이라고 주장한 바 있다.[7] 그렇다면 동아시아의 가족은, 동아시아 지역에서 같은 의미로 받아들여지는가? 동아시아를 이루는 한국, 중국, 일본, 그리고 대만의 가족구조와 가치관은 분명히 유사성을 보이지만 동시에 역사적 조건에 따른 차이 또한 분명히 존재한다. 이 차이들에 대한 해석이 확실하게 필요하다.

---

7 이광요는 *Foreign Affairs*의 1994년 3/4월 호에 "Culture is Destiny"라는 제하의 편집장과의 대담에서 이와 같이 주장하였다.

2) 4개 사회의 가족관련 드라마/재현 연구의 경향

(1) 한국의 가족관련 드라마 연구경향

한국의 드라마 연구에서 가족연구는 중요한 주제 중 하나였다. 특히 홈드라마 장르가 한국 드라마에서 중요한 비중을 차지하기 때문에, 가족의 문제는 드라마 재현에서 매우 중요하게 다루어졌다. 한국 드라마에 대한 연구는 드라마에 나타난 여성 이미지 비평(김명혜 · 김훈순, 1996; 김훈순 · 김명혜, 1996; 남명자, 1984), 개별 텍스트 분석과 여성시청자의 수용행태 분석 등에 집중되어 있다(백경선, 2006; 송명희, 2006; 정영희, 2007). 드라마의 가족재현에 대한 연구로는 가족구조 분석(이은미, 1993), 가족관계(가족 내 역할과 권력관계) 분석(장하경, 1998; 하종원, 2003), 점차 다양화되는 가족상의 표현 양상(조항제 외, 2007) 연구 등이 있다.

이제까지 수행된 연구결과를 종합해 본다면(김영준, 1996; 홍석경, 1998; 오명환, 1994; 이영희, 2000; 이은미, 1993), 한국의 드라마는 철저하게 가족을 중심으로 이야기를 이끌어나간다고 평가할 수 있을 것이다. 가족 간의 갈등, 즉 결혼과 부모-자식 간의 갈등, 고부간의 갈등, 부부간의 외도문제 등이 가장 핵심적인 주제로 제시되는 것이다. 이은미(1993)는 한국 드라마가 정상가족을 부각시키는 경향이 있다고 지적하였으며, 가족 구성원 간의 관계에서 서열화가 분명하게 드러난다고 보았다. 또한 한국 일일연속극에서 갈등구조의 핵심대상은 부부였다는 연구결과도 제출된 바 있다(하종원, 2003). 홍석경(1998)은 특히 한국 드라마에 고정적으로 등장하는 가족관계에서 어머니가 아버지보다 강한 자식과의 정서적 연대를 갖는다고 지적하였다. 그리고 여성의 재현문제에 있어서 여성들의 연대가 결혼관계로 맺어질 경우는 적대적으로 묘사되고 가정과 일을 병행하려는 시도에 대한 상징적 억

압이 강하다는 점을 문제점으로 보았다.

이처럼 한국의 드라마가 가족문제를 핵심으로 다룬다고 할 때, 한국 드라마와 서구 소프 오페라 모두 가족을 소재로 하지만 한국 드라마의 가족중심적 성격이 더욱 강하다고 평가되는 이유에 대한 설명도 필요하다. 최석만과 이태훈(2006)은 한국의 드라마가 그냥 가정 이야기인데도 불구하고 오래오래 끌어가는 이유는 가족구조가 복잡하고 그 관계가 다양하기 때문이라고 보았다(최석만·이태훈, 2006: 30). 그렇다면 한국 드라마에서는 서구나 동아시아 타국에 비해 가족관계의 양상이 어떠한 방식으로 드러나는지에 대한 실증적 검토가 필요할 것이다.

(2) 중국의 가족관련 드라마 연구경향

중국의 가족관련 드라마는 1990년대 이후 인기를 얻고 활발히 제작되기 시작하였다. 호지봉과 장국도(胡智锋·张国涛, 2004)는 중국 현실소재 드라마의 인기와 가족관련 드라마를 연관 지어서 설명한다. 중국의 현실소재 드라마는 개혁개방 이후 당대 사회현실의 생활상을 드라마의 소재로 차용하여 표현하는 장르이다. 특히 부패문제와 실업, 기업개혁, 치안, 혼인, 가정, 군대 등 당대 사회현실을 폭넓게 반영하는 동시에 사회문제에 대해 심층적 비판을 제기하여 사회생활의 심도를 확장하는 것을 그 목표로 한다(胡智锋·张国涛, 2004). 이는 중국문화의 정치적 특성과 밀접한 연관이 있는데, 현실소재 드라마의 내용이 실제생활과 밀접하다고 하더라도 정확한 정치적 지도방향을 유지하는 것이 성공의 가장 중요한 기준임을 위의 논문은 지적한다.

이러한 현실소재 드라마의 정치적 특성은, 중국의 경제적 개혁이 본격적으로 진행된 1990년대 이후부터는 대중적 취향을 상당히 반영하게 되었다. 그러나 1990년대 이후의 텔레비전 드라마가 시장화되었다고 해서 정치적 이데올로기 선전의 기능이 퇴색했다고 볼 수는 없다. 윤홍과 양대혜(尹鸿·阳代慧, 2004), 왕흑특(王黑特, 2002), 반원(潘源, 2006)의 연구에서는 90년대 이후 주류문화와 대중문화의 융합으로 말미암아 텔레비전 드라마가 어떻게 대중적 수요를 충족시키면서 동시에 이데올로기적 작용을 효과적으로 수행하는지 분석한다. 드라마는 남녀노소가 모두 즐길 수 있는 대중문화이기 때문에 영화를 비롯한 다른 문화적 형식에 비하여 가장 안전하게 주류적 가치관을 준수하고 보호하는 보수적인 예술형태라 할 수 있다. 즉 방송은 동시에 당의 대변자〔党的喉舌〕로서 당 지도자의 사상과 당 노선, 정책을 선전하는 도구로 기능했고 드라마 역시 그러한 방송문화의 중요한 부분을 구성한다.

중국 드라마 중, 가족의 정과 혼인 윤리문제를 다루는 가정윤리극은 1991년 방송된 〈갈망〉(渴望) 이후 꾸준히 인기를 얻는 드라마 장르이다. 중국의 가정윤리극에 대한 연구는 주로 드라마의 내용과 인물의 성격, 인물 간 갈등과 그 해소방식을 관찰하여 가정윤리극에서 어떠한 가치를 지향하는지를 분석한다. 연구자들이 공통적으로 지적하는 특징은 크게 두 가지 정도로 추릴 수 있다.

첫째로, 배신을 통해 가정을 파괴하려는 자와 이에 대항하여 가정을 수호하려는 인물 사이의 갈등이 기본적인 갈등구조라 볼 수 있다(陈建男·吴海清, 2007; 绿乐平, 2007; 戴清, 2005). 이때 드라마에서 이와 같은 갈등을 다루는 방식은 절대적인 선과 악의 대립이 아니라 전환기 사회에서 초래될 수 있는 가치관의 혼란을 반영한다. 즉 개인의 감정과 가정에 대한 책임 사이에서 갈등하는 인물들의 가치관의 혼란과 이로 인해 초래되는 가정의 불안정이 서사의 중심에 있다. 둘째로, 갈등의 해결은 곧 가족의 화해와 안정된 가정의 회복을 통해 이루어진다. 즉 화목한 가정을 이루는 것이 바로 가족구성원 간의 도덕적 관계의 회복을 나타내는 것이다(陈建男·吴海清, 2007; 戴清, 2005; 董楠·赵婧怡, 2007). 이때 가족 간 위기의 해결은 양심의 가책, 책임의식, 자아반성 등 등장인물의 윤리적 사고에 의해 이루어지는데, 특히 가정을 파괴한 자는 자신의 행동을 후회하고 반성함으로써 그 윤리적 책임을 인정하는 것으로 결말을 맺는다는 특성이 있다.

(3) 대만의 가족관련 드라마 연구경향

향토극(鄕土劇)은 대만 드라마 중 가족의 이야기를 가장 많이 재현하는 장르라 할 수 있다. 대만 향토극의 내용과 캐릭터를 분석한 예안 챠이(Yean Tsai, 2000)의 연구에 따르면, 향토극은 대만의 지역적 역사와 풍습을 주된 소재로 다루고 대만 방언을 사용함으로써 전환기 대만 특유의 정서와 지역색이 가장 짙은 프로그램이다.

향토극에서는 시어머니-며느리 간의 갈등이 비교적 강조된다. 한국과 대만 드라마의 전형적인 며느리, 시어머니 상을 비교분석한 셔이 린(Shih-Yi Lin, 2005)의 연구에 따르면, 대만 향토극에서 전형적으로 재현되는 시어머니의 모습은 가난하고 어려운 삶에서 벗어나기 위해 고군분투하는 어머니의 모습이다. 따라서 시어머니는 가족에 매우 헌신적인 모습을 보여준다. 시어머니는 또한 남부럽지 않은 아들(드라마의 남주인공)을 키웠기 때문에 그러한 조건에 맞는 완벽한 며느리를 원한다. 그러나 동시에 집안에서 며느리가 자신의 위치를 대체하는 것을 경계하는 인물이기도 하다.

반면에 남주인공 아들의 짝이 되는 며느리는 자기희생적이고 도덕적인 '천사표' 며느리이다. 며느리는 가족들을 사랑하고 그들을 헌신적으로 내조하지만, 대부분 가난한 집안 출신이기 때문에 시어머니의 사랑을 받지 못한다. 며느리는 결혼 후에 집안사람들이 모두 자신을 싫어하는 것을 알고 이를 만회하기 위해 열심히 노력한다. 특히 문제가 생겼을 때 자신의 이익보다는 가족의 이익을 위해 희생하는, 이타주의적 인물이다.

이와 동시에 향토극에서는 또 다른 며느리가 고정적으로 등장하는데, 이는 착한 며느리(여주인공)와 반대되는 악한 며느리이다. 이들은 자신이 여주인공 며느리보다 시어머니의 사랑을 더 많이 받는다는 것을 알고, 시어머니와 여주인공의 관계가 호전될 기미가 보이면 다시 훼방을 놓는 역할을 한다. 이러한 악한 며느리의 모습은 착한 며느리와 대조되어, 표준화된 미덕에 부응하는 완벽한 며느리 상을 강조한다.

(4) 일본의 가족관련 드라마 연구경향

현재의 일본 가족드라마에 대한 기존 연구들을 검토하여 본다면, 결론적으로 일본적 핵가족의 여러 다양한 유형들이 제시되는 것일 뿐, (장르·소재·형태 면에서) 이미 기존의 틀이나 잣대로 사회 기본단위로서의 '가족'을 설정하지 않는다고 볼 수 있다.

이러한 경향은 1970년대 후반 일본이 고도성장기를 벗어나면서 이전의 가정상이 붕괴하고 '단란한 가족'의 이미지가 사라진 것과 관련이 깊다. 텔레비전 드라마는 이러한 변화를 선도했던 것이다. 이에 따라 일본 드라마는 '단 드라마'(해피엔딩 드라마)를 탈피하여 '쓴 드라마'(*serious* 드라마)로 나아가게 된다(마쓰다이라 마코토, 2003). 즉, 1970년대 이후 일본 드라마는 가족붕괴 드라마 시대를 맞이하게 되었고, 이는 1990년대 후반까지 이어진다. 1980년대~2000년대의 인기 드라마를 분석한 결과에서는 부모와 혈연관계의 자녀로 구성된 통상적 의미의 가족은 등장하지 않았으며(모리카와 레이코, 2006), 90년대 중반 드라마에서도 편부/편모-자녀 등 누군가가 결핍된 가족을 묘사하는 드라마가 많았으며 부부의 결합성도 약한 것으로 나타났다(시오야 지에코, 1995).

이처럼 일본의 홈드라마는 '밝고 안정된 가정'을 그린 것에서(홈드라마 초기에는 전후 일본에서 형성된 가족 이데올로기를 바탕으로 '행복한 가정상'을 그림) 점점 가정문제나 가정붕괴를 다룬 것으로 변화되었고(70년대 이후), 트렌디드라마에게 자리를 양보하게 된다(히라타 유키에, 2005). 일본 트렌디드라마는 젊은 남녀 주인공과 도시의 일상생활을 묘사한 것이 대부분이며, 등장인물들은 가족이 아닌 개인단위로 관계를 맺는다. 또한 위기 구성요소는 개인과 개인, 혹은 개인과 사회의 관계이며, 거기서 가족은 거의 볼 수 없다(히라타 유키에, 2005, 30).

이상의 한국, 중국, 일본, 대만의 드라마 연구들의 대략적인 경향을 검토하였다. 한국의 경우는 가족의 재현이 드라마의 지배적인 경향이라면, 중국은 1990년대 이후에 등장한 새로운 현상이고, 일본의 경우는 1990년대 이후로 사라진 현상으로 간주되었다. 대만의 경우 드라마 상황의 특이성이 있어 향토극이라는 특수한 장르 내에서 가족의 문제가 다루어지는 경향을 보였다.

3. 연구대상과 연구방법

1) 연구대상

이 연구에서는 4개 사회 내에서 2001년부터 2007년 사이에 시청률이 높았던 드라마 중, 특수한 장르(사극, 무협극 등)를 제외하고 연도별로 1~2개씩 선택하여 분석 대상으로 삼았다. 시청률을 기준으로 삼은 것은, 당대 시청자들의 실생활 경험과 정서구조에 맞는 드라마가 인기를 끌게 된다는 가정에 근거한 것이다.

한국의 경우 대부분의 드라마에 접근이 가능하지만, 일본 드라마

〈표 4-1〉 분석대상 드라마의 목록

한국		중국		일본		대만	
제목	방영연도	제목	방영연도	제목	방영연도	제목	방영연도
• 피아노	2001 ~ 2002	• 친형열제	2007	• 화려한 일족	2007	• 필승	2007
• 겨울연가	2002	• 공경자	2005	• 도쿄타워	2007	• 의난왕	2004
• 내사랑 누굴까	2002	• 결혼 10년	2004	• 14세의 어머니	2006	• 금색대바퀴	2005 ~ 2006
• 인어아가씨	2002~ 2003	• 낭만적사	2004	• 내가 걷는 길	2006	• 안달뱅이	2002 ~ 2003
• 올인	2003	• 중국식 이혼	2004	• 위험한 누님	2005	• 왕자변청와	2005
• 파리의 연인	2004	• 과분한 사랑	2004	• 황혼이혼	2005	• 악작극지문	2006
• 내 이름은 김삼순	2005	• 금혼	2007	• 나와 그녀와 그녀가 사는 길	2004		
• 부모님 전상서	2004~ 2005	• 신결혼시대	2006	• 앳홈 닷	2004		
• 굳세어라 금순아	2005						
• 열아홉 순정	2006						
• 하늘이시여	2006						
• 소문난 칠공주	2006						
• 쩐의 전쟁	2007						

의 경우는 연도별 시청률 top 10 가운데 무협극이나 사극이 아닌 가족 혹은 애정문제를 다룬 드라마가 적었고, 대만의 경우 드라마에 대한 접근성이 높지 않아 현재 많은 드라마를 선택하지 못한 상태이다. 분석대상 드라마 목록은 〈표 4-1〉을 통해 제시하였다.

2) 연구방법

연구방법으로는 현실사회에서 가족제도의 변화에 대해 4개 사회에서 수행된 기존연구들을 검토했고, 텔레비전 드라마가 재현한 가족에 대한 기존연구를 비교하였다. 재현된 가족은 하나의 담론체계로서 그것 자체로 고립되어 있기보다 각 사회의 가족제도의 역사적 변화와 밀접하게 연관이 있다. 그 때문에 실제의 변화와 담론이 어떻게 연관되어 있는가는 재현분석에서 대단히 중요한 위치를 차지한다. 예를 들어 최근 한국의 가족제도 변화를 검토하면서 이영자는 가족의 위기를 거론하는 많은 연구들이 어떤 가족의 위기를 지칭하는지 말하지 않음으로써 하나의 '정상가족'을 가정하고 그것의 해체와 위기를 논하는 오류에 빠져 있음을 지적하였다.

> 혹시 특정한 역사 속에서 존재한 특정한 가족을 '보편적'이고 '정상적'인 가족의 원형으로 전제하는 것은 아닌가? 만일 그렇다면 이는 가족의 역사성 자체를 부정한 채 역사성을 '보편성'으로 대체시키는 것이 아닌가? 가족은 늘 변화과정에 있는 것이라면 어느 특정한 변화를 유독 '위기'로 규정하는 이유와 그 이데올로기적 함의는 무엇인가? 가족에 대한 특정한 인식론 자체가 바로 특정한 역사성을 내포한 것은 아니겠는가(이영자, 2007: 73).

인용에서 보듯 어떤 사회의 어떤 가족제도도 머무르지 않고 변화한다. 대중매체를 통해 재현된 가족담론 역시 끊임없이 변화한다. 재현 연구의 어려움은 본질적 가족의 모습을 상정하지 않으면서 상징현실로서 가족이 지니는 의미를 현실의 가족이라는 맥락 안에서 해석하는 데 있다고 할 수 있다.

이러한 문제를 해결하기 위해 이 연구에서는 3가지의 연구범주를 제안하였다. 첫 번째는 드라마에 재현된 가족의 구조 및 형태에 대한 분석이다. 인구통계학적 자료에서 주로 사용하는 1세대, 2세대, 3세대 가족이라는 틀 안에서 세부적 변이들을 드러내고자 하였는데, 이를 통해 각 사회가 바람직한 혹은 전형적인 것으로 제시하는 가족의 모델이 어떠한 것인가를 짐작할 수 있을 것이라 보았기 때문이다. 두 번째로는 가족관계에 집중하였다. 가족 간의 갈등이 왜, 누구를 중심으로 일어나는지를 드러내서 각 사회 내에서 가족에게 기대되는 역할과 기능에 대해서 상징적으로 어떻게 재현되는지를 살피고자 하였다.

세 번째로는 부모-자식 간의 관계를 통해 드라마에 보편적으로 재현되는 아버지, 어머니의 상을 드러내고자 하였다. 이러한 검토를 통해 각 사회의 가족주의 혹은 가족문화에 어떤 차이점이 있는지 또는 어떤 공통점이 있는지를 드라마의 재현을 통해서 살펴보고, 유교적 가족주의 혹은 가족문화라는 언술이 갖는 함의를 드러내고자 하였다.

4. 4개 사회 내 드라마의 편성 및 장르 특성과 드라마의 풍경

1) 한국 드라마의 편성 및 장르 특성과 드라마의 풍경

한국 드라마의 편성은 현재는 월화, 수목의 주 2회 미니시리즈 드라마(보통 16~24회 방영됨), 주중 매일 편성되는 프라임타임 일일연속극 및 아침일일연속극, 그리고 주말 프라임타임 시간대에 편성되는 주말극 정도로 나뉠 수 있다. 주 1회를 방영하는 미국과 같은 시즌제 드라마가 잠시 시도되었지만, 아직 고정된 편성에 따른 시청 행태가 보편적이어서 크게 성공하지 못하고 있다.

이와 같은 편성은 장르적 특성과도 밀접하게 관련되어 있다. 프라임타임 일일연속극이나 아침 일일연속극은 홈드라마 장르라고 이야기할 수 있는데 1970년대 일본의 홈드라마 및 미국의 소프 오페라의 영향을 많이 받았다. 가족 중심적 이야기를 이어가는 시리얼 형식의 홈드라마는 짧게는 6개월, 길게는 1년까지도 방영하는 긴 흐름의 이야기를 선보인다.

반면 주 2회 방영하는 미니시리즈의 경우, 1990년대 이후로는 일본의 트렌디드라마의 영향을 받은 것으로 간주된다(황인성, 1999). 주로 젊은 스타 남녀가 등장해 애정 관계를 중심으로 이야기가 진행되는 미니시리즈는 각 방송국이 가장 많은 인력과 자본을 투여하는 장르이다. 한편 주말 프라임타임 주말극은 연속극의 형태로 일반적으로 홈드라마 혹은 멜로드라마의 성격을 보이지만, 2000년대 이후로는 방송국에 따라서 미니시리즈와 같은 형태, 소재, 주제를 갖는 특집 드라마의 형태로 만들어지는 경우도 있다. 이외에 고정적으로 주말에 편성되는 사극도 인기가 높다.

중요한 것은 미니시리즈, 주말극, 일일연속극에 이르기까지 한국의 드라마에는 가족의 모습이 많이 등장한다는 점이다. 일본의 트렌디드라마가 철저하게 남녀 주인공을 중심으로 이야기를 이어간다면 한국의 트렌디드라마는 남녀 주인공의 가족 역시 주연이 아닐지라도 반드시 등장하여 이야기에 영향을 미친다는 특성이 있다.

2) 중국 및 대만 드라마의 편성 및 장르 특성과 드라마의 풍경

중국 드라마에서는 대체로 내용에 따른 장르구분이 보편적이다. 로춘염(路春艳, 2001; 2003)이 제시하는 것처럼 드라마에서 어떤 내용을 주로 다루느냐에 따라 도시애정극, 역사극, 군대극, 평민생활극, 형사범죄극, 청춘우상극 등으로 구분할 수 있다. 이러한 경향은 90년대 중반 이후 드라마가 장르화되면서 나타난 것으로, 그전에는 주로 드라마 형식이나 특성에 따른 연속극, 시트콤, 고전극 등의 구분이 유효했던 것으로 보인다.

편성의 경우, 지상파의 드라마 전문채널에서 50분 단위로 하루 종일 드라마만 방영한다. 드라마당 대략 4~5편을 묶어서 한꺼번에 방송하는데, 일주일간 요일에 따른 편성의 변화는 거의 없는 편이다.

현재 이 연구의 관심을 받는 가정윤리 드라마는 1990년대에는 〈갈망〉의 영향을 받아, 선과 악의 기질이 뚜렷한 주인공들이 사회와 역사의 흐름 속에서 희생되고 고통받는 이야기를 담았다. 하지만 90년대 후반부터 2000년대 초로 들어오면서 가족드라마는 더욱더 일상생활과 개인에 초점을 맞추게 되었다. 즉 가족 간의 정, 남녀관계, 결혼문제, 가족의 책임문제 등에 집중한다. 또한 드라마의 표현대상 역시 광범위해져 다양한 영역의 다양한 사람들의 모습이 드러났다. 특히 2004년 이후에 제작된 가족드라마들(〈결혼 10년〉(结婚十年), 〈중국식 이혼〉(中国式离婚), 〈신결혼시대〉(新结婚时代), 〈금혼〉(金婚) 등)은 커다란 사회문제에서 떠나 소소한 가정의 이야기를 다룬다.

대만은 방송시장의 특성상 지상파 방송의 힘이 약하고 여러 채널이 발달되어 있어 프로그램당 시청률이 낮다. 더구나 드라마는 버라이어티 프로그램 등에 비해 시청률이 낮은 편이다. 주요 장르로는 중국과 유사하게 청춘우상극, 무협극, 역사극, 수사극, 그리고 대만 고유의 향토극이 잘 알려져 있다. 향토극은 대만의 지역적 역사와 풍습을 주된 소재로 다루고 대만 방언을 사용하는 고유 프로그램이다. 매주 1회 편성되며 지상파 방송국을 중심으로 편성되고 인기가 높다.

향토극에서는 주로 18세기에서부터 현대에 이르기까지의 중요한 역사적 배경 아래서 가족 간의 애정과 복수, 사업을 둘러싼 가족 간의 갈등 등을 다룬다. 주된 주제는 영웅적 남주인공과 여주인공의 사랑, 가족 간의 애정이고, 주된 줄거리는 남주인공에 대항하는 악역이 등장하여 이들의 대립 끝에 주인공이 승리하는 것이다. 또한 주인공은 가난한 자영업자나 상인에서 출발하여 경제적인 성공을 성취하게 된다. 이는 실패했던 자가 승리하고 가난한 자가 부유해지며 불만이 해결되는, 전형적인 꿈을 이루는 스토리이다.

3) 일본의 드라마 편성 및 장르 특성과 드라마의 풍경

일본의 텔레비전 드라마의 역사 및 현황에 관해서 설명하려면 먼저 현재 방송중인 드라마를 분류해 볼 수밖에 없다. 현재 인기를 끄는 드라마는 아래와 같이 분류할 수 있다.

• 대하드라마	일요일 20시부터 NHK에서 방영되는 역사드라마
• 아침 연속 TV 소설	월~토요일 8시 30분부터 NHK에서 방영되는 연속극
• 추리(미스터리) 드라마	밤 시간대에 방송되는 2시간짜리 드라마로 살인사건과 추리 등을 다룸
• 시대극	밤 시간대에 방송되는 1시간짜리 드라마로 역사적 내용을 다룸
• 사랑의 극장	월~금요일 13시에 방송되는 가족이나 사랑과 증오를 그린 드라마
• 네오 트렌디드라마	밤 시간대에 3개월 주기로 바뀌는 인기배우들이 나오는 드라마
- 게쓰쿠(月 9)	월요일 21시부터 후지TV에서 방영되는 드라마
- 닛쿠(日9)	일요일 21시부터 TBS에서 방영되는 드라마('일요일 극장'이라고도 함)
• 홈드라마	현재 홈드라마라고 부를 수 있는 것은 〈세상살이 원수천지〉(渡る世間は鬼ばかり)밖에 없음
• 기타 만화원작 젊은이 대상 드라마	TV 아사히에서 금요일 23시대에 방영되는 '금요일 나이트 드라마' 등이 있음

그 중 홈드라마에 주목을 하면, 홈드라마의 기원은 일본에서 텔레비전 드라마의 방송이 시작된 1940년까지 거슬러 올라갈 수 있다. 홈드라마는 1970년대까지 가장 중요한 장르였지만, 일본이 거품경제에 접어든 1980년대 중반부터 젊은이들의 사랑을 그린 트렌디드라마에 밀려나고 이제는 한두 개의 드라마만이 명맥을 유지하고 있다. 거품경제가 붕괴된 후에도 트렌디드라마는 홈드라마의 형태로 돌아가지 않았고 네오 트렌디드라마로 모습을 바꾸어 방송된다. 네오 트렌디드라마에도 가족을 다루는 것이 있으며 유사가족이 등장하는 경우가 있긴 하지만, 전체적으로 볼 때 일본의 드라마에서 가족은 핵심적인 주제 혹은 소재로 다루어지지 않는다.

5. 4개 사회 내 드라마에 재현된 가족의 풍경

이 절에서는 상기한 연구방법론의 틀에 따라서 한국 드라마 14편, 중국 드라마 8편, 일본 드라마 8편, 대만 드라마 6편에 대한 분석결과를 제시하고자 한다.

1) 가족구조

앞서 〈표 4-1〉에서 제시한 한국 드라마 13개, 중국과 일본 드라마 각각 8개, 대만 드라마 6개 등 총 36편을 분석 대상으로 하였다. 〈표 4-2〉는 한국, 중국, 대만, 일본 4개 사회의 인기 드라마들을 중심으로 볼 때, 드라마에 재현된 가족형태의 분포상황을 보여준다.

〈표 4-2〉 한국·중국·대만·일본 드라마에 재현된 가족의 형태

가족형태		한국 (52가족)	중국 (28가족)	대만 (19가족)	일본 (18가족)
3세대	부계	7 (13.5%)	2 (6.6%)	-	1 (5.6%)
	모계	3 (5.8%)	-	-	1 (5.6%)
2세대	부모-성인 기혼자녀	1 (1.9%)	-	10 (52.6%)	1 (5.6%)
	부모-성인 미혼자녀	17 (32.7%)	13 (43.4%)	9 (47.4%)	5 (27.7%)
	편부/편모/친척-미성년자녀	8 (15.4%)	-	-	6 (33.3%)
1세대	형제자매	1 (1.9%)	1 (3.3%)	-	1 (5.6%)
	부부	3 (5.8%)	10 (33.3%)	-	1 (5.6%)
	기타 (이혼/고아/가족표현 없음)	12 (23%)	2 (6.6%)	-	1 (5.6%)
유사가족		-	-	-	1 (5.6%)

〈표 4-2〉를 통해서, 가족구조의 재현에 대해서 다음과 같은 4개 사회 간 차이점과 유사점에 대해서 논의할 수 있다.

먼저 한국의 경우 전체적으로 가족의 재현이 다른 사회에 비해 두드러지게 나타난다는 것을 볼 수 있다. 전체 13개 드라마에서 총 52개의 가족형태가 표현되었는데 이는 드라마당 평균 4개 이상의 가족이 등장한다는 의미이다. 즉 한국 드라마에서는 대부분의 등장인물들이 가족의 형태로 등장한다고 볼 수 있다.

반면 일본의 경우는 전체 8개 드라마 중 전통적 의미의 가족형태를 보여주는 경우는 드라마 당 평균 2.25개 정도로만 볼 수 있었다. 단순히 수치상으로 비교할 수 있는 것은 아니지만 이와 같은 결과는 상식적인 수준에서 논의되는 "한국 드라마는 가족 중심적이다", 혹은 "일본 드라마에서는 가족이 붕괴되어 있다"는 주장들을 지지하는 것이라고 볼 수 있다.

또한 3세대 이상의 확대가족의 재현문제도 중요한 차이점이다. 이미 앞선 연구(김수아 · 강명구 · 우위지에 · 차이판, 2007)에서 지적했던 바와 같이 한국 드라마에서의 3세대 이상 부계중심 확대가족의 재현은 타 사회에 비해서 뚜렷하다. 실제 현실에서의 3세대 이상 가족의 비중보다 드라마에서의 재현 비중이 더 높았던 것으로 나타나기도 했다. 그런데 이 지점에서 장르의 차이 문제를 지적할 수 있다. 일일연속극(홈드라마) 장르를 기준으로 할 때는 명확하게 부계중심 확대가족이 높은 비율을 차지하지만 기타 장르들을 모두 포함할 때는 부계중심 확대가족의 재현 비중이 그다지 높은 것은 아니다. 이는 기타 드라마의 장르적 특성 때문으로 볼 수 있다.

예건대 일일연속극은 결혼생활의 갈등을 중심으로 진행되고, 미니시리즈는 일본의 트렌디드라마의 영향을 받아 결혼에 이르기까지의 갈등을 중심으로 한다. 이러한 의미에서 편부/편모 가족의 재현 비중 역시 장르적 특성과 견주어 설명할 수 있다. 편부/편모, 혹은 미혼모 등과 같은 이른바 비정상 가족의 재현은 대부분 미니시리즈에서 등장하는 편이다. 남녀 주인공의 결혼을 둘러싼 갈등을 중심으로 전개될 때, 결혼갈등을 일으키는 대상으로 부모가 나타나는데, 부모 양쪽이 다 등장하기보다는 전형화된 아버지 혹은 어머니 한쪽만 등장하는 경우가 많기 때문이다.

비정상 가족의 재현에 있어 비정상 가족이기 때문에 문제가 되는 설정이 여전히 존재한다고 볼 수 있다. 그러나 역시 이것 또한 장르의 제한을 받는다(주말극의 경우나 일일드라마의 경우 이러하다). 예컨대 〈소문난 칠공주〉에서 덕칠이는 불륜으로 인해 이혼하고 재혼한다. 재혼가정은 행복을 찾지만 덕칠이 본인은 드라마 내내 아이와의 관계 때문에 흔들리거나 불행해 하는 모습을 보이며, 스스로 "엄마 없는 아이들의 불행"에 대해서 여러 차례 발화하고 죄책감을 표현한다. 〈부모님 전상서〉에서는 주인공 안성실이 이혼녀이자 장애아의 어머니로서 문제를 겪는다. 정상가족의 조건을 갖춘 다른 형제들이 가족 간의 애정과 관련된 사소한 갈등을 겪는 반면, 안성실은 시부모 및 자녀와의 관계, 남편의 외도 등 온갖 문제를 경험한다. 그는 가족의 안정을 위해 끊임없이 노력하지만 가족은 늘 흔들린다.

그러나 미니시리즈의 경우 비정상 가족은 주인공의 조건 중 하나이며, 주인공의 인생을 복잡하게 만드는 불가항력적 운명 등의 조건으로 작동한다. 〈겨울연가〉의 남자 주인공인 준상은 혼외자이자 아버지를 모르는 조건에서 인생의 굴곡을 겪게 되며, 〈피아노〉는 아버지의 재혼으로 인해 남매가 된 두 사람의 사랑을 이야기하면서 재혼가정을 비극적 운명의 조건으로 다룬다. 〈올인〉의 두 주인공 역시 부모가 없기 때문에 고생을 한다는 정도의 설정으로만 제공된다. 즉 미니시리즈의 비정상 가족은 숭고한 사랑을 방해하는 장애물이다.

중국 드라마와 대만 드라마의 경우 명백하게 2세대 중심으로 가족을 재현한다. 다시 말해 중국 및 대만의 드라마에서는 가족이란 부부 중심의 핵가족 형태를 의미한다. 이것은 부계중심 확대가족이 두드러진 한국의 경우와 크게 대비된다.

여기서 한 가지 주목할 것은 중국 드라마의 경우 드라마에서 한 형태의 가족구조가 끝까지 지속되지 않는다는 점이다. 대부분 드라마에서의 재현 기간이 긴 시간을 다루는 드라마가 많아서, 드라마 내에서 가족구조 내의 변형이 드러나는 경우들이 많이 보인다. 부부가 이혼을 하여 별거하게 되거나(이때 자녀는 부모와 함께 살기도 하지만 조부모에게 보내지는 경우도 많음), 자녀양육/간병 등의 이유로 부부와 시부모/친정 부모가 동거하게 되는 경우 등이다. 예컨대 〈친형열제〉의 등장인물들은 대부분 경제사정이 좋지 않기 때문에 이혼한 큰형과 둘째 동생 부부, 나머지 동생들이 함께 살게 되며, 〈공경자〉에서는 작은딸이 이혼 후 부모의 집으로 다시 들어온다. 〈결혼 10년〉, 〈금혼〉에서는 처음에는 부부끼리 살다가 나중에 시부모가 자녀양육 문제 때문에 아들 부부와 동거하는 모습을 보인다.

사회주의 리얼리즘이라는 재현 양식의 특성에서 보이는 이와 같은 모습은 "현실을 재현한다"는 중국 드라마 분석연구의 주장들과 일치한다. 예컨대 부계중심의 확대가족은 한국의 경우는 부부가 결혼을 하면서 당연히 시부모를 모시고 사는 것으로 설정된다(〈인어아가씨〉, 〈굳세어라 금순아〉, 〈부모님 전상서〉 등). 그러나 중국 드라마에서는 부부가 현실적인 도움을 요구하고 거기에 답해 부모가 등장한다.

한편 중국 드라마의 특징은 이혼가족의 재현이 굉장히 많다는 것이다. 이는 후반부에 서술하게 될 주요 갈등의 대상이 누구인가 하는 문제와 관련이 깊다. 즉 중국 드라마에서의 가족은 철저히 부부를 중심으로 재현되며, 부부 중심의 갈등이 표현되다 보니 이와 같은 결과를 보인다.

일본의 경우는 어떤 가족구조가 두드러진다고 표현하기는 어려울 것이다. 2세대 가족의 재현이 많긴 하지만, 드라마에서 이와 같은 가족구조가 이야기를 이끌어가는 데 있어 핵심적 역할을 하기보다는 배경으로 제시된다. 전반적으로 가족이 주요하게 등장하는 일본 드라마가 드물다. 그러나 가족관계는 매우 다양하게 재현되는데 어떤 이상적 모델로서의 가족을 재현하기보다는 현실의 다양한 가족 양상을 이야기의 배경으로 삼아 진행하는 경향으로 풀이된다.

대만 드라마의 경우는 중국 드라마보다 훨씬 더 강력한 2세대 중심성을 보였다. 그 이유는 향토극과 청춘우상극이라는 장르의 특성 때문이다. 향토극은 중국식 가족기업의 성장과정을 배경으로 하는 경우가 많으며, 청춘우상극은 일본 트렌디드라마의 영향을 받아 청춘남녀의 사랑이야기가 주요한 줄거리로 사용된다. 따라서 3세대 가족은 실제 대만의 사회적 통계 수치에 비해서 드라마에서 재현되는 일이 훨씬 더 적다.

이와 같은 가족구조의 재현 경향의 분석하면, 한국 드라마에서의 부계중심 가족재현 중심성이 가장 뚜렷하게 드러난다. 동아시아적 가족의 범위를 살펴보면, 한국 내에서는 부계중심의 확대가족 양상을 보였지만 중국과 대만에서는 부부-자녀 중심의 핵가족 형태에 더 집중되어 있었다. 일본에서는 가족의 범위를 주요한 드라마의 재현 요소로 잡지 않는다. 이러한 가족 범위의 차이는 동아시아 각국이 상정하는 가족의 모델이 상당히 다른 모습을 띤다는 것을 1차적으로 보여준다.

2) 가족 내 갈등관계

TV 드라마를 극화할 때, 갈등을 어떻게 만들어내고 이 갈등이 얼마나 시청자들에게 호소력을 갖는지가 중요하다면, 드라마에서의 갈등의 내용과 대상은 가족이 어떠한 모습으로 재현되는 것인가를 보여주는 중요한 사례가 될 수 있다. 이를 4개 사회 내에서 비교하여 보면 다음과 같다.

(1) 주요 갈등대상

한국 드라마에서는 가족 내의 갈등이 드라마의 가장 중요한 이야기 축이 되는 경우가 자주 나타난다. 이것은 한국 드라마의 중심이 가족이라고 보는 이유 중 하나다. 이 갈등은 주로 부모-자식 간에서 일어난다는 점에서 흥미롭다. 구체적으로는 친부모-자식 간이거나 또는 결혼으로 인해 부모가 되는 시부모-자식(며느리) 간의 갈등이 드라마의 핵심 줄거리가 된다.

중국 '가정윤리 드라마'는 대부분 부부간의 갈등, 즉 부부싸움이 주된 스토리를 구성한다. 여기에서 중국 드라마가 2세대 핵가족을 중심으로 재현된다는 점을 다시 한 번 확인할 수 있다.

중국 드라마에서 부모-자식의 관계는 갈등보다는 중재, 화합의 관계라고 할 수 있다. 부모는 자식의 갈등을 조정하고 자식의 편에 서서 지지, 격려해 주는 사람으로 재현된다. 예컨대 〈금혼〉에서 여주인공의 친정부모/친언니들은 여주인공의 결혼생활에 조언하고 도와주는 존재이며, 〈신결혼시대〉에서도 여주인공의 친정부모는 부부간의 갈등의 중재자로 등장한다.

〈금혼〉, 〈결혼 10년〉에서 부부와 시어머니가 함께 살게 되면서 고부갈등을 겪게 되는데, 이것이 부부간의 심각한 불화를 야기할 만큼

〈그림 4-1〉 가족 간 갈등의 대상

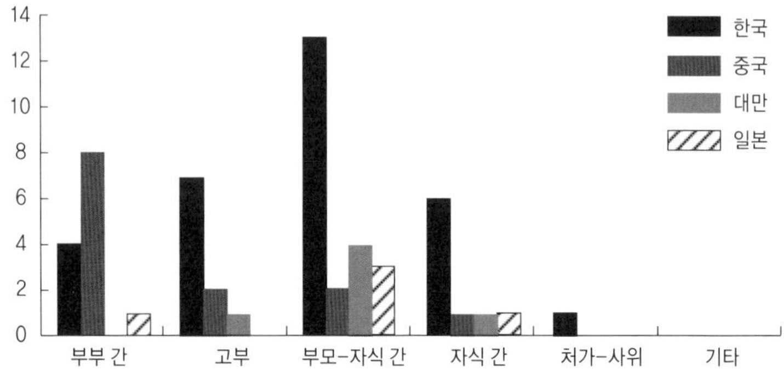

중대하지는 않은 수준에서 그려진다. 부부간 갈등을 제외한 다른 갈등들은 드라마의 주요한 갈등이라고는 할 수 없다. 〈친형열제〉를 제외한 모든 분석대상 드라마에서 가장 주된 갈등은 부부싸움이다.

대만 드라마의 경우, 향토극의 장르적 특성으로 인해 강한 부권(夫權)을 가진 남성 주인공이 등장하는 경우가 많아 부부갈등은 잘 나타나지 않는다. 여기에서 여성은 남성에게 목소리를 내지 못한다. 오히려 강력한 부권에 대해서 갈등하는 자녀들의 모습들이 드라마의 핵심축이 되는 경우가 많다. 청춘우상극의 경우 부모들은 자녀들의 사랑을 응원하거나 자녀들의 사랑에서 조건으로 등장하는 사례가 많다. 이 경우 가족 테두리 밖에서 당사자들끼리 겪는 애정갈등이 주요한 갈등이다. 일본 드라마 역시 가족관계 내에서의 갈등은 이야기에서 중요하게 부각되지 않는다.

한국 드라마에서 부모-자식을 중심으로 한 갈등은 결국 부모-자식 간의 관계 설정과 관련된 이슈라고 할 수 있다. 부모-자식은 1차적인 혈연관계이며 이 관계는 다른 사회적 관계와 다른 독특성을 갖는다. 특히 한국에서는 가족 내에서 부모-자식은 독립된 개인이 아닌 집합주의적 공동운명체로서 많이 상정된다. 근대화 과정을 거치면서 형성된 한국의 가족주의 문화는 자녀의 성공이 부모의 성공이 되는 과시적 성향을 띤다(손승영, 2006). 교육과 결혼은 이와 같은 성공의 가장 핵심적인 지표이며, 이에 대해서 자녀의 독립적이고 개인적 선택과 그에 대한 부모의 존중이라는 관념은 한국 가족 내에선 찾아보기 어렵다. 그에 반해 부부간의 갈등은 성인 간의 가치관, 생활양식 간의 갈등이며 낭만적 사랑이라는 근대적 가치체계에 의해서 유지되는 관계, 즉 개인성의 차원에서 발생하는 것이다. 이런 사랑을 두고 갈등하는 부부가 한국드라마에는 잘 보이지 않는다.

(2) 갈등의 내용

① 부부간 갈등

한국의 경우, 부부갈등의 요인은 대체로 확대가족 관계 내에서 재현되며 부부간의 개인적 관계 내에서 발생하는 것은 적은 편이다. 외도문제는 몇 개의 드라마에서 재현되는데 이는 역시 장르적 특수성에 기인한 것으로 한국 드라마가 외도를 적게 재현한다고 주장할 수는 없다(예: 아침 드라마의 경우). 외도보다 젊은 시절 결혼관계에 이르지 못한 상태에서 낳은 혼외자가 일종의 갈등복선으로 존재한다(예: 〈피아노〉, 〈겨울연가〉, 〈파리의 연인〉, 〈하늘이시여〉 등).

그러나 중국 드라마에서는 부부간의 문제가 드라마 재현에서 핵심이 되기 때문에 부부간 애정과 관련된 갈등이 전면적으로 등장한다. 부부갈등은 가정경제의 운용과 애정문제가 복합적으로 작용하는 경우가 많이 있다. 〈결혼 10년〉, 〈중국식 이혼〉에서의 부부갈등은 사업이 잘 안 풀리는 남편과 그러한 남편에 대한 부인의 불만이 갈등의 주요한 요인이다. 다음으로는 상대방의 불륜에 대한 의심, 혹은 애정에 대한 회의 등이 이를 증폭시키는 역할을 하는 것으로 나타났다.

〈그림 4-2〉 부부간 갈등의 내용

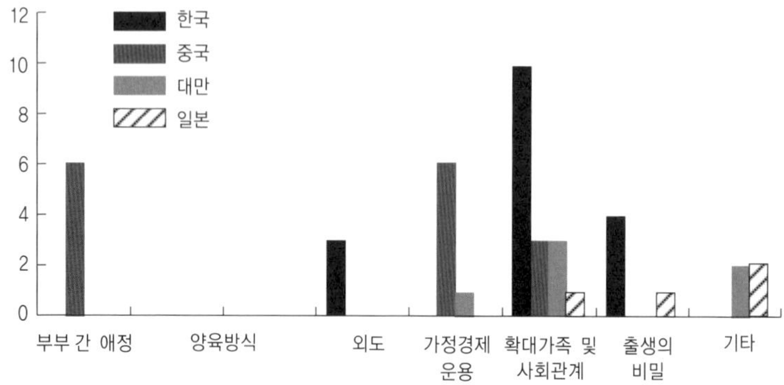

대만의 경우는 향토극 장르의 특성에 따라 가업을 이으면서 발생하는 타 가족(혹은 가족기업의 형태이므로 타 기업)과의 갈등이 주요하기 때문에 가족 내에서의 갈등구조는 그다지 많이 등장하지 않았다. 일본 역시 가족문제는 주요한 갈등의 소재가 되지 않았고, 가족이 배경으로서만 존재하는 경우가 많았다.

② 부모-자식 간 갈등

한국 드라마의 경우 부모-자식 간의 갈등의 주요 내용은 결혼을 둘러싼 갈등이다. 대체로 부모들은 자식의 결혼상대에 대해서 간섭하며, 부모들이 자식들의 결혼에 반대하는 것이 드라마의 가장 중요한 에피소드 중 하나가 된다. 부모들이 자식들의 결혼에 반대하는 사유는 다양하지만 가장 많이 등장하는 것은 계층적 차이(예: 〈내사랑 누굴까〉, 〈파리의 연인〉, 〈내 이름은 김삼순〉, 〈부모님 전상서〉) 등이며, 성격 등이 마음에 들지 않는다는 것(예: 〈내 사랑 누굴까〉, 〈소문난 칠공주〉) 도 중요한 반대사유이다. 계층 차이만이 아니라 성격 및 외모가 부모의 판단과 반대의 근거가 되는 것으로 재현되는 것은 결혼의 의미가 개인 간 사랑의 결합이라기보다는 여전히 가족과 가족의 결합이라는 점을 강조하여 보여주는 부분이라고 하겠다. 이런 유형의 가족을 장경섭

〈그림 4-3〉 부모-자식 간 갈등의 내용

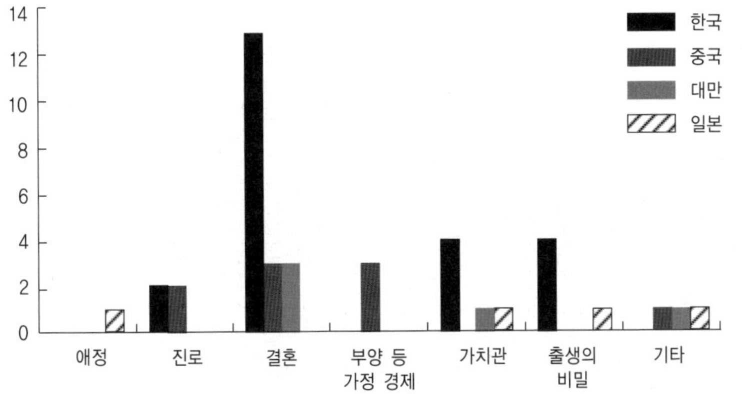

(2001)은 '도구주의적 가족'이라 부르고, 가정생활과 가족관계가 가족구성원의 사회적 성공을 위해 극단적으로 도구화되는 유형으로 규정했다. 부모가 자녀의 혼인에 깊이 개입하는 드라마 안의 갈등은 너무도 자주 반복되는 서사적 장치임에도 불구하고 시청자들이 이러한 상투적 장치를 받아들이고 흥미를 느끼는 까닭은 그것이 한국인들에게 공유되는 하나의 문화적 코드이기 때문이다.

가족구성원의 성공을 둘러싼 전략의 차이를 두고 갈등하는 것이기 때문에 혼인당사자 간의 애정갈등, 성격과 평등한 관계를 둘러싸고 벌어지는 애절함, 좌절, 전율과 같은 감정의 주고받음과 미묘한 변화 등이 나타나는 장면이 별달리 없다.

중국 드라마의 경우에는 부모가 대체로 조언자로 등장하기 때문에 자식들과 부모 간의 갈등의 재현은 중심적이지 않다. 중국 드라마에서 부모의 반대가 자식의 부부생활에 개입하는 상황은 찾아보기 어렵다. 이와 같은 가족 재현 방식은 중국의 가족정책과 연관이 있을 것이다. 사회주의 혁명 이후 중국사회는 육아, 교육, 보건의료 등 가족이 담당하는 기능을 사회적으로 해결하고자 했고, 가족은 부부와 자녀들의 정서적 공동체의 성격이 강했다. 사회주의적 근대화에서 가족은 동원되기보다 주변화된 기구였기 때문에 가족구성원의 물질적, 경제적 책무와 역할이 상대적으로 중요하지 않았다. 가족은 나와 형제들이 생존을 의지할 수 있는 최후의 보루가 아니었기 때문에, 부모 자식관계, 친족관계, 부계가족관계가 한국과는 다른 양상으로 변화해왔다.

대만 향토극은 가부장적 전통이 강해 결혼을 둘러싸고 전통적 결혼 방식과 신세대의 애정결혼 양식이 충돌하는 것이 자주 그려진다. 일본의 경우는 1990년대 중반 이후 텔레비전 드라마에 아버지, 어머니, 아들과 딸 등 개인은 등장하지만 가족은 나타나지 않는 양상을 보인다. 기든스(Giddens, 1985)가 《가족은 없다》에서 지적했듯 사적 영역에서 자아의 확대와 내면적 자아의 표현이 더 중요해진 후기자본주의 특성으로서 '탈가족적 친밀성'을 추구하는 개인화된 가족구성원들이 등장한다. 탈가족적 가족은 "사회적 안정 = 행복한 가족 = 자기희생적 모성"의 등식(이영자, 2007)에 근거한 가족옹호론에 대응해 나타난 가족관계의 양상이라는 점에서 한국의 도구주의적 가족과 크게 대비된다.

3) 부성, 모성의 재현 및 부모-자식 간 관계

앞서 살펴본 것과 같은, 부모-자식 관계에서 자식의 일에 개입하는 모성과 부성은 한국 드라마를 특징짓는 가장 중요한 부모상이다. 그러나 이야기 내내 부모는 자식들과 갈등하고 그들의 일에 개입하고자 노력하지만 자식들 역시 극단적인 방식을 동원하며 저항하기 때문에 부모의 권위에 대한 복종의 양상은 자주 드러나지 않았다. 이러한 개입적인 부모상은, 앞서 논의한 대로 부모-자식 간의 관계가 한국사회에서 가장 문제되고 있다는 점을 다시 한 번 보여준다.

〈그림 4-4〉 부모-자식 간 관계

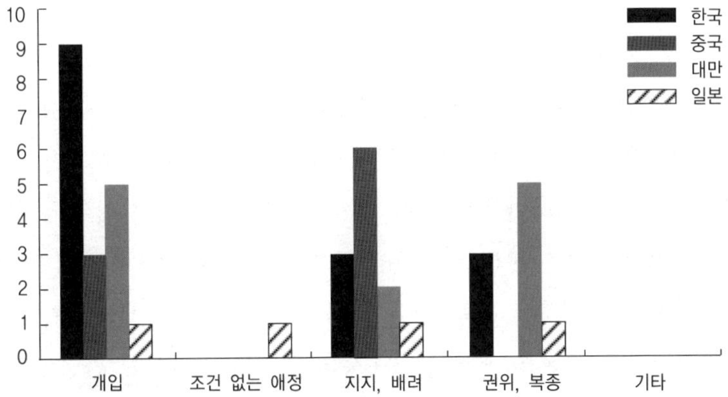

반면 중국의 경우에는 개입적이기보다 배려적인 어머니, 아버지상이 더욱 강조되는 편이다. 대만의 경우, 향토극 장르에서는 한국과 유사하게 개입적인 아버지가 등장한다. 어머니는 권위가 없으며 아버지만 권위가 있는 편이고, 권위적, 복종적 관계 역시 아버지를 중심으로 재현되었다. 이러한 가부장성은 장르의 고유한 특성으로서 지적된다. 이는 특히 가족기업이라는 소재의 특성상, 기업을 유지하는 보스와 아버지가 동일시되면서 생겨나는 상하관계의 모델을 재현한 것으로 보인다. 다만 청춘우상극 장르에서는 아버지나 어머니가 거의 등장하지 않으며 청춘남녀가 이야기의 핵심이다. 그러므로 뚜렷한 부모상이 등장하기보다 대만 청춘우상극 특유의 코믹함을 더하기 위한 설정으로 활용되는 경우가 많이 있었다.

6. 나가는 말

이 연구는 동아시아 4개 사회의 드라마에 재현된 가족관계를 살피면서 그 공통점과 차이점을 밝히는 데 1차적 초점을 두었다. 유교문화, 유교적 가족이라는 모델이 과연 존재하는가 하는 질문 역시 제기했다.

연구결과로, 드라마에서 가족 자체에 대한 중심성의 차원은 한국이 가장 높았으며 일본의 경우 가족문제를 거의 제기하지 않았다. 일본은 1990년대 이후로 가족 이슈를 제기하지 않는 양상을 보였고 이를 연구자들은 일본 내에서의 가족붕괴 현상과 밀접하게 관련되었다고 설명해왔다. 다시 말해 일본에서는 가족은 더 이상 재현을 통해 시청자들에게 보여야 할 만큼 매력 있는 소재가 아니었고, 판타지나 이상적 공간도 아니었다.

그러나 한국 드라마는 가족에 강한 집착을 보인다. 한국 드라마의 가족 중심성은 모든 등장인물이 가족, 혈연으로 연결되고야 만다는 특성에서 가장 강력하게 나타난다. 한국 드라마에서는 혈연이 아닌 이웃이라는 집단은 존재하지 않는다. 이는 가족주의 문화에 대한 많은 연구들이 한국 가족주의의 폐쇄적이고 이기적이며 비시민적인 특성으로 지적하는 모습과 다르지 않다.

중국에서는 가족이 2000년대 이후 주요한 드라마의 소재로 부상하는 상황이다. 그런데 이 가족은 한국이나 일본의 가족과는 달리 부부 중심의 핵가족 모델에 집중되어 있다. 반면 한국 드라마의 가족은 부계중심적 확대가족을 재현했고, 청춘 남녀의 사랑 이야기에서조차 부모-자식 간의 관계를 중요하게 부각시키는 특성을 보였다. 드라마의 설정과 플롯에서 갈등 및 그 해결과정이 부계중심적 가족관계 안에서 일어났고, 등장인물의 역할과 비중에서도 남편 쪽 가족구성원들이 더 중요하게 그려졌다. 하지만 중국에서는 핵가족 내에서 부부를 중심으로 이야기가 전개되며 남성중심적 서사적 특성은 적게 나타났다. 같은 중국문화권인 대만의 경우, 향토극의 장르적 특성에 따라 가부장의 권위가 강한 가족을 핵심적으로 재현하였지만 이때 가족은 확대된 혈연 중심적 양상이 아니라 부부와 자녀 관계에 국한되었다.

이러한 점에서 한국과 대만 드라마가 부모와 자녀 간의 갈등, 특히 결혼을 중심으로 하는 갈등을 핵심적으로 그려낸다면 중국의 드라마는 부부간의 갈등을 중심적으로 재현하였다. 이러한 특성에서, 한국과 대만 드라마의 부모는 자녀와 갈등을 빚고 자녀의 일에 개입하려는 모습이 두드러지는 반면, 중국 드라마의 부모는 자녀를 지지하거나 자녀의 일에서 물러난 모습이 두드러졌다.

이러한 재현의 차이를 해석하는 데에는 여러 가지 맥락적 고려가 필요할 것이다. 일본 드라마에서 가족 재현이 두드러지지 않는 것은, 동아시아 4개 사회 내에서 볼 때 일본사회는 이른바 '유교적 가족'과는 다른, '탈가족적 가족'(*post-family family*) (Beck-Gernsheim, 2008)의 모습을 보이기 때문일 것이다. 한편 한국에서 도구주의적 가족의 모습이 드라마에서 자연스럽게 재현되는 것은 현실에서의 가족의 기능과 역할에 대한 상식들을 반영한 것일 수도 있다. 그러나, 동시에 한국 드라마가 실제보다 더 부계중심적 확대가족과 단란성에 집착하는 것은 이상화된 가족에 대한 판타지를 제시하고 설득하려는 것에 더 가깝다. 중국 가족 드라마에서 부부가 평등하고 부모와 자녀 관계도 서로 인정하거나 지지하는 모습으로 재현되지만, 이것을 가지고 중국이 더 양성 평등한 사회라거나, 개인들이 개인성을 가진 근대적 주체로 존재한다고 주장하기는 어려울 것이다. 동양 사회를 연구할 때 '개인주의 대 집합주의' 또는 '서구 대 동양'이라는 이분법적 틀을 사용하는 것이 늘 유용하지만은 않다. 4개 사회의 드라마에서 재현된 가족 모습을 살펴보면, 동양의 집합주의는 단 하나의 단일한 성질을 지닌 집합체가 아니며 흔히 주장되듯이 가족이 가장 핵심적인 가치인 것도 아니라는 발견에 이른다. 그리고 이러한 재현의 양상은 각 사회의 물질적 조건과 근대화 과정의 특수성을 반드시 고려하여 해석되어야 할 것이다.

이상의 연구결과를 확대 해석하는 것은 경계해야 하지만, 여기에 우리가 주목해야 할 몇 가지 중요한 점이 있다. 첫째, 동아시아의 가족의 모습은 서로 많이 다르다. 최소한 가족에 대한 인식, 가족관계를 운영하는 개개인의 행위양식과 정서적 구조는 차이가 크다고 할 수 있다. 둘째, 흔히 동아시아의 특징이라고 가정하는 유교적 가족주의는 동아시아를 공통적으로 설명하는 키워드가 되기 어렵다는 점이다. 유교적 가족주의가 한국에서는 상당히 지배적인 문화형식으로, 대만에서는 약간 잔여적 문화로 남아있지만, 일본에서는 가족이 재현의 현실에 남아 있지 않았다. 이는 일본사회에서 가족이 사라진 것이 아니라, 개인이 중심이 된 '탈가족적 가족'으로 이행한 변화와 밀접히 연관된 것이라 할 수 있다. 셋째, 방법론적으로 현실의 가족과 재현된 가족이 역사적 흐름 안에 있다고 할 때, 어떻게 양자를 통합적으로 분석할 것인가는 문화연구자와 역사연구자들의 숙제로 남아있다.

참고문헌

강인철, 1999, "한국전쟁과 사회의식 및 문화의 변화", 한국정신문화연구원 편, 《한국전쟁과 사회구조의 변화》(197~308쪽), 서울: 백산서당.

김도연 · 오혜경, 2005, "한 · 중 · 일 가족관계에 따른 전통주거공간 비교연구", 〈한국가정관리학회지〉, 23권 3호: 169~183.

김명혜 · 김훈순, 1996, "여성이미지의 정치적 함의: 텔레비전 드라마를 중심으로", 〈한국언론학보〉, 38호: 203~248.

김수아 · 강명구 · 우위지에 · 차이판, 2007, "가족관계의 변이: 한중 텔레비전 드라마에 나타난 가족관계의 재현", 〈방송연구〉, 12권 2호: 143~174.

김수영, 2004, "근대화와 가족의 변화", 정진성 · 안진 외 편, 《한국 현대 여성사》(141~169쪽), 서울: 한울아카데미.

김훈순 · 김명혜, 1996, "텔레비전 드라마의 가부장적 서사전략", 〈언론과 사회〉, 12호: 6~50.

나카가와 준, 2003, "일본 가족법의 자취: 제 2차 세계대전 이후의 입법을 중심으로", 〈가족법 연구〉, 17권 2호: 307~315.

남명자, 1984, "여성이미지의 정치적 함의: 텔레비전 드라마를 중심으로", 〈신문학보〉, 17호: 71~117.

백경선, 2006, "텔레비전 드라마에 나타난 가족상: 노희경의 특집드라마를 중심으로", 〈한국문예비평연구〉, 21호: 53~71.

손승영, 2006, "한국의 가족주의와 사회적 과시: 지속과 변화", 〈담론 201〉, 9권 2호: 245~274.

송명희, 2006, "'부모님 전상서'에 나타난 가족 이데올로기와 젠더의식", 〈우리어문연구〉, 26호: 121~139.

오명환, 1994, 《텔레비전 드라마 사회학》, 서울: 나남.

윤석진, 2008, "김수현의 가족드라마 '집'과 '밥'의 힘", 〈월간 말〉, 261호.

이여봉 · 이미정, 2003, "한국 가족의 변화와 가족 정책: 전문가 의견 조사를 중심으로", 〈가족과 문화〉, 15권 1호: 131~158.

이영자, 2007, "가부장제 가족의 자본주의적 재구성", 〈현상과 인식〉 102호: 72~94.

이은미, 1993, "프라임타임 드라마에 나타난 가족구조 분석", 〈한국방송학보〉, 4

권 1호: 167~184.
이정옥, 1997, "가족의 사회적 의미와 가족주의", 한국정신문화연구원 편, 《가정의 정신문화적 의미와 가족주의 문제》(167~182쪽).
장경섭, 2001, "가족 이념의 우발적 다원성: 압축적 근대성과 한국 가족", 〈정신문화연구〉, 24권 2호: 161~202.
장하경, 1998, "대중문화에 나타난 부부관계 분석: TV 드라마를 중심으로", 〈한국가족관계학회지〉, 3권 2호: 153~170.
정영희, 2007, "여성주의적 요구와 가부장적 질서의 동거: 〈내 이름은 김삼순〉을 중심으로", 〈미디어, 젠더, 문화〉, 8호: 41~71.
조긍호, 2007, "동아시아 집단주의와 유학 사상: 그 관련성의 심리학적 탐색", 〈한국심리학회지 사회 및 성격〉, 21권 4호: 21~54.
조항제, 2007, "텔레비전 멜로드라마에서 나타나는 가족 표현의 변화: 〈하늘이시여〉와 〈굿바이 솔로〉를 중심으로", 〈한국방송학보〉, 21권 6호: 574~617.
조혜정, 1985, "한국 사회 변동과 가족주의", 〈한국문화인류학〉, 17호: 81~98.
최석만 · 이태훈, 2006, "보편적 세계인식의 원리로서의 가(家)", 〈동양사회사상〉, 13호: 5~52.
최선열 · 유세경, 1999, "텔레비전 드라마의 역사성 연구: 정치적, 경제적 변화요인을 중심으로", 〈한국방송학보〉, 13호: 7~46.
하종원, 2003, "텔레비전 일일연속극에 나타난 권력관계에 관한 연구", 〈한국방송학보〉, 17권 2호: 385~420.
홍석경, 1998, "텔레비전 드라마가 재현하는 가족관계 속의 여성", 〈방송연구〉, 46호: 235~265.
황인성, 1999, "'트렌디 드라마'의 서사구조적 특징과 텍스트의 즐거움에 관한 이론적 고찰", 〈한국언론학보〉, 43권 5호: 221~248.
히라타 유키에, 2005, 《한국을 소비하는 일본: 한류, 여성, 드라마》, 서울: 책세상.

戴 清, 2005, "人伦之和的主调与变奏: 近年中国都市家庭伦理电视剧的审美文化批评", 〈当代电影〉, 2: 119~122.
董 楠 · 赵婧怡, 2007, "电视剧〈亲兄热弟〉的人物关系解读", 〈当代电影〉, 5: 98~100.

路春艳，2001，“2000年国产电视剧类型评析”，〈北京师范大学学报〉，6：94~99.

______，2003，“类型理论与电视剧创作-兼谈2002年电视剧类型化发展”，〈当代电视〉，5：37~40.

潘　源，2006，“主流文化大众化与大众文化主流化-十三届金鹰奖获奖剧目看长篇电视剧的创新趋向”，〈当代电视〉，12：72~75.

傅姝娇，2007，“〈错爱〉中周佳丽的人物形象及其伦理取向”，〈当代电影〉，5：100~102.

森川麗子，1993，“テレビドラマに見る家族像”，〈社會と情報〉，10(2)：53~66.

松平誠，2003，“テレビドラマにおける家族と家庭”，〈生活文化史〉，43：27~33.

塩谷千惠子，1995，“テレビドラマが描く日本型家族像：1994年10月の調査から”，〈女性文化研究所紀要〉，16：89~105.

王黑特，2002，“对话与互动：90年代以来中国电视剧主导文化结构分析”，〈当代电影〉，6：90~94.

尹鸿·阳代慧，2004，“家庭故事·日常经验·生活戏剧·主流意识-中国电视剧艺术传统”，〈现代传播：中国传媒大学学报〉，5：56~64.

胡智锋·张国涛，2004，“现实题材电视剧三题”，〈中国电视〉，2：22~26.

侯　洪·钟维佳，2004，“中国与世界：现代性与文化的多元：关于现实题材电视剧叙事机制与文化建构的审视”，〈中国电视〉，2：61~66.

绿乐平，2007，“背叛结构：新时期家庭伦理剧叙事结构分析”，〈当代电影〉，5：109~112.

陈建男·吴海清，2007，“危机与重构：关于近年中国家庭伦理剧中危机叙述的研究”，〈当代电视〉，3：21~23.

陈晓春，1999，“电视剧类研研究”，〈艺术广角〉，4：36~41.

Beck-Gernsheim, 2008, “Reflection on Love and Family”, 2008 Public Lecture, Institute for Gender Research SNU.

Hofstede, G., 1980, *Culture's Consequences*, Beverly Hills, CA: Sage.

Moody, J. 1996. “Asian Values”, *Journal of International Affairs*, 50(1): 168~192.

Shih-Yi Lin, 2006, “The Media Image of Mother-in-Law and Daughter-in-Law in Taiwan TV Dramas and Korean TV Drama by Narrative Theory and Ideological Theory", Cultural Space Public Sphere in Asia 2006, Seoul.

Triandis, H. C., 1989, "The self and social behaviour in differing cultural contexts", *Psychological Review* 96(3) : 506~520.

U. Kim, H. C. Triandis, C. Kagitcibasi, S. C. Choi & G. Yoon(eds.), 1994, *Individualism and collectivism: Theory, Method, and Applications*, Thousand Oaks, CA: Sage.

Yang, C., 1988, "Familism and Development: An Examination of the Role of Family in Contemporary China, Hongkong and Taiwan", In Sinha, D. & Kao, H. S. R. (eds.), *Social Values and Development: Asian Perspectives*, New Delhi: Sage.

Yean Tsai, 2000, "Cultural Identity in an Era of Globalization: The Structure and Content in Taiwanese Soap Operas", In Georgette Wang, Anura Goonasekera & Jan Servaes(eds.), *The New Communications Landscape: Demystifying Media Globalization*, London: Routledge.

Zakaria, F., 1994, "Culture is Destiny: A Conversation with Lee Kuan Yew", *Foreign Affairs*, 73(2) (March/April) : 109~126.

05 동아시아의 환경문제와 환경협력

다중계층적 해석

박수진 · 정진숙 · 안유순

1. 서론

인류는 과학기술의 발전과 더불어 폭발적인 인구증가와 각종 유·무형의 문명 발전을 경험해왔다. 하지만 증가한 인구와 문명수준을 지속하기 위해서는 현재보다 더욱 많은 자연자원이 필요하다는 사실을 깨달은 것은 극히 최근의 일이다. 지구의 제한된 생태적 능력으로는 인간이 만들어낸 각종 폐기물로 인한 오염을 완전히 자정하기 어렵고, 이는 인류 성장에 중요한 한계요인으로 작용한다. 환경파괴에 의해 발생되는 각종 생태위기는 인류의 발전을 더디게 하는 데 머물지 않고, 자칫하면 인류문명의 붕괴를 초래할지도 모른다는 위기의식으로 연결된다.

1992년 '유엔 환경개발회의'(UNCED: United Nations Conference on

---

* 이 연구는 '박수진, 2006, "동북아의 생태위기와 환경협력: 다중계층적 해석", 104~146쪽; 헬리나 노르베리호지 외, 《지식기반사회와 불교생태학》, 아카넷'의 내용을 기초로 동남아시아의 환경문제를 추가하여 수정 · 보완한 것임을 밝혀둔다.

Environment and Development)와 2002년 '지속가능한 발전을 위한 세계정상회의'(WSSD: World Summit on Sustainable Development)는 이러한 인류의 위기의식이 현실화된 것으로 볼 수 있다. 그 이후부터 현재까지 인류는 역사상 처음으로 각종 제도적 장치를 도입하면서 인간사회의 지속적 발전가능성을 모색해왔다. 하지만 지난 20년을 되돌아보았을 때 지구환경의 질적 측면은 1970년과 비교하였을 때 그리 개선되지 않았으며 지속가능한 발전으로 이어질 만한 뚜렷한 성과가 나타나고 있지 않다(UNEP, 2011; 이태화, 2012). 2012년 개최된 'Rio + 20' 회의는 과거 20년 동안의 지속가능발전 이행계획과 성과를 검토하는 자리였으나 구체적이고 실질적인 실천방법을 마련하는 데는 역시 한계를 나타냈다(Griffin, 2012; 박종원, 2012).

동아시아 지역은 인류가 추구하는 지속가능한 발전(*sustainable development*)이란 지향점에 대한 시금석의 위치에 있다. 이 지역은 전 세계에서 인구밀도가 가장 높고 자원에 대한 수요가 높은 지역으로 인간이 자연이 미치는 영향이 크다(〈그림 5-1〉). 또한 동아시아 지역은 경제적으로 지난 수십 년간 급격한 성장을 경험했고, 향후 전 세계에서 경제성장이 가장 빨리 진행될 곳으로 전망된다. 동아시아 자연환경은 다양한 기후 및 생태지역을 포함하여 인간과 환경 간의 상호작용이 복잡하게 나타난다. 이와 더불어 동아시아 국가들은 경제적 발전단계가 다르고 정치체제의 이질성이 높다. 정치적으로 동아시아 지역은 과거 냉전체제에서 자유민주주의와 공산주의의 충돌이 극심했던 지역이었다. 역사적으로 이 지역은 한자문화권이자 불교문화권으로 상당한 문화적 동질성을 확보했었지만, 근현대에 겪은 제국주의 경험은 이 지역의 역사적 동질성을 붕괴시키기에 충분했다. 1990년대에 들어와 구소련이 붕괴되고 중국의 경제개방 조치가 시행되면서 국가 간, 지역적 차원의 교류가 점차 확대되고 있다. 하지만, 최근 벌어진 한·중·일 영

〈그림 5-1〉 동아시아의 지리적 환경

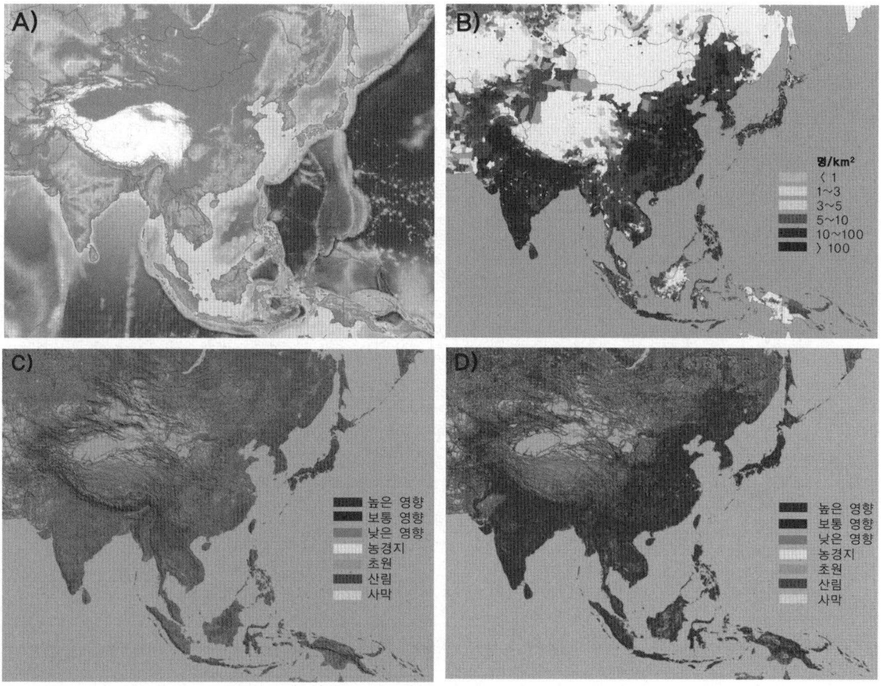

출처: Globalis(http://www.globalis.no/Verdenskart).

주: A)는 지형, B)는 인구밀도, C)는 2002년의 인간의 영향, D)는 2050년의 인간의 영향(예상)을 보여준다.

토분쟁과 북한의 핵개발 논쟁, 그리고 전쟁위협은 이 지역의 정치적, 외교적 불확실성을 증대시키고 있다(International Crisis Group, 2005).

동아시아의 환경문제는 다른 지역에 비해 심각한 수준이다. 2001년 아시아개발은행(Asian Development Bank)은 아시아의 전 지역에서 나타나는 환경파괴가 상당한 수준에 이르렀다고 보고하였다(ADB, 2001). 전 세계적으로 최고의 분진오염도를 보여주는 15개 도시 중 12개 도시가 아시아·태평양 지역에 위치한다. 그뿐만 아니라 이산화탄소 수치가 가장 높은 15개 도시 중 6개 도시가 이 지역에 있다. 산업폐기물을 비롯해 하수도, 도시 및 농업 폐수의 영향으로 수질오염도 우려할 만한 수준이다. 이 보고서는 적극적인 환경개선 정책을 펴지 않을 경우 커다란 재난을 면할 수 없을 뿐 아니라, 1990년대 이후 급속하게 이루어진 이 지역의 경제성장이 지속될 수 없을 것이라고 주장한다. 동아시아 환경문제에서 가장 큰 문제로 지적되는 것은 이러한 환경오염 문제가 존재함에도 불구하고 이에 대한 인식이 매우 부족하다는 사실이다(UNEP, 2002). 이러한 인식 부족은 각 국가에서 발생하는 국지적 환경문제의 해결뿐만 아니라 동아시아의 지역적, 그리고 전 지구적 환경문제의 해결을 위한 정책, 재원의 확보, 국가 간의 협력에 있어 큰 걸림돌이 되고 있다(UNEP RRC. AP, 2004).

제 2차 세계대전과 냉전을 겪으면서 동아시아 지역에서는 1990년대 초반까지 환경분야의 실질적 협력이 부족했다. 1990년대 이후에 들어와 의미 있는 환경협력 사례가 등장하기 시작하였다. 다수의 국제적 협약들이 1980년대 후반 혹은 1990년대 초반에 제안되었다는 사실을 고려한다면, 이 지역에서의 환경협력은 10년 정도 지체현상을 보였음을 알 수 있다. 비교적 짧은 환경협력의 역사 속에서도 동아시아가 이룬 외형적 성장은 매우 긍정적으로 평가된다(UNEP RRC. AP, 2004; 추장민 외, 2005). 하지만 환경협력의 양적 성장에도 불구하고 동아시아 지역의 환경이 개선되지 못하고 있으며, 최근에는 해안생태계 파괴와 국경하천 오염 등의 새로운 환경문제들이 등장하고 있다. 또한 일부 환경협력을 제외하고는 양자 혹은 다자 간 협력이 실질적인 환경개선으로 이어지지 못하고 있다(UNEP RRC. AP, 2004). 아울러 국가 간 혹은 국가 내 부처 간의 주도권 경쟁으로 유사한 협력체와 협력사업이 중복되는 것 역시 문제점이라고 할 수 있다(추장민 외, 2005). 또한 대부분의 사업들이 국가주도로 이루어짐으로써 지역주민들의 충분한 합의와 참여를 이끌어내지 못한다는 점도 한계점으로 지적된다(Yoon, 2003; Moon & Park, 2004; Nomura et al., 2004).

이 글에서는 동아시아의 주요 환경문제와 환경협력의 문제점을 살펴보고 환경협력의 효과를 제고할 수 있는 방안으로 다중스케일적 접근법을 제안하고자 한다. 동아시아 환경정책 및 환경협력의 문제점들은 환경문제가 가지는 시공간적 차이와 다계층성(*hierarchy*), 다중스케일(*multi-scale*)에 대한 인식 부족 때문에 발생하는 것으로 보인다. 환경문제는 발생과정에서 복잡한 인과관계를 가지며 그 해결방법 역시 단순화하기 어렵다. 동아시아가 가진 정치적, 경제적, 문화적, 그리고 지리적 이질성은 환경문제를 이해하고 해결방안을 모색하는 데 염두에 두어야 할 요소이다. 요컨대, 동아시아 환경문제의 복잡성과 각 국가 간의 이질성을 환경협력 과정에서 체계적으로 고려하기 위해서는 다중스케일적 관점을 도입할 필요가 있다.

2. 동아시아 환경문제의 개괄

동아시아 지역은 다양한 기후·생태조건과 사회·역사적 조건을 가지고 있어 여러 방식으로 구분되나 주로 동북아시아(Northeast Asia 또는 East Asia)와 동남아시아(Southeast Asia)로 구분한다(de Blij & Muller, 2002; 이강원, 2011). 따라서 환경문제 또한 동북아시아와 동남아시아로 구분해서 접근하는 것이 유용하다. 이 절에서는 동아시아 각 국가별로 주요 환경문제와 원인을 살펴보고, 공간적 스케일을 확장하여 동북아시아와 동남아시아의 주요 환경문제와 그 원인을 살펴볼 것이다. 단, 각 국가 내에 한정되는 지역적 환경문제는 그 내용이 방대하여 〈표 5-1〉에서 간략히 정리하여 제시하였으며 본문에서는 구체적으로 다루지 않기로 한다.

1) 동아시아 각 국가들의 환경문제와 발생원인

〈표 5-1〉은 동아시아 13개 국가(싱가포르, 브루나이와 같은 도시국가 및 대만 제외)를 대상으로 국제기구(UNEP, World Bank 등)에서 펴낸 환경관련 보고서를 참고해 주요 환경문제와 원인을 정리한 것이다(WRI, 1999; UNEP RRC.AP, 2004; World Bank, 2003, 2005, 2006, 2007). 국가별 환경문제는 사회경제적·생태적 조건에 따라 다양하게 나타나며 크게 두 가지 특징으로 요약할 수 있다.

첫째, 경제발전 수준에 따라 환경문제의 속성이 다르게 나타난다는 점이다. 경제발전 정도가 높은 국가(일본, 한국)는 대체로 환경문제를 해결하기 위해 적극적인 노력을 기울인다. 반면, 중국 내륙지방과 북한, 몽골, 싱가포르를 제외한 동남아시아 국가의 경우 대부분 저개발국으로 '빈곤→취약한 생태계→자연생태계 파괴 및 오염'이라는 악순환의 반복으로 환경문제가 심화된다(WCED, 1987; World Bank, 2001b).

둘째, 동북아시아와 동남아시아의 상이한 환경조건으로 인해 대표적인 환경문제가 다르게 나타난다. 다른 생태·환경적 조건하에 각국의 다양한 경제발전 전략이 더해짐에 따라 현대에 들어오면서 각국의 환경문제는 그 다양성이 더욱 증가하게 되었다. 따라서 동아시아 환경문제에 대한 연구 중 상당수가 동북아시아와 동남아시아의 단위로 나뉘어 진행되어 왔다.

〈표 5-1〉 동아시아 국가들의 주요 환경문제와 발생원인

국가	주요 환경문제	환경문제의 발생원인
중국	• 대기오염 및 산성비 문제 • 수질오염 및 물 부족 • 해양오염(황해) • 사막화 및 토지 황폐화	• 저품질 석탄 사용 • 과도한 인구 및 경제성장 위주 정책 • 미흡한 정화시설 • 부적절한 토지이용 • 건조기후 및 기후변화의 영향
몽골	• 토지 황폐화 및 사막화	• 기후변화 • 부적절한 토지이용 • 건조기후 및 기후변화의 영향 • 빈곤 문제
북한	• 산림지 황폐화 • 대기오염 • 알려지지 않은 기타오염	• 부적절한 토지이용(다락밭, 비탈밭) • 저품질 석탄 사용 • 대외관계 악화 및 고립 • 폐쇄된 사회구조, 빈곤문제
남한	• 대기 및 수질오염 • 해양오염(황해), 도시화 문제	• 과거 경제성장 위주의 정책 • 월경성 환경문제에 노출(중국)
일본	• 대기 및 수질오염, 도시화 문제 • 원전사고 및 이에 따른 방사능 누출	• 경제성장 정책 • 월경성 환경문제에 노출(중국, 한국) • 지진 등 잦은 자연재해 • 높은 원전 의존도 및 안전불감증
미얀마	• 산림지 황폐화 및 생물다양성 감소 • 하천오염 • 채굴에 의한 오염	• 무절제한 산림 개간 • 댐건설 및 미흡한 정화시설 • 빈곤문제 • 고온·다우의 기후조건
태국	• 산림지 황폐화 및 생물다양성 감소 • 대기오염 및 하천오염 • 연무현상으로 인한 피해	• 무절제한 산림 개간 • 미흡한 하천 정화시설 • 월경성 환경문제에 노출(연무, 메콩강) • 고온·다우의 기후조건
라오스	• 산림지 황폐화 및 생물다양성 감소 • 하천오염(메콩강) • 국지적 대기오염(수도중심) 및 위생문제	• 무절제한 산림 개간 • 미흡한 하천 정화시설 • 월경성 환경문제에 노출 • 빈곤의 문제 • 고온·다우의 기후조건

〈표 5-1〉 계속

국가	주요 환경문제	환경문제의 발생원인
캄보디아	• 산림지 황폐화 및 생물다양성 감소 • 하천오염(메콩강) • 국지적 대기오염(수도중심) 및 위생문제	• 무절제한 산림 개간 • 미흡한 하천 정화시설 • 월경성 환경문제에 노출 • 빈곤문제 • 고온·다우의 기후조건
베트남	• 산림지 황폐화 및 생물다양성 감소 • 하천오염(메콩강) • 국지적 대기오염(수도중심) 및 위생 문제 • 해양오염 • 고엽제 피해	• 무절제한 산림 개간 • 미흡한 하천 정화시설 • 월경성 환경문제에 노출 • 빈곤의 문제 • 고온·다우의 기후조건 • 전쟁 등 과거 역사적 조건
필리핀	• 산림지 황폐화 및 생물다양성 감소 • 국지적 대기오염(수도중심) 및 위생 문제 • 해양오염	• 무절제한 산림 개간 • 미흡한 하천 정화시설 • 월경성 환경문제에 노출 • 빈곤문제 • 고온·다우의 기후조건
말레이시아	• 산림지 황폐화 및 생물다양성 감소 • 국지적 대기오염(수도중심) 및 위생 문제 • 연무현상으로 인한 피해	• 무절제한 산림 개간 • 미흡한 하천 정화시설 • 월경성 환경문제에 노출 • 빈곤문제 • 고온·다우의 기후조건 • 기후변화(엘니뇨)
인도네시아	• 산림지 황폐화 및 생물다양성 감소 • 국지적 대기오염(수도중심) 및 위생 문제 • 연무현상으로 인한 피해	• 무절제한 산림 개간 • 미흡한 하천 정화시설 • 월경성 환경문제에 노출 • 빈곤문제 • 고온·다우의 기후조건 • 기후변화(엘니뇨)

출처: UNEP RRC. AP(2004), WRI(1999), World Bank(2003; 2005; 2006; 2007)을 바탕으로 필자가 정리함.

2) 동북아시아와 동남아시아의 환경문제와 특징

현재 동북아시아의 중국 해안지대 및 일부 내륙도시에서는 급격한 경제성장이 진행중이며, 중국 북부 및 몽골 일대는 건조기후대에 위치한 지리적 특성으로 인해 심각한 환경문제가 발생하고 있다. 이와 관련한 문제를 구체적으로 살펴보면, 중국의 경제발전 전략과 중국, 몽골, 북한 등의 저품질 연료(석탄) 사용으로 인한 월경성 대기오염 문제(Min, 2001; Akimoto, 2003; 추장민, 2011), 기후변화 및 부적절한 토지이용의 영향으로 중국 북부 및 몽골을 중심으로 발생한 사막화 및 토지 황폐화 문제, 그리고 이로 인한 주변국의 황사피해(추장민, 2011; 강신규, 2012) 등이 있다. 또한 황해를 중심으로 한 해양오염 문제(추장민, 2011), 두만강·압록강·송화강 일대의 국제 하천오염 문제(정서용, 2005; 추장민, 2011) 또한 주요한 환경이슈로 다루어지고 있다. 최근에는 2011년 3월 일본 후쿠시마에서 발생한 원전사고 및 방사성 폐기물 문제(김종선, 2011)가 주요 현안으로 부각되고 있다. 이외에도 북한의 식량과 에너지의 부족에서 기인하는 부적절한 토지개간과 이로 인한 산림지 황폐화와 토양의 질 저하현상은 환경문제일 뿐만 아니라 동북아시아 정세에까지 영향을 끼치는 중요한 이슈이다(윤여창 외, 2008).

동남아시아는 전체적으로 열대기후 지역에 속하며 기후적 특성과 관련된 환경문제가 많이 나타난다. 또한 대부분의 국가가 개발도상국으로 빈곤과 위생의 문제가 환경문제와 연관되어 있다. 동남아시아의 환경문제 중 가장 심각한 것은 엘니뇨(El Niño) 현상 등 기후변화로 인한 재해와, 1990년대 말과 2000년대 초 이루어진 무절제한 산림벌채로 인도네시아 숲을 중심으로 발생한 연무현상(*haze*)으로 인한 피해이다(Litta, 2009). 미얀마, 라오스, 타이, 캄보디아, 베트남 등 다수의 동남아시아 국가들의 영토를 거쳐 흐르는 메콩강(Mekong River)의 하

<표 5-2> 동북아시아와 동남아시아의 주요 환경문제와 특징

구분	주요 환경문제	특징	
		차이점	공통점
동북 아시아	• 대기오염 • 사막화 및 토지 황폐화, 황사 • 해양오염(황해) • 국제하천 오염 • 원전사고 및 방사성 폐기물 문제	• 자연·기후적 영향이 일부 지역에만 미침 • 많은 문제가 산업화 및 성장의 부작용에서 비롯됨	• 월경성 환경문제가 큰 이슈가 되고 있음 • 상당수의 환경문제가 큰 스케일로 보았을 때 토지 황폐화와 연관됨
동남 아시아	• 연무현상으로 인한 피해 • 산림지 황폐화와 이에 따른 토지생산성과 생물다양성 감소 • 국제하천 오염문제(메콩강) • 위생문제	• 기후변화 등 자연환경 변화에 의한 영향이 전 지역에 걸쳐 나타남 • 많은 환경문제가 빈곤과 개발에서 기인하는 측면이 있음	

천오염 문제도 동남아시아의 주요한 환경이슈이다(Hirsch, 2002; 채영근, 2007). 또한 동남아시아는 전 세계에서 가장 빠른 속도로 산림파괴가 이루어지고 있으며 그 원인은 자원채취 및 개발을 목적으로 한 것이다. 이러한 산림지 황폐화는 강우 시 토지 생산성 저하를 야기하고, 생물의 서식처를 파괴해 생물다양성을 감소시킨다(World Bank, 2003; 2005; 2006). 그 외에도 급격한 도시화로 인하여 정부의 환경위생정책(정화시설, 건설, 규제 등)이 이를 따라가지는 못하는 문제가 발생하여 위생문제(대기 및 수질오염)도 주요 이슈가 되고 있다(World Bank, 2003, 2005, 2006; Nguyen, 2009). 또한 과거 전쟁으로 인해 오염이 발생한 베트남과 캄보디아와 같이(Nguyen, 2009), 각 국가마다 사회 경제적 조건에 의한 특수한 환경오염 가능성이 상존한다.

앞서 설명한 동북아시아와 동남아시아의 주요 환경문제와 이에 따른 특징을 정리하면 <표 5-2>와 같다. 동북아시아와 동남아시아의 환경현황에서 눈에 띄는 차이점으로는 우선 동북아시아의 경우 기후변화와 같은 전 세계적 규모의 환경변화의 영향을 받는 지역이 일부 국가에 한하여 나타나지만(중국 북부와 몽골의 사막화), 동남아시아의 경우 전역적인 영향을 받는 경우가 많다. 또한 동북아시아는 경제적 조건이 지역적으로 균등하지 못하여 개발도상국의 환경문제가 부분적으로 나타난다. 반면, 동남아시아는 대체로 경제적 수준이 낮은 국가들로 구성되어 있어서 개발도상국에서 주로 발생하는 환경문제가 전역적으로 나타난다.

한편, 동북아시아와 동남아시아의 환경현황에는 공통점도 존재한다. 첫째, 월경성 환경문제(*transboundary environmental problems*)가 큰 이슈라는 점이다. 동북아시아에서는 황사와 대기오염의 문제, 동남아시아에서는 연무현상과 국제하천 문제가 주된 월경성 환경문제로 다뤄진다. 둘째, 상당수의 환경문제가 큰 스케일에서 봤을 때 토지 황폐화와 연관된다는 점이다. 동북아시아 황사의 주요원인인 사막화 현상과, 동남아시아 토지생산성 및 생물다양성 감소원인인 산림지 황폐화 문제는 큰 스케일에서 봤을 때 모두 토지 황폐화의 문제라고 할 수 있다. 그 외에도 북한의 산림지 황폐화와 토양의 질 저하 문제 또한 토지 황폐화의 범주에 해당한다. 동남아시아에서 발생한 연무현상도 무절제한 산림벌채가 주요원인으로 밝혀지면서 큰 스케일에서 이 역시 토지 황폐화 문제의 범주에 해당하는 것으로 볼 수 있다.

3. 동아시아 국가의 환경정책과 환경협력

동아시아 환경문제 해결에 관여하는 행위자들은 국지적(*local*) 단위에서 지구적(*global*) 단위에 이르기까지 다양하다. 동북아시아에서는 사막화, 황사, 대기오염물질의 이동 등의 문제해결을 위해 각 국가 간에 관련부처, 연구기관, 그리고 국제기구 등이 참여하는 다자 간,

양자 간 협력이 발전해왔다. 동북아시아의 환경협력의 문제점과 이에 효과적으로 대처하기 위한 국가 간의 협력방안에 관해서는 이미 많은 연구가 진행되었다.[1] 동남아시아의 경우에는 동남아시아 국가연합(ASEAN)이라는 지역협력체를 중심으로 UNEP이나 EU, 선진국과 협력관계를 구축하여 해결책을 모색하고 있다(Koh & Robinson, 2002; Elliott, 2003; Eco-Asia, 2004; Middleton, 2012). 이 절에서는 동아시아 차원에서 각 국가단위, 국가를 묶는 지역단위에서 추진하는 환경정책과 환경협력의 일반적 내용과 그 문제점들을 중점적으로 기술하고자 한다.

1) 국가차원에서의 환경정책

동북아 각 국가들은 지속가능한 발전을 위해 다양한 형태의 국가전략 혹은 법과 조례를 제정했다. 각국이 추진하는 국가전략으로는 '2000년 환경기본계획'(일본), '그린비전 21'(한국), '자연자원의 지속가능한 사용과 보호를 위한 국가전략'(북한) 등이 있다. 중국의 경우에는 환경과 관련된 문제들을 9차와 10차 국가경제 사회발전 5개년 계획(1996~

1 추장민 외(2005)는 현재까지 이루어지는 동북아지역의 환경협력에 관한 연구들을 크게 3가지로 분류한다. 첫 번째는 전반적인 지역 환경협력 추진방안에 대한 연구들이다. 이러한 연구들은 동북아의 환경문제와 환경협력에 있어 핵심적 역할을 담당하는 중국의 환경현황과 이에 대한 대응방안을 분석하는 내용들이다(민병승, 1996; 한택환 외, 1994; 박병관 외, 1997; 신연재 외, 1999; 문태훈, 1998). 두 번째 연구분야는 특정 환경분야에 대한 협력방안을 다룬 것으로 김정인 등(1997)이 수행한 에너지 부분의 협력방안, 황해오염의 문제점과 그 해결방안을 제안한 조경근(2002)과 김현지(2003)의 연구, 그리고 황사현상의 피해정도와 그 해결을 위한 강광규 등(2004)과 ADB(2005)의 연구 등이 있다. 세 번째 연구분야는 주로 동북아시아 지역의 환경협력의 강화를 위한 국가차원의 환경협력체의 구성방안에 대한 연구가 있다. 그 대표적인 예가 한 · 중 · 일 3국의 환경장관 회의의 단계적 확대를 주장하는 강광규 등(2000)과 두만강 유역 환경협력체 구성 및 운영방안을 제시한 최재용 등(2004), 그리고 최근 동북아국가들을 환경협력 상황을 포괄적으로 분석한 UNEP RRC.AP(2004)의 보고서가 있다.

2000; 2001~2005년)에 통합하여 다루며, 몽골의 경우에는 환경부분을 '21세기 행동계획'(MAP-21)에 포함시켰다(UNEP RRC. AP, 2004).

UNEP(2004)는 동북아 국가들의 환경현황과 정책을 비교·평가하면서, 일본과 한국은 지속가능한 발전에 필요한 요소들을 갖춘 국가로 분류한 반면, 중국과 몽골, 북한은 아직도 경제, 사회, 환경정책과 계획들이 조화를 이룬 전략을 마련하지 못한 나라로 평가했다. 이 보고서는 현재 동북아 지역에서 수많은 국가전략 혹은 행동계획들이 진행되고 있지만, 아직은 대기 및 수질오염과 같은 지엽적 환경문제에만 초점이 맞추어져 있음을 지적한다. 향후, 이 지역에서 우선적으로 추구되어야 할 과제는 환경문제와 지속가능한 생산과 소비와 같은 사회·경제적 문제를 통합시켜 거시적이고 심층적인 면에 초점을 맞추는 것이다.

동남아시아 국가들은 각국의 정치·경제적 상황에 따라 상이한 국가정책을 수립하고 있지만, 많은 국가들이 시기적 차이를 두고 국가의 지속가능한 발전을 위한 국가정책 수립에 있어 '환경'을 중요한 요소로 인식하고 이를 정책 내용에 반영하려고 노력하고 있다. 1990년대 동아시아의 금융위기와 일부 국가의 정치적 불안정성이 국가 간 환경정책을 상당히 위축시키는 결과를 가져왔지만, ASEAN 국가들의 환경 부문은 제도적으로나 전략적으로 상당히 발전해왔다. 이 과정에서 자연자원의 관리와 지속가능한 발전에 대한 중요성이 동시에 부각되었다(Takahashi, 2001). 대표적인 예를 들면, 태국은 1961년 이후부터 국가경제사회개발 5개년계획을 수립하여 시행하였는데, 제 7차 국가경제사회 개발계획(1992~1996)부터는 환경을 개발하는 것에서 벗어나 환경을 보호하면서 경제발전을 추구하는 지속가능한 경제를 구축하는 쪽으로 방향을 전환했다. 인도네시아는 1997년 환경관리법이 개정되어 현재의 환경법의 근간을 이루게 되었으며, 이는 인간과 환경 사이의 조화를 유지하며 지속가능한 개발을 추진하는 것을 목표로 한다. 정책적으로는 5개년 환경관리정책(2010~2014)을 수립하여 기업폐수 및 하천 등의 수질오염 관리, 교통, 탄소배출에 따른 대기오염 관리강화, 폐기물 및 위해물질 관리를 위한 중기계획 등을 추진하고 있다.

2) 다자 간 혹은 양자 간 환경협력

동북아에서 다자 간 혹은 양자 간의 국가협력은 지난 10년간 괄목할 만한 성장을 보였다. 동북아 지역에서 정부 간 이루어진 최초의 다자 간 환경협력회의는 동북아 환경협력회의(NEAC: North-East Asian Conference on Environmental Cooperation)로 볼 수 있다. 1992년 제 1차 회의가 일본 니가타에서 개최되었으며, 동북아 5개국(한국, 중국, 일본, 몽골, 러시아) 환경당국자 간 공식회의체로 출범하였다. 이 회의에는 환경당국자뿐만 아니라, 지방자치단체, NGO, 연구기관, 전문가 등 역내 모든 이해관계자가 참여하여 국가별 환경정책 및 역내 환경현안에 대하여 논의하는 환경포럼 형태로 발전하였다. 그러나 주요 협력사업 없이 사례보고회 수준에 그치고 합의사항에 대한 이행체계가 결여됐다는 한계점 때문에 2006년 폐지되고 동북아 환경협력 고위급회의로 그 기능이 통합됐다. 1993년에는 동북아 환경협력 고위급회의(NEASPEC: North-East Asian Subregional Programme for Environmental Cooperation)가 서울에서 개최되었다. 이 회의는 동북아 환경협력 계획수립을 통한 협력사업의 수행과 환경보전 전반에 관한 포괄적 환경협력체로서의 기능수행을 목적으로 하며, 동북아 6개국(한국, 중국, 일본, 몽골, 러시아, 북한)과 국제기구(ESCAP, UNDP, UNEP, ADB, World Bank)가 참여하는 정부 간 협의체이다. 이후 1999년 황사 및 산성비 등 환경문제에 공동대처하기 위해 한국, 중국, 일본의 환경장관회의(TEMM: Tripartite

Environmental Ministers Meeting)가 개최됐다. 이 회의는 황사문제에 소극적으로 대응하던 중국과 일본의 참여를 끌어들여 3국 간 황사 모니터링 네트워크 구축, 황사 대응능력 향상을 위한 훈련·연구·교육 등에 협력, 그리고 UNEP 등 국제기구의 황사사업 참여요청 등에 합의하는 성과를 거두었다. 이외에도 일본이 주도하고 아시아의 12개국이 참여하는 동아시아 산성비 모니터링 네트워크(EANET) 사업과 해양분야의 환경협력체로 한국, 중국, 일본, 러시아가 참여하는 북서태평양 환경보전 실천계획(NOWPAP) 등 7개의 동북아시아의 지역협력체와 3개의 범아시아 지역협력체가 현재 운영되고 있다(UNEP RRC. AP, 2004).

동북아에서 국가 사이에 이루어지는 양자 간, 다자 간 협력은 한국과 일본, 중국을 중심으로 활발히 진행되고 있다. 이것은 현재 국가 간의 환경현안(대기오염, 산성비, 황사, 황해오염)들의 오염원이 주로 중국에 위치하며, 한국과 일본은 이러한 오염원의 피해를 입기 때문이다. 특히, 한국은 국제협력에 매우 적극적인 모습을 보인다. 이는 한국이 동북아지역의 중앙에 위치함으로써 다른 국가들에 비해 주요한 환경이슈에 많이 노출되기 때문으로 판단된다.

이외에도 각국의 환경부처가 주관하는 다자 간 협력형태도 있다. 일본 환경청이 주도하는 아시아·태평양 환경회의(ECO-ASIA)와 동북아지역 산성비 감시망 구축을 위한 전문가 회의, 한국 환경부 산하 국립환경연구원이 주도하는 장거리 이동 대기오염 물질에 관한 전문가회의(*workshop*) 등이 그 예이다. 국가들 간의 양자 간 협력 역시 매우 활발히 진행된다. 국가별로 지방자치단체 간의 환경협력도 추진되어 현재 '동북아 자치단체회의'가 일본 주도로 각국 자치단체장들의 상호교류를 위하여 설립됐다. 또한 NGO 혹은 기업들과 같은 민간차원에서 협력사업과 교류도 점차적으로 증가하고 있다. 2

동남아시아의 경우에도 국가들 간에 다자 간, 양자 간 협력도 나타나지만 주로 동남아시아 국가연합(ASEAN)이라는 지역협력체가 역내 환경협력을 담당한다. 다자 간, 양자 간 협력의 경우 전 지구적 환경 협약에 가입하거나 국제기구나 선진국과의 협력사업에 참여하는 형태로 나타난다. ASEAN은 냉전 시기에 인도네시아, 말레이시아, 필리핀, 싱가포르, 태국 등 동남아시아 국가들의 공동의 안보와 평화를 위해 1967년 설립되었다. 이후 브루나이, 베트남, 라오스, 미얀마, 캄보디아가 추가로 가입하여 총 10개국이 활동하면서 동남아시아의 대표적인 지역협력체로 발전했다. 초기에는 역내 안보를 목적으로 결성됐지만 1980년대 소비에트 연방의 몰락으로 경제협력과 자유무역 등 경제를 비롯한 다양한 부문의 협력을 강화해 지역 내 결속을 다지고 있다. ASEAN은 과학, 기술, 문화, 정보, 사회개발, 마약관리, 환경에 대한 회원국들 간의 '기능별 협력'(*functional cooperation*)을 강조한다(Elliott, 2003). 이에 따라 환경분야 역시 ASEAN 내에서 기능적, 제도적으로 발전하게 되었다.

동남아시아 국가연합의 환경부문 협력은 1977년 제 1차 ASEAN 환경프로그램(ASEP: 1st ASEAN Environmental Program, 1978~1982)에서 시작되었다. 1977년 UNEP 지역자문관(*regional advisory*)이 동남아시아 국가연합의 5개국과 협의하여 6개 우선협력분야를 선정하였다. 6개 분야는 해양환경, 환경관리(환경영향평가 포함), 자연보전 및 육지생태계, 산업과 환경, 환경교육 및 훈련, 환경정보를 포함하며 관련사업 및 활동을 포함하는 ASEP안이 마련되었다. 다수의 프로그램, 계획, 선언문, 결의문이 채택되었으나 심각한 재정적 어려움으로 인하여 제대로 시행되지 못한 경우가 많으며, 이후 ASEP Ⅱ, ASEP Ⅲ 등이 단계적으로 실시되었다(한국환경정책 평가연구원, 2006).

2 "Environmental Information Network in North East Asian Region"(http://www.npec.or.jp/northeast_asia/en/environmental/page06.html)

ASEAN 환경협력 초기에는 동남아시아 국가들의 환경 특성상 열대우림 보호와 관련된 선언 및 성명서가 주로 발표되었다. 그러나 재정부족, 제도적 결함, 후속이행 메커니즘의 부적절성 등으로 인해 ASEP안의 한계가 드러나면서, 1990년 제 4회 환경장관회의(AMME: ASEAN Ministerial Meeting on Environment)에서 ASOEN(ASEAN Senior Officials on the Environment)이 설립됐다. 이를 계기로 ASEAN 국가들 간에 국제 환경문제에 대한 정보, 기술, 자원, 인력 교류가 활발히 이뤄졌다. 1992년 UNCED 개최 이후에 ASEAN 국가들은 환경분야에서 새로운 ASEAN 행동계획의 필요성을 제기했으며, 1993년 ASOEN은 새로운 아세안 환경보전 행동계획(ASEAN Action Plan)을 수립하기로 합의했으며 1994년 제 6회 환경장관회의에서 ASEAN 환경에 대한 ASEAN 전략적 행동계획(ASPEN: ASEAN Strategic Plan of Action on the Environment)이 채택됐다.

동남아시아에서는 ASEAN 내의 ASOEN, 실무그룹, 환경장관회의 등에서 역내 환경협력 사업을 담당하며, 이동성 오염물질, 연무 문제,[3] 생물다양성 등이 주요 환경협력 이슈이다. 그 중에서도 연무의 경우 국가 간 협력을 촉진하고 환경적 영향을 줄이기 위해서 ASEAN 월경성 연무오염규제 조정센터(Coordinating Centre for Transboundary Haze Pollution Control)가 운영되고 있다. 또한 EU의 지원을 받아 1999년에 ASEAN 생물다양성 보전지역센터(ARCBC: ASEAN Regional Centre for Biodiversity Conservation)도 설립되어 운영되고 있다.

3 삼림지를 농경지로 전환하기 위하여 인위적으로 삼림을 불태우게 되는데, 특히 건기에는 불을 진압할 수 있는 역량이 제한적이기 때문에 연기(*smoke*)나 분진이 국경을 넘어가게 된다. 이때 형성된 특정한 먹구름 형태를 '연무'(*haze*)라고 한다. 이는 대기질을 악화시키고 호흡기 질환을 일으키기도 한다(Tay, 1999; Koh & Robinson, 2002).

3) 동아시아 환경협력의 평가와 문제점[4]

1992년 지구정상회의에서 지구환경보전과 지속가능한 발전을 위한 행동계획 '아젠다 21'이 채택되면서 동아시아를 포함한 아-태지역의 환경협력제도가 비약적으로 발전했다(Kato & Takahashi, 2000; ECO ASIA, 2001). 이에 따라 아-태지역의 국가들은 환경관련 법과 제도, 프로그램 등을 개선했고, 더불어 시민사회, NGO 등의 활동과 참여도 증가했다(ECO ASIA, 2001). 국가단위를 넘어 지역적, 아지역적(*sub-regional*) 단위의 환경협력기구는 제도화 과정을 거치게 됐고, 동남아시아, 동북아시아, 남아시아 등 지역별로 다양한 지역환경협력체가 등장했다. 동북아시아에서는 NEASPEC가, 동남아시아에서는 ASEAN이, 그리고 남아시아에서는 SACEP[5]가 지역환경협력체로서의 역할을 담당한다.

동아시아라는 지역적 단위에서 환경협력은 동북아시아 환경 전반을 담당하는 NEASPEC이 존재하고, ASEAN 내의 환경기구가 설치되는 등 일부 제도화되는 양상을 보이고 있다. 국가단위에서는 정부 간, 환경부처 간, 민간의 3가지 차원에서 환경협력 부문이 지난 10여 년간 수적으로 큰 성장을 보였다. 하지만 이것이 환경문제의 효과적 해결로 이어지는가에 대해서는 확언하기 어렵다. 대부분 지역적 단위의 환경협력체는 제도적으로 발전하는 과정에 있으며, 아직 완전한 기능과 체계를

4 현재 동북아/동남아 지역에서 이루어지는 환경협력의 문제점에 대해서는 이미 많은 연구자들이 문제점과 그 개선방안들을 지적했다. 이 절의 내용은 Hayes & Zarsky(1994); 민병승(1996), 문태훈(1998), Nomura et al.(2004), 정서용(2005), 추장민 등(2005), Kato & Takahashi(2000), ECO Asia(2001), Koh & Robinson(2002), Middleton(2012)의 글에서 언급된 내용을 필자가 정리한 것이다.

5 1982년 8개 국가(아프가니스탄, 방글라데시, 부탄, 인도, 몰디브, 네팔, 파키스탄, 스리랑카)의 환경장관들에 의해 SACEP(South Asia Cooperative Environmental Programme)가 채택되었으며 1990년대에 이란이 추가로 참여했다.

〈그림 5-2〉 아-태 지역의 환경협력 이니셔티브

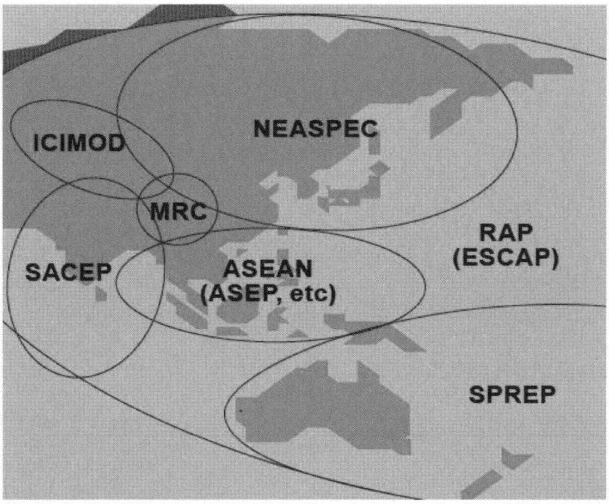

출처 : ECO ASIA(2001)

주: ICIMOD = International Centre for Intergrated Mountain Development; NEASPEC = North-East Asian Subregional Programme for Environmental Cooperation; SACEP = South Asia Cooperative Environment Programme; MRC = Mekong River Commission; ASEAN = Association of Southeast Asian Nations; RAP = Regional officefor Asia and the Pacific; ESCAP = United Nations Economic and Social Commission for Asia and the Pacific; SPREP = Secretariat of the Pacific Regional Environment Programme

갖추지 못하였다고 평가되기 때문이다(ECO ASIA, 2001; Middleton, 2012). 그 결과, 환경협력 계획과 이행 사이에 간극이 발생하며 각 국가들 간에 각종 협약이 체결됐지만, 각 국가의 역량과 실행력 부족으로 인해 실질적 문제해결로 이어지지 못하고 있다(Koh & Robinson, 2002).[6]

협력 당사국의 경제력 격차 및 환경에 대한 인식차이 역시 실질적인 협력사업 추진에 걸림돌이 되는 것으로 평가된다. 정부 간 협력사

6 ASEAN은 만장일치의 의사결정, 상호 비간섭, 최소한의 제도화 등 아세안 방식(ASEAN way)으로 명명되는 원칙 아래 ASEAN 국가들 간의 다양성을 존중하고 갈등을 예방한다. 그러나 이러한 원리는 오히려 국가 간 문제해결을 위해 국가의 적극적 행동을 방해하는 요인으로 작용하기도 한다. 이는 환경분야에서도 마찬가지이며 ASEAN 차원에서 다양한 정책 및 프로그램을 개발하더라도 이것이 국가 단위에서 수용되지 못하기 때문에 'ASEAN way'의 원칙과 규범이 재고가 필요하다는 주장이 있다(Koh & Robinson, 2002; Elliott, 2003, 2012).

업은 어느 정도 구체적으로 추진되었으나, 환경부처 간 또는 민간차원의 협력은 구체적 사업단계에 미치지 못하고 대부분의 경우 정보 및 경험을 교류하는 포럼 또는 심포지엄의 단계에 머물러 있다.

동아시아의 환경협력에서 가장 중요한 문제점으로 지적되는 것은 협력에 참여하는 당사자 간의 첨예한 이해대립이다. 동북아시아의 중요한 관심사는 중국과 몽골에서 발생하는 대기 및 수질 오염물질이 편서풍의 영향으로 한국과 일본에 피해를 준다는 사실이다. 즉 중국과 몽골을 오염물질의 생산국으로, 일본과 북한, 한국을 피해국으로 규정하는 것이 가능하다. 한편, 한국과 북한의 경우 중국과의 관계에서는 피해자이면서 일본과의 관계에서는 가해자의 입장이라고 할 수 있다. 이러한 상황에서 각 국가들은 환경협력의 결정적 변수를 정치적 이해관계라고 인식하며, 그 결과 협력의 원활한 제도화 과정이 이루어지기 어려운 상황이다.

둘째, 동아시아의 환경협력에서 리더십 경쟁이 나타나고 있다. 동북아시아에서는 한국과 일본이 환경협력의 핵심적 역할을 담당하면서 환경외교의 우위를 차지하고자 한다. 동아시아 차원에서는 ASEAN + 3 환경장관회의, 동아시아 정상회의(EAS: East Asia Summit)가 개최되어 참여하는 국가들 간의 정치적 이해관계가 환경협력 부문에서 나타난다. 이는 국가 간, 협력체 간의 사업중복 혹은 실질적 협력의 부진 등의 문제로 이어진다.

셋째, 현재 동아시아의 환경상황과 오염을 유발하는 요인들에 대한 정확한 자료와 정보가 매우 제한되어 있다. 환경문제의 특성상 협력을 위해서는 오염물질의 발생규모와 공간적 분포, 초국가적 확산과 피해형태, 오염을 줄이기 위한 기술, 사회·경제적 대응방안 등에 대한 과학적 자료가 필수적이다. 그러나 현재 환경오염 상황에 대한 측정자료가 아예 존재하지 않거나, 존재하더라도 상호비교가 어려운 경우가 대부분이다. 따라서 과학적 근거에 입각한 협력보다는 정치적 논의나 선언에 머물 수밖에 없는 실정이다.

넷째, 환경협력과 문제의 해결에 필요한 재정이 확보되지 않고 있다. 아시아개발은행(ADB)에 따르면, 아시아-태평양지역의 지속가능한 발전과 환경의 질 개선을 위해 필요한 재원은 650억 달러로 추정한다. 하지만 이 지역에서 쓸 수 있는 재정은 연간 약 300억 달러에 머물고 있다. 동남아시아의 경우, ASEAN에서 추진하는 다양한 환경협력 프로그램은 대부분 프로젝트 단위로 외부의 재정지원을 받아 이루어졌다(ECO ASIA, 2001; Koh & Robinson, 2002). 주로 UNEP, UNDP, GEF, ADB, World Bank 등의 국제기구와 호주, 캐나다, 미국, 뉴질랜드 등 선진국들의 지원을 받는다. 외부의 재정지원은 역으로 일부 환경분야에 프로젝트가 과도하게 집중되거나 중복되는 결과를 가져왔고, 지속성이 보장되기 어렵기 때문에 근본적으로 안정적인 재정지원 메커니즘을 개발할 필요가 있다(Kato & Takahashi, 2000). 이를 위해서는 정부 간 출연이나 국제기구의 지원에만 의존하기보다는 민간자금을 받아들일 수 있도록 민간기업에 인센티브를 부여하는 방안이 강구되어야 하고 자발적 사업기금 설치(참가국, 국제기구 및 민간기부자의 기금으로 구성)를 우선적으로 추진할 필요가 있다.

다섯째, 동아시아에서는 지속가능한 발전에 대한 인식이 매우 낮다는 점이 지적된다. 동아시아 지역에서는 아직까지 빈곤인구의 비율이 높고, 개발 논리가 환경보전 논리를 압도하고 있다. 특히 중국의 내륙지방과 몽골, 북한의 경우에는 생존을 위한 환경의 파괴가 이루어지고 있어, 환경보호에 대한 논리적, 이론적 근거를 일반대중에게 인식시키기가 어려운 실정이다. 또한 인도네시아, 말레이시아의 열대우림 지역 역시 경제적 이익창출을 위한 과도한 자연자원 개발로 삼림지가 황폐화되고 있으며, 이는 아직까지 환경과 발전의 상호연관성에 대한 고려가 부족하다는 것을 보여준다.

여섯째, 동아시아에서 다루는 환경협력의 대상이 제한되어 있다. 동북아시아 환경문제의 주요 현안은 황사와 월경성 대기오염, 그리고 산성비 문제와 같이 오염문제에 국한되어 있다. 그런데 이 경우 대부분 피해자와 가해자의 구분이 명확하기 때문에 가해자 입장에서 협력에 참여하는 것이 쉽지 않다. 동남아시아의 경우에도 국가별로 다양한 환경문제가 발생하고 있지만 재정적, 기술적 여건으로 인해 환경협력의 대상이 연무, 생물다양성 등에 한정되고 있다. 따라서 환경인식의 제고와 협력의 강화를 위해서는 협력의제를 더 다양화할 필요가 있다.

마지막으로 협력주체의 다양성이 매우 낮다는 사실이다. 환경협력이 정치적 영역에서 환경적 영역으로 이전되기 위해서는 환경관련 당사자들의 참여가 필수적이다. 하지만 현재 이루어지는 환경협력은 대부분 국가 혹은 국제기구의 주도로 이루어지고 있다. 동북아시아에 다양한 지역협력기구가 등장했음에도 지역적 환경거버넌스는 초기단계에 머무르고 있는 것으로 평가되며, 국가정부가 주도하는 협력이 주를 이룸에 따라 다양한 비정부행위자들 간에 효과적 역할분담과 유기적 협력이 어려운 실정이다(Komori, 2010). 동북아시아에서는 정치적, 문화적 특성으로 인해 중앙집권적 성격이 강하여, 민간기업이나 NGO의 역할은 매우 제한되어 있었다(Yoon, 2003; Moon & Park, 2004). 그 결과 정부와 비정부 부문 간의 소통, 지역 협력체제를 통한 비정부 부문 간의 초국가적 파트너십 형성, 비정부 부문에 의한 제도화의 가속화 노력 등이 부재했다. NGO의 역할이 점차 중요해지면서 NGO의 등장만 지원할 것이 아니라 NGO들이 국가들과 파트너십을 맺을 수 있는 메커니즘을 개발할 필요성도 제기된다(Kim, 2007).

4. 동아시아 환경협력의 개선을 위한 다중스케일적 접근

1) 스케일의 이해

환경문제의 특성은 복잡성, 감축불가능성, 불확실성, 집합성, 시공간적 차이로 정리될 수 있다(Dryzek, 1987).[7] 복잡한 환경문제를 해결하기 위해서는 환경과 관련된 다양한 학문분야에서 이루어진 연구결과들이 의사결정자의 정책결정 과정에 적극적으로 통합돼야 하며, 환경문제와 관련된 이해당사자들의 적극적 참여가 무엇보다 선행돼야 한다(Kates, 2003). 이 과정에서 문제해결의 가장 큰 걸림돌은 환경문제의 발생원인과 해법이 지역별, 국가별, 대륙별로 큰 차이를 보인다는 사실이다. 특수한 지역적 상황에서 발생하는 개별적 요구는 많은 경우 국제적 혹은 국가적으로 논의되는 담론과는 차이를 보이게 된다. 따라서 특정한 환경정책의 수용여부와 효율성은 특정지역이 처한 상황에 따라 달라질 수밖에 없다(Rykiel, 2000). 인류의 지속가능한 발전의 중요한 장애요인은 각 지역과 국가의 공간적 차이로 인한 상이한 발전단계와 자연환경 특징이란 것은 주지의 사실이다

---

7 복잡성은 환경문제가 다양한 인문 및 자연적 요소들이 상호 밀접하게 작용하여 발생하며, 그 결과는 단순한 구성요소들 간의 인과관계에 의해 예측할 수 없는 성질을 가진다는 것을 의미한다. 이러한 복잡성 속에서 환경문제와 관련된 특정한 요인들을 구체적으로 분리하기 어려운 감축불가능성이 발생하게 된다. 즉, 환경문제는 관련된 다양한 요소들이 상호작용을 하면서 새로운 특성들을 만드는 창발성(*emergency*)이 나타나기 때문에, 개별적 요소들을 분리해서 다루기가 어렵다. 마찬가지로 불확실성이란 발생요인과 그 과정에서 과학적으로 그 인과관계를 쉽게 파악하기 어려우며, 발생한 환경문제가 사람 혹은 생태계에 미칠 수 있는 영향을 정확하게 파악하기 어렵다는 점을 지적하는 것이다. 반면 집합성이란 환경문제에 관련된 행위자들이 집합적 행위를 하게 되며, 이것은 개인이나 사회에서 일반적으로 통용되는 합리적 행동에서 벗어난 행위를 할 수 있다는 점을 지적하는 것이다.

(WCED, 1987). 동아시아의 환경위기를 극복하기 위해 정책목표를 설정하고 효과적으로 협력하기 위해서는, 무엇보다 먼저 동아시아에서 발생하는 환경문제의 원인과 그 결과들의 지역적 차이에 대한 정확한 해석이 요구된다. 특히 동아시아처럼 지역 간, 국가 간 이질성이 큰 경우 더욱 그러하다.

최근 환경문제의 발생원인과 그 문제의 해결을 위한 정책적 제안과정에서 스케일과 스케일 간의 상호연계성(*cross-scale dynamics*)에 대한 이해가 우선시되어야 한다는 목소리가 높다(Gibson et al., 2000; Cash & Moser, 2000; Hollings, 2001; Kates et al., 2003). 여기서 스케일이란 특정한 현상을 관찰할 수 있는 공간적 혹은 시간적 단위로 규정된다. 그리고 이러한 공간적 혹은 시간적 단위는 발생한 현상을 설명하는 기능적 단위가 되며, 스케일이 변함에 따라 관찰되는 현상과 그 내부의 기능적 연관성 자체가 달라진다(Kirkby et al., 1996; Gibson et al., 2000). 예를 들어 동북아의 황사문제를 파악함에 있어 동북아라는 공간적 범위를 관찰 및 분석의 단위로 설정한 경우와 한국과 같이 국가적 범위를 그 단위로 설정한 경우는, 황사문제의 특성과 인과관계에 대한 이해가 달라진다. 즉 동북아 스케일에서는 중국 내륙지방과 몽골의 사막화가 원인이 되어 발생한 먼지가 편서풍을 타고 한국과 일본으로 이동하여 피해를 주는, 전반적인 과정에 대해 이해할 수 있다. 반면, 한국이라는 공간적 스케일에 한정하는 경우에는 황사의 성격이 발생시점과 그 피해에 국한되게 된다.

스케일의 문제는 특정한 환경현상을 관찰하고 이해하는 개념적 틀 이상의 의미를 가지게 된다. 먼저 스케일이 달라짐에 따라 그 스케일 내에서 다루어야 할 요인과 과정 역시 달라진다(Gibson et al., 2000). 자연적 요인과 인문적 요인들은 공히 다계층적 특징을 가지고 있으며, 스케일 간에는 복잡한 상호작용이 나타난다. 예를 들면 특정한 개인은 자신을 둘러싼 가족, 집단, 지역, 국가, 국제사회 등의 계층구조 속에서 각 스케일이 제시하는 조건과 규율에 의해 영향을 받게 된다. 만약, 환경문제의 발생원인을 가족스케일에서 이해할 경우에는 가족구성과 생활수준, 구성원들 간의 노동분화가 중요한 요인으로 간주될 수 있을 것이다. 지역스케일에서는 도로망과 통신망과 같은 사회기반시설과 사회조직 등이 더 중요한 요인으로 작용하게 된다. 반면, 국가스케일에서는 사회 경제적 시스템과 정치체제 등이 환경문제를 야기하는 핵심적 요인으로 간주될 수 있다. 마찬가지로 전 지구적 스케일에서는 국가 간의 조약이나 협약, 그리고 국가 간의 상호연계성에 의해 환경문제가 발생하게 된다. 스케일에 따른 요인들의 변화는 자연환경요인에도 마찬가지로 적용되며, 구성요인들이 상호작용하는 과정에서 더욱 복잡한 인과관계를 도출하게 된다(Dumanski & Craswell, 1998). 이러한 요인들의 상호작용은 스케일 내에서만 발생하는 것이 아니며, 각 스케일 간에도 활발한 상호작용을 함에 따라 스케일 간 상호연관성이 나타난다(Hollings, 2001). 즉 상기한 예에서 설명한 것처럼 한 지역의 환경문제의 발생과 대처방안은 서로 다른 스케일 간의 복합적인 작용의 결과라는 것이다.

2) 동아시아 환경문제의 다중스케일적 특성

이러한 다중스케일적 관점에서 동아시아 지역에서 발생하는 환경문제들을 지역규모, 국가규모, 대륙규모, 그리고 전 지구적 규모로 분리하여 제시한 것이 〈그림 5-3〉이다. 여기서 인지할 수 있는 사실은 현재 동아시아 혹은 전 지구적 차원에서 나타나는 환경문제들은 공간상에 명확한 계층성을 보인다는 사실이다. 예컨대, 지표(*land*)에 관련된 환경문제를 살펴보면, 한 지역 내에서 이루어지는 지역적 수준

〈그림 5-3〉 동아시아 환경문제의 다중스케일적 특성

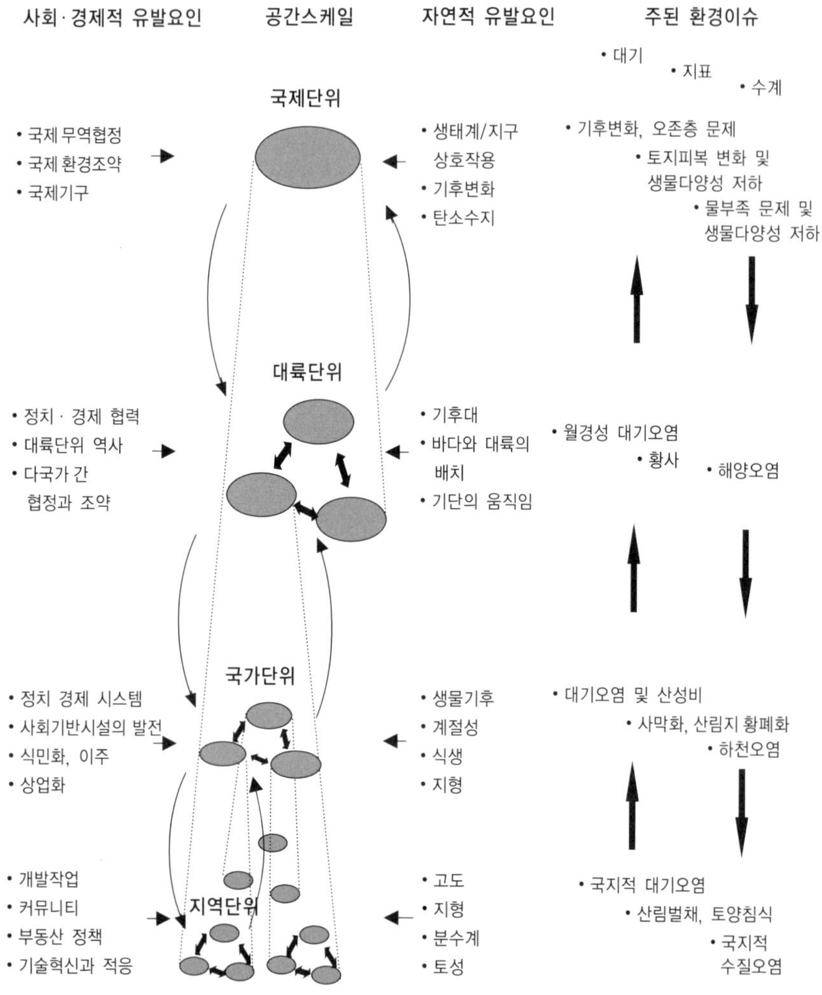

의 산림파괴와 토양침식의 문제가 국가적 차원의 사막화나 산림지 황폐화 문제로 전이된다. 그리고 더 나아가 동북아시아에서의 황사 문제로 발전된다. 즉, 반건조지역에 위치한 중국과 몽골의 지역적 차원에서 나타나는 산림 및 토양파괴의 결과가 동북아시아의 편서풍과 결합되면서 전이가 이루어지는 것이다. 마찬가지로 지역단위의 산림파괴와 토양침식은 전 지구적 차원에서는 지표피복 변화(LUCC: *Land Use-and-Cover Change*)와 종 다양성의 감소로 연결된다. 이러한 계층성은 대기와 물에서도 마찬가지로 나타나게 된다.

이러한 계층적 연계성은 황사문제를 해결하기 위해서는 가장 하위의 지역차원의 산림파괴와 토양침식 문제를 해결하는 것이 선행되어야 함을 암시한다. 즉, 동아시아 차원의 월경성 대기오염 물질이동과 산성비, 연무 문제의 해결 역시 지역적 혹은 개별적 대기오염 발생의 문제에 대한 접근이 우선되어야 함을 시사한다. 하지만 여기서 중요한 한계로 지적되는 것은 스케일이 감소함에 따라 공간적 다양성은 더욱 증대된다는 사실이다. 전 지구적 차원 혹은 동아시아차원에서 발생하는 환경문제는 비교적 단순하게 정의할 수 있다. 하지만 국가적, 혹은 지역적 차원으로 내려갈 경우에 발생하는 환경문제들은 다양한 특성을 보인다. 이론적으로 스케일이 감소하면서 공간적 복잡성이 증대되며, 그 결과 상위규모에서 이루어지는 의사결정이 하위규모로 연결되기 위해서는 여러 단계의 과정을 거쳐야만 가능하다. 이와 동시에 지역적 다양성 증가와 이를 관리할 수 있는 정책의 주체 간의 차이는 문제의 해결을 더욱 어렵게 만드는 요인이 된다.

3) 다중스케일적 접근에 의한 동아시아 환경협력의 평가와 개선방안

다계층적 접근법은 발생하는 환경문제를 이해하고 해석하는 이론적, 논리적 근거에 불과할 수도 있다. 하지만 이러한 스케일에 대한 이해가 충분하지 않은 경우, 발생된 문제를 해결하는 정책의 수립과 집행에 많은 어려움이 생길 수 있다(Cash & Moser, 2000; Kates et al., 2003). 캐시와 모서(Cash & Moser, 2000)는 환경문제 및 관리에서 스케일의 문제가 명확하게 규정되지 않음으로써 범하게 되는 오류들을 ① 다계층성을 보이는 환경문제와 그 원인을 한 개의 스케일로 간주하는 경우(*defining issues at one scale*, A), ② 환경문제가 발생하는 공간적 스케일과 발생된 문제를 다루는 정책스케일이 서로 일치하지 않는 경우(*institutional fit problem*, B), ③ 환경문제에 대한 관찰 및 평가가 이루어지는 스케일과 그 문제를 해결할 수 있는 정책스케일이 서로 다른 경우(*scale discordance problem*, C), 그리고 ④ 환경문제를 야기하는 스케일 간의 상호연관성과 정책과의 인과관계가 불명확하게 규정된 경우(*cross-scale dynamic problem*, D) 등으로 구분한다. 이러한 관점에서 지적된 동아시아 환경협력의 문제점들을 평가하면 〈표 5-3〉과 같다. 이 표에서 동아시아 환경협력의 문제점으로 지적되는 사항 중에서 정책적 우선순위와 정치적 고려에 의한 협력당사국 간 이해의 대립, 환경부처들 간의 정책의 목표차이와 이해관계에 따른 통합적 시각의 부족, 환경자료와 정보의 제한, 환경협력 대상의 제한, 낮은 협력주체의 다양성 등은 스케일적 접근의 부족에서 직접적으로 기인한다고 볼 수 있다.

학계에서는 아직까지 이러한 환경문제의 스케일 의존성을 어떻게 정책에 반영해야 하는지에 대해서 명확한 결론을 얻지 못하고 있다. 하지만 캐시와 모서(Cash & Moser, 2000)는 다중스케일적 관점에 입

〈표 5-3〉 동아시아 지역의 환경협력의 문제점에 대한 다중스케일적 해석과 해결방안에 대한 평가

환경협력에서의 문제	스케일 관련 이슈				가능한 해결방안			
	A	B	C	D	Ⅰ	Ⅱ	Ⅲ	Ⅳ
당사국 간의 정책 우선순위 및 선호의 차이	×	×	×	×	×	×	×	×
당사국 간의 다른 목표나 전략에 의한 통합적 접근 부재	×	×	×	×	×	×	×	×
환경에 대한 모니터링과 정보의 부족	×	×	×	×	×	×	×	×
재정지원의 부족				×		×	×	
환경문제에 대한 대중인식 부족					×	×	×	×
협력을 위한 이슈의 한계	×	×	×	×	×	×	×	×
환경협력 당사자들의 다양성 부족	×	×	×	×	×	×	×	×

주: A = 문제를 하나의 스케일로 정의; B = 정책스케일이 문제의 스케일과 불일치;
C = 문제발생과 문제해결 방안과의 스케일의 불일치; D = 스케일 간 상호연관성의 문제;
Ⅰ = 전문가와 당사자의 협력; Ⅱ = 경계기구의 활성화; Ⅲ = 스케일 의존적 비교우위 활용;
Ⅳ = 적응전략 사용.

각해 환경문제를 다룰 때, 다음과 같은 4가지의 원칙을 제시한다. 이러한 원칙은 동아시아의 환경협력의 내실을 기하는 데 중요한 기준을 제공해 주는 것으로 판단되어, 간략하게 정리한다(〈표 5-3〉 참조).

첫째로는 서로 다른 분야의 연구결과와 평가가 효율적으로 통합되어야 하며, 특히 각 스케일에서 정책결정자들의 효과적 연계와 통합이 필요하다는 것이다(*Integrate expertise and actors*, Ⅰ). 동아시아에서 지적되는 환경정책 및 협력의 가장 큰 문제점은 대부분 사안별로 대응이 이루어진다는 점이다. 다계층적 측면에서 특정한 환경문제는 결코 독립적으로 존재할 수 있는 성격이 아니다. 대부분 다양한 인문적, 자연적 요인들과 복잡한 인과관계를 맺거나, 다른 이슈와 직간접적으로 연결되어 있다. 예를 들어, 한반도와 일본에 영향을 미치는 월경성 대기오염은 중국 동・북부지역의 급격한 산업화라는 지역적 문제와 더불어 국가 간 자본의 흐름과 같은 요인들이 중요하게 작용

한다. 이러한 요인들이 결코 독립적으로 존재하지 않기 때문에 전문 지식의 통합이 절실히 요구된다.

둘째로는 과학자와 의사결정자 간의 연계를 더 효율적으로 진행하고, 서로 다른 스케일 간의 연구와 정책결정을 연계시킬 수 있는 경계기구(*boundary organization*)를 활성화해야 한다는 주장이다(*Utilize boundary organization*, Ⅱ). 여기서 경계기구란 서로 다른 스케일에서 환경문제를 접근하고 다루는 연구기관(대학, 연구소) 및 국제기구, 그리고 비정부기구들을 총칭하는 것이다. 이들 기구들은 정부 혹은 지방정부가 가지는 스케일의 한계들을 극복하는 중요한 도구가 될 수 있다. 연구기관 혹은 민간단체를 통한 환경협력 관계의 구축을 통해 그 협력활동이 더 효과적일 수 있으며, 국가단위의 정치적 아젠다에서 자유로울 수 있다. 그 결과 환경정책과 협력에서 좀더 다양한 의견개진이 가능하며, 해결방안에 대한 경험들을 빠른 속도로 축적할 수 있는 기반이 마련될 수도 있다.

셋째로는 각 스케일에서 발생하는 문제점에 대해 최적의 해결책을 제시할 수 있는 자원과 전문성, 의사결정 권한들을 효율적으로 분배해야 한다는 것이다(*Utilize scale-dependent comparative advantage*, Ⅲ). 환경문제를 해결할 수 있는 방법은 대체로 특정한 스케일에 국한되는 경우가 많다. 예를 들어, 특정지역의 토양을 보호하는 전통적 농경방법은 다른 지역에의 적용가능성이 낮을 수도 있지만, 그러한 정보들이 모인다면 국가단위 사막화나 산림지 황폐화, 동북아단위의 황사 현상을 줄이는 데 중요한 기여할 수 있다. 마찬가지로 국가단위에서 효과적으로 적용될 수 있는 지식과 정책들을 차상 혹은 차하 스케일의 그것들과 차별화하여 적용하려는 노력이 필요하다.

마지막으로 장기적으로 운용되면서도 지속적으로 적응(*adaptation*) 가능한 통합적 평가 및 관리체계의 구축(*Employ adaptive assessment and management strategies*, Ⅳ) 이 필요하다. 인접국가 간 오염물질의 배출량과 이동을 추적하기 위한 배출원 및 배출량 조사는 세계 각국에서 광범위하게 진행되고 있다. 예를 들면, 북미자유무역 협정국가인 미국, 캐나다, 멕시코 간에는 오염물질 배출과 이동에 관한 정보체계 구축프로그램(PRTR: *Pollutant Release and Transfer Register*)을 활발히 진척시키면서 북미 오염물질배출원(NAPRI: *North American Pollutant Release Inventory*) 조사자료를 발간한다. PRTR 프로그램은 개별 배출원은 물론 각각의 배출원이 배출하는 각종 오염물질의 종류와 양에 대한 광범위한 정보체계를 구축하여 대중들에게 공개한다. 그 결과, 가시적 성과들이 나타나기 시작했다. 배출업체들이 자발적으로 오염물질의 배출억제를 위해 노력하여 상당한 정도의 배출량이 감소했으며, 이 정보에 입각하여 각 국가별로 정책의 우선순위를 재조정하려고 노력하고 있다(문태훈, 1998). 현재 동아시아에서 이러한 환경변화 및 오염에 대한 장기적 모니터링시스템은 존재하지 않으며, 가용한 정보와 경험들의 축적이 이루어지지 못하고 있다. 이러한 통합관리시스템의 구축은 향후 환경협력에서 높은 우선순위가 부여되어야 할 것으로 판단된다.

5. 결 론

지난 20년간은 인류역사상 처음으로 각종 제도적 장치의 도입을 통해 인간의 지속적인 발전가능성을 모색해온 시기로 평가할 수 있다. 동아시아 국가들은 급속한 경제성장을 이루어왔으며, 이 과정에서 많은 환경오염과 파괴 또한 발생했다. 환경오염이 감소하는 추세에 있는 북미 혹은 유럽과는 달리, 동아시아 지역에서의 오염물질 발생량은 지속적으로 증가할 것으로 예측된다. 지난 10여 년간 동아시아 지역에서는 환경문제 해결을 위해 적극적으로 노력해왔다. 비교적 짧은 환경협력의 역사 속에서도 환경협력의 외형적 성장은 매우 긍정적으로 평가된다. 하지만, 양적 성장에도 불구하고 환경이 개선되지 못한 것이 사실이며, 이 지역이 가진 지리적, 경제적, 정치적, 역사적 이질성과 특수성으로 인해 환경협력에서의 많은 문제점들이 노출되었다.

이 글에서는 동아시아의 주요 환경문제와 환경협력의 특성을 살펴봄으로써 동아시아에서 이루어지는 환경협력의 문제점과 개선방안을 파악하고자 하였다. 동아시아의 환경협력의 문제점으로는 정책적 우선순위와 정치적 고려에 의한 협력당사국 간의 이해의 대립, 환경부처들 간의 정책의 목표차이와 이해관계에 따른 통합적 시각의 부족, 환경자료와 정보의 제한, 협력대상의 제한, 협력주체의 다양성 부족 등을 들 수 있다. 이러한 문제점들은 상당부분 환경문제가 가지는 다중스케일적 특성에 대한 인식부족에 기인한다고 판단된다. 그러므로 환경문제의 실질적 개선을 위해서는 환경문제의 이해와 협력과정에서 다중스케일적 관점을 좀더 적극적으로 도입할 필요가 있다. 이 과정에서 환경과 관련된 다양한 분야의 연구 및 정책들이 효율적으로 통합되어야 하며, 서로 다른 스케일에서 환경문제에 접근하고 이를 다룰 수 있는 연구기관(대학, 연구소) 및 국제기구, 그리고 비정부기구들을 비롯한 경계기구의 활동이 더 활성화되어야 할 것이다. 또한 각 스케일에서 발생하는 문제들에 대해 최적의 해결책을 제시할 수 있는 자원들을 효과적으로 분배할 수 있어야 하며, 장기적으로 운영될 수 있는 통합적 평가 및 관리체계의 구축이 시급히 요구된다.

참고문헌

강신규, 2012, "동북아시아 건조지역의 황사발생과 사막화에 대한 기후 및 사회·생태학적 고찰", 〈한국자연보호학회지〉, 6권 1호: 1~8.

권순범, 2004, 《최근 일본기업의 대중국투자동향과 시사점》, 전국경제인연합회.

김종선, 2011, "원자력 사고의 국제 대응체제의 강화 필요성: 동북아시아를 중심으로", 〈제주평화연구원 JPI 정책포럼〉, 2011-13.

남정호·강대석, 2006, "황해해양환경보전을 위한 협력관리체제 구축방안", 〈해양정책연구〉, 20호: 169~212.

문태훈, 1998, "동북아 환경오염확산 방지를 위한 협력체제 구축방향, 한양대학교 새천년의 서울 메트로폴리스 심포지엄", 〈한양도시포럼 심포지엄 논문집〉.

민병승, 1996, 《동북아지역의 환경문제와 국제협력방안에 관한 연구》, 한국환경기술개발원.

박번순, 2004, "한국기업의 대중국 투자특성과 시사점", 〈국토〉, 278호: 35~46.

박종원, 2012. 7. 4, "녹색경제는 지속가능한 발전을 위한 중요한 도구", 〈환경일보〉(http://www. hkbs. co. kr)

이강원, 2011, "근현대 지리학의 아시아 연구 경향과 새로운 의제들", 〈아시아리뷰〉, 1권 1호: 111~144.

이승호·정성학·송장호, 1998, "원격탐사에 의한 북한의 산림자원조사", 〈산림과학논문집〉, 58: 1~13.

이태화, 2012, "Rio+20의 지속가능한 발전의 관점에서 본 녹색경제의 이해", 〈환경사회학연구〉, 16권 1호: 129~162.

정서용, 2005, 《동북아시아 환경협력: 황해와 황사, 아산재단 연구총서 제177집》, 집문당, 264.

채영근, 2007, "동아시아에서의 초국경환경오염에 대한 국제협력노력-동남아시아를 중심으로", 〈국제법연구〉, 29권 1호: 359~390.

추장민, 2011, "동북아 환경문제와 한·중·일 환경협력", 전홍택·박명호(편), 2011, 《동아시아 통합전략(Ⅲ): 한·중·일을 중심으로》, KDI.

______·강광규·박경애·김선영·Hyesook Park·Chazhong Ge·Jamsran Tsogtbaatar, 2004, 《동북아 환경협력체계 효율화 방안연구》, 한국환경정책평가연구원.

한국환경정책평가연구원, 2006, 《환경협력강화를 위한 국가별 환경기초자료 조사: 태국》.

홍종호, 2004, "황사가 우리나라에 미치는 경제적 피해추정", 〈경제연구〉, 25호: 101~115.

ADB & GEF, 2005, *The Regional Master Plan for the Prevention and Control of Dust and Sandstorms in North East Asia*, Asian Development Bank and Global Environmental Facility, 275.

Akimoto, H., 2003, "Global Air Quality and Pollution", *Science*, 302: 1716~1719.

Asian Development Bank, 2001, *State of the Environment in Asia and the Pacific*, United Nations.

Blij, H. J. & Muller, P. O., 2002, *Geography: Realms, Regions, and Concepts (Tenth Edition)*, John Wiley & Sons.

Cash, D. W. & Moser, S. C., 2000, Linking Global and Local Scales: Designing Dynamic Assessment and Management Processes, *Global Environmental Change*, 10: 109~120.

Chen, G. T., 2001, "Origins of Arguments On the Area of Desertified Lands in China", *Journal of Desert Research*, 21: 209~212.

Dryzek, J. S., 1987, *Rational Ecology : Environmental and Political Ecology*, New York, Blackwell.

Dumanski, J. & Craswell, E., 1998, "Resource Management Domains for Evaluation and Management of Agro-ecological Systems", In Syers J. K. & Bouma J. (eds.), *Proceedings of the Conference on Resource Management Domains* (Kuala Lumpur, Malaysia, 1996. 8. 26~29), Bangkok, Thailand: IBSRAM, IBSRAM Proceedings 16, 1~13.

Eco Asia, 2001, "Towards a Sustainable Asia and the Pacific", *Report of the ECO ASIA Long-term Perspective Project Phase II*, Institute for Global Environmental Strategies.

Elliott, L., 2012, "ASEAN and Environmental governance: Strategies of regionalism in Southeast Asia", *Global Environmental Politics*, 12(3): 38~57.

______, 2003, "ASEAN and Environmental Cooperation: Norms, Interests and Identity", *The Pacific Review*, 16(1): 26~51.

Fukushima, A., 2004. 5, "Coal and Environmental Issues in Northeast Asia", *IEEJ* (pp. 1~33) (http://eneken. ieej. or. jp/en/data/pdf/242. pdf).

Gibson, C. C., Ostrom, E. & Ahn, T. K., 2000, "The Concept of Scale and the Human Dimensions of Global Change: A survey", *Ecological Economics*, 32: 217~239.

Griffin, M., 2012. 6. 27, "Rio+20: On the Same Planet, But Not the Same Page", *Bloomberg News* (http://www. bloomberg. com/news/2012-06-26/ rio-20-on-the-same-planet-but-not-the-same-page. html).

Hayes P. & Zarsky L., 1994, "Environmental Issues and Regimes in Northeast Asia", *International Environmental Affairs*, 6(4).

Hirsch, P., 2002, "Globalisation, Regionalisation and Local Voices: The Asian Development Bank and Rescaled Politics of Environment in The Mekong Region", *Singapore Journal of Tropical Geography*, 22(3): 237~251.

Holling, C. S., 2001, "Understanding the Complexity of Economic, Ecological, and Social Systems", *Ecosystems*, 4: 390~405.

International Crisis Group, 2005, "North East Asia's Undercurrents of Conflict", *Asia Report*, 108.

Kates, R. W., Clark, W. C., Corell, J. R., Hall, M., Jaeger, C. C., Lowe, I., McCarthy, J. J., Schellnhuber, H. J., Bolin, B., Dickson, N. M., Faucheux, S., Gilberto, G. C., Grübler, A., Huntley, B., Jäger, J., Jodha, N. S., Kasperson, R. E., Mabogunje, A., Matson, P., Mooney, H., Moore Ⅲ, B., O'Riordan, T, & Svedin, U., 2001, "Environment and Development: Sustainability Science", *Science*, 292: 641~642.

Kim, H. R., 2007, "Globalization, NGOs, and Environmental Governance in Northeast Asia", *Korea Observer*, 38(2): 285~311.

Kirkby, M. J., Imeson, A. C., Bergkamp, G. & Cammeraat, L. H., 1996, "Scaling up Process and Models", *Journal of Soil and Water Conservation*, 15: 391~396.

Koh K. L. & Robinson, N. A., 2002, "Regional Environmental Governance: Examining the Association of Southeast Asian Nations (ASEAN) Model", In Esty, D. C. & Ivanova, M. H. (eds.), *Global Environmental Governance: Options and Opportunities*, New Haven, CT: Yale School of Forestry and Environmental Studies.

Komofi, Y., 2010, "Evaluation Regional Environmental Governance in Northeast Asia", *Asian Affairs: An American Review*, 37 (1): 1~25.

Lee, S. S., Chun, Y. S., Nam, J. C. Park, S. U. & Lee, E. H., 2005, "Estimation of Dry Deposition during Asian Dust Events in spring of 2002", *Journal of the Meteorological Society of Japan*, 83A: 241~254.

Middleton, C., 2012. 7, "ASEAN, Economic Integration and Regional Environmental Governance: Emerging Norms and Transboundary Environmental Justice", 2nd International Conference on International Relations and Development (ICIRD), Chiang Mai, Thailand.

Min, B. S., 2001, "Regional Cooperation for Control of Transboundary Air Pollution in East Asia", *Journal of Asian Economics*, 12: 137~153.

Moon, K. H. & Park, D. K., 2004, "The Role and Activities of NGOs in Reforestation in the Northeast Asian Region", *Forest, Ecology and Management*, 205: 75~81.

Natsios, A., 1999, "Northeast Asia Peace and Security Network: Special report", the US Institute for Peace (USIP), http://www.usip.org/oc/sr/sr990802/sr990802nb.html.

Nguyen, T., 2009, "Vietnam and the Environment: Problems and Solutions", *International Journal of Environmental Studies*, 66 (1): 1~8.

NIRA, 2003, "Searching for a New Framework for Cooperation in the North Pacific Region: From NIRA Hokkaido Forum", *NIRA Policy Research*, 16 (1), National Institute for Research Advancement.

Nomura, K., Harashima, Y. & Gueye, M. K., 2004, "Environmental Governance in Asia: Result of a Questionnaire Survey concerning the Johannesburg Summit", *Journal of Environmental Information Science*, 32: 17~24.

Pinstrup-Anderson, P., Pandya-Lorch, R. & Rosegrant, M. W., 1999,

"World Food Prospects: Critical Issues for the Early Twenty-First Century", *2020 Vision Food Policy Report*, International Food Policy Research Institute: Washington D. C.

Rykiel, E. J. Jr., 2000, "Relationships of Scale to Policy and Decision Making in", In D. L. Peterson & V. T. Parker (eds.), *Ecological Scale Theory and Applications.*

Takahashi, W., 2001, "Environmental Cooperation in Southeast Asia", Institute for Global Environmental Strategies, *Regional/Subregional Environmental Cooperation in Asia*: 31~50.

Tay. Simon S. G., 1999, "The Southeast Asian Fires and Sustainable Development: What Should Be Done About Haze?", *Indonesian Quarterly*, xxvi(2): 99~117.

The Ministry of the Environment, Government of Japan, 2001, *The ECO ASIA Long-term Perspective Project Phase II.*

UNEP RRC. AP, 2001, "Mongolia: State of Environment 2002", United Nations Environmental Programme Regional Resource Centre for Asia and the Pacific (UNEP RRC. AP).

______, 2003, *State of Environment in Demographic People's Republic of Korea*, United Nations Environmental Programme Regional Resource Centre for Asia and the Pacific (UNEP RRC. AP).

______, 2004, *Sustainable Development Priorities for Northeast Asia*, United Nations Environmental Programme Regional Resource Centre for Asia and the Pacific (UNEP RRC. AP).

______, 2002, *Global Environmental Ourlook 3: Past, Present, Future Perspectives*, United Nations Environmental Programme.

______, 2011, *Keeping Track of Our Changing Environment: from Rio to Rio+20* (1992~2012), United Nations Publication.

United Nations, 2006, http://esa. un. org/techcoop/flagship. asp?Code=RA S92461.

World Bank, 2001a, *China: Air, Land and Water*, Washington D. C.

______, 2001b, *World Development Report 2000/2001: Attaching Poverty*, Oxford University Press, New York.

______, 2003, *Cambodia Environment Monitor*.

______, 2005, *Lao DPR Environment Monitor*: General Environment.

______, 2006, *Vietnam Environment Monitor*: Water Quality.

______, 2007, *Philippines Environment Monitor*: Environmental Health.

World Commission on Environment and Development, 1987, *Our Common Future*, Oxford University Press.

Xu X. K., Lin Z. H., Li J. P. & Zeng Q. C., 2001, "Temporal-spatial Characteristics of Vegetation Cover and Desertification of China by Using Remotely Sensed Data", *Progress in Natural Science*, 11(7): 699~703.

Yoon, Esook, 2003, "The Growth of Environmental Cooperation in Northeast Asia: the Potential Roles of Civil Society", *The Good Society*, 12(1), The Pennsylvania State University.

Zhang, J., Dong, W., Wu, L., Wei, J., Chen, P., & Lee, D. K., 2005, "Impact of Land Use Changes on Surface Warming in China", *Advances in Atmospheric Sciences*, 22: 343~348.

06

공석기

중일관계 개선을 위한 시민사회의 역할

1. 들어가며

이 장은 중일 외교관계의 역동적 변화 속에서 일본 시민사회의 역할과 기여는 무엇이었고, 그 영향력은 어떻게 변화하고 있으며, 앞으로 어떤 방향으로 나아가야 할 것인가에 대한 시론적 연구이다. 이러한 연구질문에 답하기 위해서는 우선 왜 시민사회가 중요한가에 대한 문제제기부터 시작하는 것이 옳다. 중일 외교관계의 흐름을 볼 때, 중일 양국의 관계는 정치적, 역사적, 경제적, 국제적 요인으로 인하여 끊임없는 부침의 연속이었다. 정부의 노력에도 불구하고 상대국에 대한 이미지는 결코 개선되지 않는 상황이며, 오히려 일본 내 반중감정은 확산되었고, 중국 내 민족주의적 반일감정 역시 결코 완화되지 않는다. 그 근거를 필자는 중일 시민사회의 친밀감의 변화추이에 대

* 이 글은 경제인문사회연구회 2011년 중국종합연구 시리즈, 〈중일관계와 일본의 대중국 이미지 제고전략 연구〉, "중일관계 개선을 위한 시민사회의 역할"을 수정 보완한 내용임을 밝혀 둔다.

한 경험적 조사에서 찾고자 한다. 이런 이유에서 정치, 경제, 사회, 문화적 장애물을 극복하기 위한 대안으로 시민사회의 적극적 개입을 주목하고자 한다.

둘째, 외교적으로 민감한 부분을 뛰어넘어 지속적 협력을 추구한 시민사회의 역할을 주목할 때, 그 대표적 사례로 중국 내에서 활동하는 일본 국제 NGO를 들 수 있다. 중일 외교관계 정상화 이전부터 지금까지 다양한 사업을 전개하는 이들의 활동 특징과 그 과정에서 일본 국제 NGO가 마주한 한계는 무엇인가를 탐색하고자 한다. 과거 국가나 기업이 주로 의존한 이미지 제고 전략을 넘어서지 않고서는 결코, 중일 시민사회 간의 신뢰구축과 연대의 틀이 확고해질 수 없음이 예상된다.

셋째, 중일관계 개선을 위한 시민사회의 역할을 작게는 동아시아 크게는 전 지구적 이슈가 출현하는 세계화의 맥락 속에서 찾고자 한다. 2011년 3월 11일 발생한 일본 동북지역 대지진과 후쿠시마 원전사고는 동북아시아 3국이 글로벌 위험사회 속에 더욱 밀접하게 얽혀 있음을 보여주는 극명한 사례이다. 전 지구적 수준의 위험에 대해 더 이상 국가정책이나 국제협상으로만 해결할 수 없다는 인식과 공감대가 풀뿌리 시민사회로부터 형성되고 있다. 시민사회는 아래로부터의 변화를 통해 정부를 앞서 견인하고 뒤에서 추동하는 역할을 맡는다는 것을 스스로 깨닫기 시작했다. 중일 시민사회가 글로벌 수준의 경제위기, 환경위기, 자원·에너지 위기 등이 함께 나타나는 복합 위험사회에 대한 대안을 단순구호나 상징동원이 아닌 안정적 연결망 구축을 통해 전 지구적 차원에서 모색해야 하는 큰 과제를 마주하게 되었다. 과연 이러한 기대와 도전을 일본 시민사회는 어느 정도나 감당할 준비가 되어 있는가? 일본 NGO의 전 지구화 과정을 가늠할 수 있는 대표적 사례로 일본 국제앰네스티와 그린피스의 활동을 주목하고자 한다. 시민사회의 장점은 장기적인 비전을 제시하는 것이고, 변덕스러운 이미지 변화보다는 근본적인 의식과 태도의 변화를 꾀하는 것이다. 이를 위해서는 안정적인 교류의 망, 지속적인 협력사업, 풀뿌리 시민사회의 자발적 참여를 이끌어내는 국제연대 및 협력사업, 지속가능한 발전모델을 상호 모색할 수 있는 초국적 공공영역을 적극적으로 활용할 필요가 있다(임현진 · 공석기, 2011). 이런 문제의식을 갖고 양국 시민사회가 근본적 변화를 꾀하지 않는다면 중일 시민사회는 급변하는 이미지 전략의 소용돌이에서 결코 헤어나지 못할 것이다. 이러한 도전은 한국 시민사회에도 동일하게 적용된다.

2. 중일 시민사회 신뢰구축의 장애물

1) 중일 시민사회 간의 친밀감

글로벌 여론조사기관인 GFK와 AP통신이 2011년 7월 29일부터 8월 10일까지 일본 성인 1천 명을 대상으로 실시한 여론조사 결과는 중일관계의 심각성을 여실히 보여준다. 응답자 중 59%가 일본정부의 외교정책 방향이 잘못됐다고 평가하며, 지난 10년 동안 일본의 국제위상의 변화에 대해 63%가 약화되었다고 평가했다. 특히 대중(對中) 의식을 묻는 질문에서 오직 7%만이 좋다고 평가하여 중국에 대한 선호도는 북한 다음으로 낮았다. 국가 지도자에 대한 인식에서도 후진타오 주석에 대한 선호도가 6%에 머문 반면에 미국 오바마 대통령의 선호도는 41%로 그 차이가 매우 크게 나타났다. 심지어 응답자 중 73%가 중국이 세계평화에 위협이 된다고 평가했다(GFK & AP, 2011). 일본 시민들이 중국에 대해 느끼는 일반적 태도나 의식이 이

〈그림 6-1〉 일본의 중국에 대한 친밀감 추이

(단위: %)

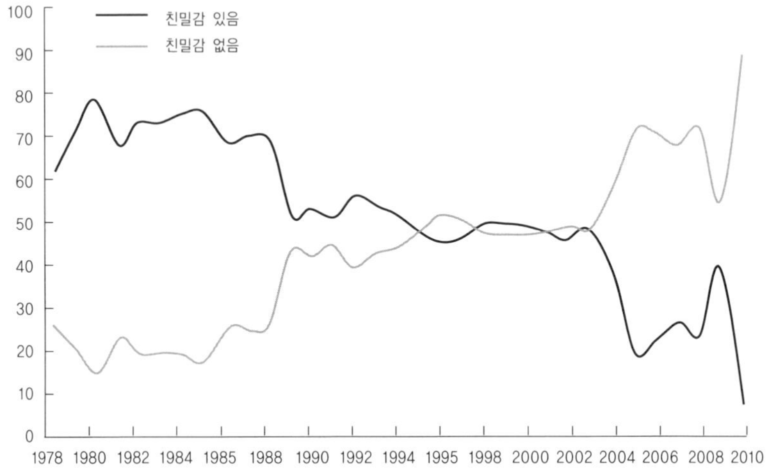

출처: 일본 내각부 홈페이지(世论调查)(2011.10.10 검색)
(http://www8.cao.go.jp/survey/h22/h22-gaiko/4.htm)

정도까지 심각하게 된 이유는 무엇인가? 일본정부, 기업, 시민사회 모두 공공외교, 공적개발 원조, 지역개발 프로젝트 등과 같은 수많은 노력을 전개했음에도 불구하고 중국에 대한 편견과 거리감이 좁혀지지 않은 이유는 무엇인가? 이에 대한 답을 찾기 위해 우선 일본의 중국에 대한 친밀감의 추이를 살펴보고 그 부침과정 속에서 개입된 요인을 탐색하여 그것을 신뢰구축의 장애물과 연결시키고자 한다.

〈그림 6-1〉에서 알 수 있듯이 일본은 중국과의 국교 정상화 이후 대중국의식이 국내외 정치맥락의 변동에 따라 민감하게 반응하는 변화무쌍한 부침현상을 확인할 수 있다.

일본 내각부 여론조사에 따르면 1978년 중일 평화조약 체결 이후 일본인의 중국에 대한 인식과 태도는 매우 양호하였으며 그 관계가 80년대 말까지 지속된 것으로 나타났다. 1972년 중일 국교 정상화 및

1978년 중일 평화우호조약으로 이어지는 일련의 외교관계 개선은 먼저 중국의 경제발전을 위한 원조, 무역, 투자에 집중하는 것으로 시작되었다. 동시에 안보적으로도 미국과 더불어 중국과의 관계정상화는 소련봉쇄라는 공동의 전략적인 목표하에 미·중·일 3자 협력관계를 통해 더욱 강화되었다. 이러한 국제정치의 변화로 인해 일본인의 대 중국 인식과 친밀감은 지속적으로 증가하여 큰 변화 없이 지속되었다.

그런데 첫 번째 부정적 인식을 촉발시킨 사건은 바로 1989년 중국 톈안먼〔天安門〕 사태이다(이기완, 2009, 2010; Self, 2002). 평균 70% 이상을 상회하던 긍정적인 태도가 1989년 톈안먼사건 이후로 50%대로 떨어졌고 더 이상 초기의 대 중국 이미지나 친밀감을 회복하지 못하는 것으로 나타났다. 동시에 동구 사회주의 붕괴와 더불어 냉전체제의 종식 그리고 개혁개방 정책을 통한 중국의 급격한 경제성장을 목도하면서 중국을 원조와 협력의 대상이 아닌 경쟁과 위협의 대상으로 바라보기 시작하였다. 실제로 1990년대 들어 일본은 경제적 측면에서 불황과 침체에 빠진 데 비해, 중국은 국가주도의 눈부신 경제성장을 이룩하면서 국제적 위상이 높아졌다. 이로 인해 일본 내에서는 동아시아에서의 정치, 경제적 주도권이 중국으로 이동될 것이라는 불안감이 증폭되면서 대 중국인식이 점차 경계하고 불신하는 쪽으로 기울기 시작하였다. 이런 막연한 '중국위협론' 태도가 일본정부로 하여금 대 중국 강경책을 채택하게 하는 악순환을 낳고 있다.

두 번째 사건은 2001년부터 2006년까지 고이즈미 준이치로〔小泉純一郞〕 총리의 민족주의적 언술정치가 일본의 대 중국의식을 더욱 부정적인 방향으로 강화시켰다. 특히 고이즈미 총리의 지속적인 야스쿠니신사 참배문제는 양국관계를 악화시키고 국민들 사이의 반중, 반일감정의 골을 더욱 깊게 만들었다. 뿐만 아니라 일본정부가 직면한 과거사 왜곡 문제, 신사참배 문제, 대만 문제, 리덩후이〔李登輝〕 전 대만 총통의 방일문제, 일본의 유엔 안보리 상임이사국 진출문제, 그리고 센가쿠열도〔尖閣列島〕 혹은 댜오위다오〔釣魚島〕의 영유권 분쟁 등은 서로 상승작용을 일으켰고, 그 결과 중일 친밀감은 극도로 낮아지게 되었다(이기완, 2010; Bush, 2009).

급기야 2010년 가을에 해양자원 개발을 둘러싼 중일 간의 센가쿠열도의 영유권 분쟁이 재점화되어 일본의 대 중국의식과 중국의 반일감정은 최악의 상태로 치달았다. 그것을 반영하듯 2009년에서 2010년 일본 내각부의 여론조사에 따르면 대 중국 친밀감이 8.2%로 떨어진 상태이다. 이런 상황은 일본언론의 편향보도로 더욱 강화되었다. 실례로 일본 중앙방송은 2011년 7월 발생한 중국 내 고속철 사고에 대해 일주일 넘게 다루면서 중국의 과속발전의 위험을 경고하였다. 일반 시민들에게 상시적으로 노출된 중국의 부정적 이미지로 인하여 이제 일본의 대 중국 친밀감은 심각한 수준으로 떨어졌다. 과연 이러한 부정적 이미지는 긍정적으로 회복할 수 없는 것인가? 필자는 친밀감을 저해해온 다양한 원인을 몇 가지 측면에서 찾아보았다.

2) 중일관계 개선의 약한 고리

중일관계 개선의 약한 고리로 4가지 요인 — 정치적, 역사적, 경제적 그리고 국제적 요인 — 을 주목하고자 한다(이기완, 2010). 각각의 요인은 독립적으로 작동하기도 하지만 대부분의 경우 상호 상승작용을 일으키며 일본 내 반중의식을, 또한 중국 내 반일감정을 강화시킨다. 이러한 국내외 정치, 경제, 사회, 문화적 맥락을 이해하는 것이 중일관계 개선의 약한 고리에 대한 정확한 진단과 처방을 위해 필요하다.

(1) 정치적 요인

일본에서는 정치적으로 여전히 친 대만파가 주도권을 잡는 동시에 전후세대가 주도세력으로 등장하면서 대 중국 강경책을 추진하는 문제가 도사리고 있다. 이것은 일본 시민사회에는 상대적으로 닫힌 정치 기회구조로 작용하게 된다. 중국과의 관계개선을 도모하던 정치인들이 점차 역사의 뒤안길로 사라지면서 보수적인 대 중국 역사관을 소유한 강경파와 친 대만파가 친중파를 상회하는 문제가 있다. 이런 경우에 앞서 지적한 중일 간의 현안문제가 외교문제로 대두될 때 다시금 대 중국의식은 악화될 수밖에 없다(이기완, 2009; Bush, 2009).

(2) 역사적 요인

중일 역사인식의 핵심쟁점은 중일전쟁을 침략전쟁으로 규정할 것인가 아니면 대륙진출로 볼 것인가에 대한 해석차이와 야스쿠니신사 참배문제이다(Self, 2002; 이기완, 2010). 양국은 과거 역사적 과오에 대한 솔직한 인정과 용서를 통해 화해에 이르기보다는 실타래처럼 복잡해진 관계악화의 원인을 상대방에게 돌린다. 일본은 중국 내의 반일감정 확산 원인을 자신의 후진적 역사인식과 야스쿠니신사 참배와 같은 교만하고 반성 없는 정치적 행동에서 찾기보다 중국 내의 반일 민족주의로 치부하는 한계를 보인다. 동시에 중국정부도 아래로부터의 지속적인 상호 교류를 통해 서로를 이해하고 용서하며 역사적 화해를 도모하기보다는 정부주도의 역사교육을 통해 일반 국민을 교조주의와 경직된 역사인식에 빠지게 하고 집요한 전쟁책임 추궁만을 이끌어내려는 위로부터의 접근방식을 추구하고 있어 문제가 있다. 앞서 언급한 사건마다 중국 내 반일감정은 폭발하고 이러한 과정이 반복되면서 종국에는 왜곡된 역사인식과 민족주의가 중일관계 개선의 약한 고리가 되고 말았다.

(3) 경제적 요인

중국의 두 자릿수의 경제 성장률은 1990년대부터 경기침체에서 벗어나지 못하는 일본에게는 심각한 위협이자 도전이 아닐 수 없다. 실례로 2002년 11월 캄보디아에서 개최된 ASEAN + 3 정상회의에서 주룽지 총리가 일본과의 FTA체결 의사를 표명했지만, 고이즈미 총리는 단호하게 거절하였다(이기완, 2010). 세계 제 2의 경제대국의 지위가 중국으로 넘어간 상황에서 과거 기술이전의 대상이었고, 공적개발원조의 대상국이었던 중국에 대해 가졌던 태도는 바뀔 수밖에 없을 것이다. 문제는 이러한 위협을 긍정적 차원으로 전환하거나 경제영역을 넘어선 사회문화적 차원의 교류확대로 연결시키지 못한다는 점이다. 이런 점에서 시민사회의 적극적 개입이 요청된다.

(4) 국제적 요인

1990년대 초 미·소 냉전체제의 붕괴는 또 다른 형태의 군사적 패권경쟁을 불러왔다. 일본은 이른바 특수국가 지위에서 벗어나 정상국가로서의 역할을 강조하면서 평화헌법을 개정하고자 끊임없이 노력하고 있다. 일본이 1992년 6월 PKO 법안을 통과시키자, 중국은 이를 일본 군국주의의 부활이라고 비판했다. 한편, 중국은 2005년 3월 대만의 독립을 저지하는 '반국가 분열법'을 제정하여 미일 양국이 중국의 국가주권·영토보전·안전에 관계된 대만 문제에 개입하는 것을 단호히 반대하였다. 중일 간의 갈등은 2005년 일본의 유엔 안전보장이사회의 상임이사국 진출문제로 한층 격화되었다. 중국은 고이즈미 총리의 야스쿠니신사 참배를 상임이사국 진출 반대명분으로 내세웠다. 하지만 그보다는 일본이 동아시아 패권경쟁에서 중국보다 우위에 설 수 있다는 점을 경계했기 때문이다. 일본은 중국의 이러한 반대입장을 '일본 고립화 전략'으로 판단하고 중국을 맹비난했다. 이로 인해 일본 내에서 반중감정이 폭발하고 대중인식(對中認識)은 급격히 악화되었다(Bush, 2009).

과연 중일 양국은 이런 정치, 경제, 사회, 문화적으로 약한 고리를 어떻게 보완하고 극복할 수 있을까? 단순한 이미지 혹은 상징정치를 통해서는 이 문제를 해결할 수는 없을 것이다. 수면 아래에 있던 약한 고리들이 특정 사건이 발생할 때마다 잠재적 요인과 결합되면서 엄청난 영향력을 발휘하곤 한다. 이런 악순환이 반복될 수밖에 없다면 임시방편적인 이미지 제고 전략으로는 중일관계가 개선되기 힘들어 보인다. 결국 장기적 차원에서 안정적 해결책을 찾아야 하며 그것은 시민사회가 주축이 되는 '아래로부터의 접근'(*bottom-up approach*) 전략이다. 그동안 일본 시민사회는 중일관계 개선을 위해 어떤 역할을 담당하였으며, 그 효과는 어느 정도일까? 시민사회의 역할을 가늠하고자 중국 내에서 활동한 일본 NGO 사례를 살펴보고자 한다.

3. 일본 국제 NGO의 중국 내 활동

1) 일본 국제 NGO의 발전과정

NGO라는 단어는 일본에서는 1980년대 대중매체를 통하여 일반인에게 소개되었지만 정확한 의미가 제대로 전달되고 이해되기 시작한 것은 1990년대 후반에 이르러서이다. NGO는 개발, 인권, 환경, 갈등, 전쟁, 평화 등의 문제를 다루는 단체들로 일본에서는 비영리단체(NPO)와 동의어로 간주되어 왔다. 초기 일본에서는 NGO라 하면 국내 단체라기보다는 국제적 활동을 하는 조직으로 이해되었고, 1980년대 들어 일본 내 시민사회의 다양한 활동을 일컫는 것으로 의미가 확장되었다.

일본 국제 NGO의 역사적 기원은 1972년 일본이 역사적 과오에 대한 화해의 방법을 찾는 것에서 시작되었고 그것은 유네스코 일본지부 설립운동에서 구체화되었다. 유네스코 활동을 통해 일종의 문화교류의 장을 만들어 전쟁을 반대하며, 전쟁의 상처를 치유하고 피해국과 화해를 도모할 수 있는 다양한 사회문화 교육활동을 기획하였다. 또한 아시아 빈곤지역에서 기독교 단체가 중심이 되어 전개한 의료지원 사업도 초기 국제활동의 대표적 사례이다. 이는 1938년 중일전쟁 시 부상자 치료를 위해 중국에 간 기독교단체 소속 의사들과 의대생들의 선구적 활동에서 그 뿌리를 찾을 수 있다. 또한 이후 베트남 난민의 일본 거주허용을 위한 지원활동도 전개하였다(Vyas, 2010). 안타깝게도 이러한 활동을 지속적으로 추진하기 위해 필요한 단체의 법적 지위가 당시에 마련되지 않았다. 또한 1960년 일본 국내 급진사회운동의 확산 및 실패, 오일쇼크로 인한 국제경제 위기 이후 재정지원 감소로 말미암아 초기 국제 NGO활동의 부침은 계속되었다. 결국 당시 활성화되었던 노동, 소비자, 반차별, 반핵, 평화, 환경, 학생운동 등은 급진화 및 좌경화로 인해 실패하였고, 그 결과 운동의 중심이 중앙에서 지역 풀뿌리 시민단체들로 이동하게 되었다.

1980년대 말과 90년대 초 다시금 세계화 담론이 일본 시민들의 관심을 끌면서, 지방자치체의 지원을 통해 새로운 국제 NGO가 설립되기 시작했다. 당시 지자체는 국제교류에 대한 열의가 대단했고 대부분 자체적으로 국제교류협회(International Exchange Association)를 설립하여 NGO의 국제교류 활동을 지원 및 지도하였다. 국내적으로 해외여행을 경험하는 사람들이 늘고, 해외거주 일본인과의 교류가 활성화되면서 일본의 인권현실을 국제적 수준의 눈높이로 바라보게 된 것도 일본 시민사회가 국제 협력활동에 관심을 갖게 된 또 다른 배경이다. 또

〈그림 6-2〉 일본 NPO 성장추이

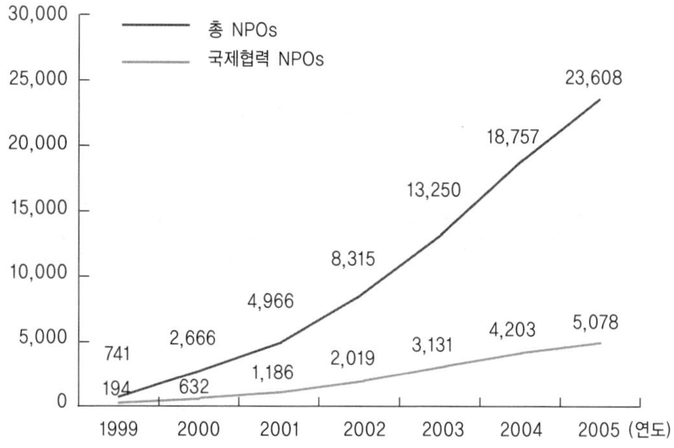

출처: Research Institute of Economy, Trade and Industry (RIETI)
(http://www.rieti. go.jp/jp/projects/npo/2005/2_4.pdf)

한 서구와 마찬가지로 통신수단 및 대중매체의 발달로 인하여 일본인들이 국제문제 및 전 지구적 이슈에 대한 인식이 점차 높아지게 되었다. 1991년 필리핀 화산폭발 사건, 1991년 걸프전쟁, 많은 NGO의 1992년 리우 세계환경회의 참석, 1994년 르완다 난민위기 등이 일본 언론에서 집중적으로 조명되었다. 이러한 국제적 환경변화에 대한 인식과 동시에 국내 정치, 제도적 변화가 일본의 국제 NGO활동을 더욱 촉발시키는 계기가 되었다(Vyas, 2010; Reimann, 2003).

역설적이게도 1998년에 이르러서야 일본 시민사회는 NPO법을 통해 그 활동을 보장받게 되었다. 이 법은 NGO의 법적 지위를 보장하는 것으로 사회적서비스를 제공하는 단체와 국제 협력활동을 목표로 활동하는 비정부 단체의 설립을 인정한다.[1] 이 법의 통과 이후, 일본

1 NPO법의 주요내용은 단체는 적어도 10명 이상의 회원을 확보해야 하며, 그 중에 적어도 3

의 NGO수는 급격히 증가하게 되었다. 〈그림 6-2〉에서 확인할 수 있는 것처럼 1998년 이후 일본의 NPO는 6년 동안 약 31배가 증가하였으며, 국제협력 NPO의 경우에도 약 26배나 증가하였다.

사실 1998년부터 NGO-JICA(Japan International Cooperation Agency) 정례회의가 마련되어 일본 국제 NGO활동이 더 안정적으로 재원을 확보하고 활동을 다양화할 수 있게 되었다. 비록 당시 일본의 장기 경기침체로 인해 ODA(*Official Development Assistance*) 예산이 줄었지만, 일본 국제 NGO가 ODA 예산 중 지원받는 액수는 계속적으로 증가하여 사업을 더욱 강화할 수 있었다.

일본 국제 NGO의 주요활동은 크게 국내사업과 해외사업으로 나눌 수 있다. 국내사업은 개발, 교육, 세계시민교육, 후원, 국내 외국인 인권보호 등에 주력한다면, 해외사업은 교육, 의료건강 봉사활동, 직업훈련, 환경보호, 농촌개발, 난민구호, 비상난민 구제, 공정무역 등을 다룬다. 일본 국제 NGO는 일본을 포함하여 아프리카, 라틴아메리카, 구소련과 동유럽 저개발국가와 아시아에서는 중국을 포함하여 필리핀, 태국, 캄보디아, 네팔, 인도 등 대상으로 하여 총 103개 국가에서 활동한다(Japan NGO Center for International Cooperation, http://www.janic.org; Vyas, 2010).

분의 1에게는 적절한 보수를 제공해야 하며, 정치적 종교적 활동에 개입하지 않아야 한다는 것이다. 또한 NPO법은 2001년과 2002년에 개정되면서 NPO에 대한 기부 및 지원을 더욱 촉진할 수 있게 되었다. 예컨대 단체 후원자에게 세금을 감면해 주며, NPO단체 자체에 특별 세제율을 적용한다(Vyas, 2010: 472).

2) 중국 내 일본 국제 NGO 진출현황

그린피스 국제본부(암스테르담 소재)는 전 지구적 환경문제를 더욱 적극적으로 대처하고 그동안 간과해오던 중국을 본격적으로 다루기 위해 2002년에 그린피스 차이나를 설립했다. 초기 1~2년 동안은 베이징 소재 칭화대학〔清华大学〕 주변에 사무실을 마련한 후에 학생들과 일반시민을 대상으로 그린피스의 다양한 활동을 홍보하는 데 역점을 두었다. 일종의 정보센터로서 시작한 그린피스 차이나는 10여 년이 지난 현재 베이징 중심부로 그 사무실을 옮기며 스태프 50명(90%가 중국현지인, 10%가 외국인)을 거느린 거대지부로 발전하였다. GMO(*Genetically Modified Organism*) 이슈에서부터 수질 및 대기오염 그리고 재생에너지 문제까지 거의 모든 환경문제를 다룬다. 그리고 이러한 조직발전을 토대로 중국 내 환경문제를 넘어서 동아시아 지역—대만, 한국, 일본—을 대상으로 하는 그린피스 동아시아 지부를 새롭게 설립하였으며, 그 사무소를 홍콩, 베이징, 타이베이, 서울에 두고 활동을 시작하였다.[2]

10년이라는 짧은 기간 동안에도 불구하고 그린피스가 왜 그리고 어떻게 중국인들에게 잘 알려질 수 있었을까? 반면에 일본 NGO는 상대적으로 오랜 기간 동안 중국 내에서 활동하면서도 이러한 인식지평을 확보할 수 없었던 이유는 무엇인가?

우선, 일본 NGO를 지원하는 기업에 대한 세금 지원정책이 서구와 같이 발전되지 않았다는 것을 들 수 있다. 둘째, 일본인 스스로 자신의 활동을 드러내고 그 활동을 확장시키는 것을 꺼리는 경향이 있다. 즉 그들은 풀뿌리 수준의 소규모 활동을 묵묵히 진행하는 것을 선호

2 그린피스 동아시아 캠페인 디렉터 Peng Cheung과 서울사무소 Rashid Kang 인터뷰 조사에 기초하였다(http://www.greenpeace.org/eastasia).

한다. 셋째, 그린피스와 달리 일본 NGO는 중국현지에 사무소와 그곳에서의 원활한 사업 및 대민 홍보활동을 전담하는 상근직 활동가를 배치하는 것을 고려하지 않는다. 넷째, 여전히 언어장벽을 느끼고 있다. 중국어에 능통한 활동가를 채용하는 문제는 곧 재원과 연결된다. 그린피스 동아시아 베이징 사무소의 경우, 40여 명의 중국 현지활동가가 근무하고 있으며 이들은 영어와 중국어에 능통한 자들로서 국제연대 활동은 물론 중국 지역단체들과의 긴밀한 연대활동을 전개하는데 전혀 어려움이 없다. 마지막으로 상근직 활동가 역시 자신이 맡은 활동 이외의 사업에 대해서는 관심을 두지 않는다. 활동가들은 대민접촉과 상호교류를 활성화하여 일본에 대한 중국인의 편견과 오해를 없애는 데 적극적이지 못했다(Efird, 2007).

이러한 한계에도 불구하고 일본 NGO는 1972년 중일 국교 정상화 이전 시기와 2001~2006년 사이 중일 외교관계 냉각기 동안 지속적인 연결고리 역할을 담당했다. 몇몇 대표적인 사례를 살펴보면, 우선 1950 ~60년대의 NGO활동은 문화교류 활동에 초점을 맞추었다. 1950년에 설립된 중일 우정협회(Japan-China Friendship Association), 1952년에 설립된 중일 무역증진협회(Japan-China Trade Promotion Association), 그리고 1955년 설립된 중일 문화교류협회(Japan-China Cultural Exchange Association) 등이 문화교류 활동의 주축이 되었다. 실례로 1953년 일본 적십자는 중국 적십자와 공동으로 전쟁으로 인해 일본으로 귀환하지 못한 중국 내 일본인 4만 5천 명을 본국에 송환할 수 있었으며, 중국의 경우도 전쟁으로 인해 일본에서 사망한 수천 명의 중국인 유해를 본국으로 송환하는 사업을 추진하였다. 당시 이 사업추진을 위해서 일본정부는 외교관계가 없는 중국에 가고자 하는 시민단체 — 중일친선협회와 중일평화커뮤니케이션 — 에게 특별여권을 발부하였다(Vyas, 2010). 이처럼 당시 중일관계 개선을 위해 시민사회

〈표 6-1〉 중국지원 일본 NGO (2011. 10)

단체명(주요 관심)	유형
Green Earth Center	NPO
Association for Rengein Tanjo-ji International Cooperation	NGO
Tibet Snowlion 우애회 & 일본캄(Kham)기금	TIBET AID
동방과학기술협력회	NPO
일본 실버볼런티어	재단
녹색지구네트워크	NPO
아시아보건교육기금	NPO
2050(환경/빈곤/여성/지속가능개발)	NPO
Hearing international(난청예방)	NPO
일본 국제기아대책기구	지부
일본 국제민간협력회(난민지원)	사단법인
지구시민교류회(통역지원)	NGO
황사고원환경, 녹화계획	NGO
조후(調布) WAT(아시아 여성과 아이들 지원)	NGO
일본 사막녹화실천협회	NGO
FoE Japan(지구의 벗 일본)	NPO
아시아교육우호협회	NPO
NAGASAKI PEACE SPHERE(평화정보/네트워크)	NGO
Conservation International(생물다양성보존운동)	NGO
AMDA(의료지원 단체)	NPO
에코 커뮤니케이션 센터	NPO
Birdlife Asia(환경보존)	NPO
동아시아 환경정보 발전소	NGO
중부 리사이클운동시민회	NPO
공해지역재생센터(애칭: 푸른하늘재단)	재단
아시아보존연수재단 아시아보존연수소	재단
Plan Japan(어린이교육/지역발전 운동)	재단
Peace Boat(자립지원활동, 난민, 재해지역 지원)	NGO
OISCA(Organization for Industrial, Spiritual and Cultural Advancement)	재단
일본 세계자원보호기금 (WWF Japan)	재단
ADRA Japan(Adventist Development and Relief Agency Japan)	NPO
일본, 윈난성(雲南)연의협회	NPO
지구와 미래의 환경기금	NPO
CODE 해외재해구조시민센터	NPO
ASIAN PEOPLE'S FRIENDSHIP SOCIETY	NGO

출처: Japan NGO Center for International Cooperation(http://www.janic.org).

의 보이지 않는 노력이 있었음을 주목할 필요가 있다.

한국전쟁 휴전, 1955년 최초 중일문화 교류협약 체결, 그리고 문화혁명과 같은 정치격동에 따라 NGO활동의 부침이 있었지만, 다행히도 1972년 중일관계 국교 정상화를 계기로 일본 국제 NGO 설립이 다시 시작되었다. 이 당시에 주목할 만한 재정지원 소스로 JICA와 일본국제협력은행(Japan Bank of International Cooperation)을 들 수 있다.

그런데 중국 내에서 활동하는 시민사회단체, 즉 일본정부의 승인을 받은 NPO가 2011년 10월을 기준으로 불과 35개에 불과하다는 것은 놀라운 사실이 아닐 수 없다. 〈표 6-1〉에서 나타난 것처럼 승인단체 대부분이 NPO법인이며, 다음으로 재단 그리고 소수의 NGO단체들로 나타났다.

3) 중국 내 일본 NGO 활동과 한계

앞서 중일 외교관계의 변화를 살펴보면서 강조했듯이 국교 정상화 이후 중일 시민사회의 친밀감의 증대는 몇 가지 긍정적 요인들로 인해 시민사회 간의 교류가 확대된 결과라고 할 수 있다. 예컨대, 중국에 진출한 일본기업이 늘고, 중일 양국 간 지자체 간 자매결연이 확대되며, 중국 정치경제가 개방·발전하고, 일본 및 중국 원거리 지역 간의 여행 및 의사소통이 용이해짐으로써 일본 NGO활동이 중국의 지역 속에 점차 스며들고 이 과정을 통해 시민사회 간의 친밀감이 증가한 것이다. 이런 유리한 맥락 속에서 다양하게 활동을 전개한 중국 내 일본 NGO들은 크게 문화교류, 사회 및 환경 이슈, 정책개발 지향, 그리고 기술교환에 초점을 맞춘 단체로 구분할 수 있다(Vyas, 2010; Reimann, 2003).

(1) 문화교류 NGO

문화교류 초점을 맞춘 단체들은 정치적 성격을 지양하고 상대방의 사회, 문화적 특징에 대한 이해를 돕기 위한 다양한 사업과 프로그램을 기획한다. 특히 자매도시 프로그램을 수행 중인 지자체와 연결된 NGO가 이 문화교류 활동에 가장 적극적인 것으로 나타났다. 이는 지자체의 안정적인 재정지원뿐만 아니라 상호 이해를 높이기 위한 프로그램 — 문화, 교육, 스포츠 등 — 에 대한 호응이 높기 때문이다. 중일 직업훈련협회, 중일 우정회 등은 대표적인 문화교류 NGO이다. 각종 교류사업에 참여한 청소년들은 중국과 일본을 더 깊게 이해하고 친근감을 가질 수 있는 가능성이 훨씬 높은 것으로 나타났다. 실례로 난징고궁 벽 재건축 사업에 200명이 넘는 일본 자원봉사자가 참여하였으며 이것은 일회적 행사가 아니라 1995~1998년까지 약 3년에 걸쳐 진행되며, 시민들이 꾸준히 참여할 수 있는 사업으로 자리매김하였다. 반대로 중국 학생들은 일본 교류프로그램에 참여하여 작업장, 학교, 정부기관 등에 소속되어 다양한 프로그램을 경험하였다. 그러나 이러한 교류 프로그램이 항상 긍정적인 결과만을 가져오는 것은 아니었다. 일부 중국 청소년들은 함께 지낸 일본인들이 자신들에게 보인 차별과 편견으로 인해 일본인의 반중감정을 재차 확인하는 경우도 있다.

이 문화교류 NGO활동의 한계는 지자체 관료, 중앙 정치인, 기업인 등과 긴밀한 연계를 맺으면서 외부 자원동원에만 초점을 맞추고 있다는 점이다.

(2) 사회 및 환경 NGO

중국 내 일본의 사회적 서비스 및 환경 NGO 활동 중에 가장 잘 알려진 것은 바로 사막화 방지활동이다. 이 활동을 펼치는 성공적인 환경

NGO로 GEN(Green Earth Network)을 들 수 있는데, 그 활동의 성과나 지속성 면에서 유명하다. 특히 그 설립자 쿠니오 다카미(Kunio Takami)의 대중강연과 저작(중국어로 번역)으로 인하여 중국인들에게 잘 알려져 있다. GEN은 1992년 샨시성(Shanxi Province) 다통(Datong)에서 활동을 시작하였고, 1994년부터는 그 지역에 지역사무소도 갖추었다. 다통현장에서의 나무심기 활동과 환경교육뿐만 아니라 20헥타르 규모의 종합 연구센터, 묘목밭 그리고 시험장을 세웠고, 86헥타르 규모의 식물원도 만들어 운영한다. 또한 일본의 나무심기 자원봉사자들을 연중초대하여 현장 체험학습을 실시한다. 그 과정을 통해 참여자들은 중국의 사막화 위기의 심각성을 목격하고 동시에 그 영향이 일본에까지 미치고 있음을 체득한다. 이른바 봉사와 교육이 결합된 프로그램을 운영하는 것이다. GEN 활동의 성공요인으로 두 가지로 요약할 수 있는데 하나는 지역의 중국 공산당이나 지방정부와 좋은 관계를 형성한 것이며, 다른 하나는 외부재원에 지나치게 의존할 경우 그 단체의 허약성이 드러날 수 있음을 깨닫고 안정적 재원을 확보했다는 것이다. 그 밖에 중국 현지 지역주민이 무엇이 필요한지 정확하게 파악하였다는 점을 들 수 있다. 예컨대, 1999년 GEN는 현지주민의 선호도를 파악하기 위해 해당 지역주민을 대상으로 대규모 여론조사를 실시하기도 하였다(Efird, 2007).

다음으로 주목할 만한 환경단체는 OISCA(Organization for Industrial, Spiritual and Cultural Advancement) International 중국지부이다. 이 단체 역시 조림사업에 초점을 맞추고 있으며, 전통적으로 개발도상국가의 농업지원을 목표로 활동하고 있다. OISCA의 중국 내 프로젝트는 2000년에 양쯔강 유역과 내몽골 알라샨 지역의 조림사업으로 출발하였다. 이외에 OISCA는 2002년 상해 지아오통대학〔交通大学〕에 농업기술 협력센터를 설립하였고, 2006년에는 내몽골 프로젝트가 실시되는 현지에 알라샨 사막생태 교육연구센터(Alashan Desert Ecological Research and Training Center)를 설립하였다. 최근에는 상하이, 홍콩, 베이징 사무소도 개설하여 연구활동, 정책제언, 활동홍보 그리고 자원동원에 이르기까지 더 광범위하고도 적극적으로 중국 내 환경프로젝트를 확장하고 있다. 이렇듯 OISCA는 모범사례를 통해 중국 내에서 좋은 평판을 얻었으며, 그 결과 일본기업과 정부로부터 안정적 지원을 확보할 수 있게 되었다.

한편 개발지원 단체들도 빈곤지역에 학교를 건축하고 낙후지역에 의료 및 기술지원 서비스를 제공하는 활동을 전개하고 있다. 예컨대, 1996년 2월에 발생한 중국 윈난성(Yunnan Province) 리히터 규모 7의 대지진으로 말미암아 엄청난 피해를 입게 된 지역에 대한 구호사업을 계기로 지역개발 및 지원사업이 시작됐다. 예컨대, 일본-윈난 우정협회(JYFA: Japan-Yunnan Friendship Association), SJF(Sokeirei Japan Foundation), Friend and the Japan China Children's Education Foundation 등은 피해지역의 무너진 학교를 다시 세우고 빈곤지역의 교육을 지원하였다. SJF의 경우는 중국 북쪽지방 후이쭈〔回族〕 소수민족의 개발 및 교육지원 프로젝트를 추진하였다.

그런데 다른 지역과 마찬가지로 사회적 서비스 제공 NGO가 마주하는 장애물은 주로 사업이 단기적 하드웨어 구축에 치중하다 보니 장기적 차원의 기술지원 및 훈련교육과 같은 소프트웨어적 측면이 소홀하다는 것이다. 결과적으로 개발지원 프로젝트의 효과성은 떨어지는 문제를 낳았다. 또 다른 한계는 중국 내 빈곤 및 낙후지역에서 전개되는 소규모의 다양한 개발지원 프로젝트가 언론이나 일반인에게 잘 알려지지 않은 점이다. 이는 일본 NGO 활동특성에서 비롯되는 부분이기도 하다. 관련단체 간의 정보 네트워크를 구축하여 상호 연대할 수 있는 지속가능한 연결망을 구축하지 못했다. 대신에 소규모 각

개전투 방식의 개발지원 서비스를 전개하다 보니 그 내용이 잘 알려지지 않았다.

이러한 개발지원 서비스 활동의 전개에도 불구하고 일본의 중국 침략 및 점령에 대한 역사교육으로 인해 일본 NGO의 중국 내 기여나 효과성은 반감되는 상황이다. 이런 상황에서 일본 NGO 활동의 투명성과 책임성이 전제되지 않으면 소규모의 사업 그리고 외부지원에 크게 의존하는 단체일수록 작은 실수에 대해서도 중국 현지인들로부터 강한 비판과 더불어 사업 자체에 대한 중국정부의 편견과 견제를 받게 된다. 만약 중국에서 활동하는 일본의 개발지원 NGO 간에 지속적이고 강한 연결망이 있었다면 2008년 쓰촨성(Sichuan Province) 지진 때 중국정부는 주저하지 않고 일본 NGO의 지원을 요청하였을 것이다. 물론 일본 NGO가 중국정부로부터 제일 처음 구조활동을 허락받은 것은 사실이다. 하지만 중국정부가 정치적 계산을 할 수 없을 정도로 일본 NGO의 중국 내 인지도가 높았다면 이런 해프닝은 다시 일어나지 않을 것이다(Vyas, 2010).

(3) 정책지향 NGO

중일 외교관계 개선의 심각한 장애물 중의 하나가 바로 역사문제이다. 이 문제는 양국 정부가 나서서 해결하기 어려운 민감한 성격을 지니므로, 시민단체가 주도적으로 공공의 장을 마련하여 상대방을 이해할 수 있는 디딤돌을 놓는 것이 바람직하다. 대표적인 정책지향 NGO는 중국 내 관련학자는 물론 정부관료, 차세대 지도자, 심지어 군 관료를 대상으로 일본방문 및 문화이해 프로그램을 운영한다.

예컨대 2001년 설립된 '사사카와중일우정기금'(SJCFF: Sasakawa Japan-China Friendship Fund)은 중국 인민해방군 소속 장군들을 대상으로 일본 문화탐방 및 이해 프로그램을 운영한다. 또한 GenronNPO

는 매년 포럼을 개최하는데 여기에는 중일 양국의 학자 및 전문가 1천 여 명이 참석하며 정부정책이나 미디어의 여론몰이에서 벗어나 참석자들이 자유롭고 솔직한 토론을 펼칠 수 있다는 점에서 높이 평가 받는다. 이 포럼은 기업과 재단, 특히 일본 교류재단(Japan Foundation)의 후원을 받고 있다(Vyas, 2010).

그러나 아쉽게도 2001년 1차 포럼이 끝나자마자 고이즈미 총리의 야스쿠니신사 참배가 강행되었다. 톈안먼 사태와 고이즈미 총리의 신사 참배로 야기된 경색국면은 NGO에게도 큰 어려움으로 작용했다. 그러나 일본정부는 NGO를 통해 양국관계의 끈을 이어가고자 노력하며 그 공간이 향후 관계개선의 돌파구가 되기를 기대한다. 문제는 정책 NGO가 얼마나 설득력 있고 영향력 있는 대안을 제공할 수 있는가이다.

(4) 기술교환 NGO

중국 내 일본 NGO의 활동 중에 기술교환 및 전수에 초점을 맞춘 단체들이 있다. 이 기술전수는 공적개발 원조의 맥락에서 이해할 수 있으며, 대표적 단체로 중일경제협회(JCEA: Japan-China Economic Association)를 들 수 있다. 이 단체는 1972년에 설립되었으며 일본의 경제산업성(METI: Ministry of Economy, Trade and Industry)과 연계하여 중국에 에너지 고효율성 및 친환경적 기술을 전달하는 사업을 진행하였다. 또한 1977년에 설립된 중일 과학기술 교류협회(Japan-China Science and Technology Exchange Association)는 젊은 중국 과학자 및 엔지니어를 육성하고 상호 교류를 목적으로 그들에게 일본에서 공부할 수 있는 기회를 제공하는 프로그램이다. 또한 이 교육과정은 단순히 학술적인 부분에서 끝나는 것이 아니라 비즈니스 기술과 연결시켜 현장에 적용할 수 있는 워크숍도 개최하고 있다(Vyas, 2010).

(5) 중국 내 일본 NGO 활동의 한계

이상에서 살펴본 것처럼 중국 내 일본 NGO 활동은 서구 국제 NGO와는 사뭇 다른 모습을 보이고 있다. 무엇보다도 대부분의 단체가 자원동원 측면에서 볼 때 지나칠 정도로 정부의존적이며, 기업의존적인 활동유형을 보인다. 정치적 상황에 따라 정부의 지원이 축소 혹은 확대될 수 있기 때문에 국제정치나 양자 외교관계에 따라 NGO의 활동도 민감하게 반응할 수밖에 없는 구조인 것이다. 최근 중국의 군비 확대에 맞대응하여 일본 자위대 위상을 강화시키자는 주장이 팽팽히 맞선 상태에서 일본의 반중의식과 중국의 반일감정이 확산되는 것은 중국 내 NGO활동을 위축시키는 요인이 된다.

둘째, 조직이나 활동규모 면에서 서구 NGO보다 일본 NGO가 훨씬 작다. 물론 조림사업과 관련된 연구사업은 일본 대기오염 문제와 연결되어 지속적인 후원 및 지원을 받아 나름의 성과를 내고 있다. 또한 낙후지역에 대한 사회적 서비스 제공활동 역시 의미 있는 성과를 내는 것은 사실이다. 그러나 문제는 이러한 활동이 중국 내에 잘 알려지지 않았다는 점이다. 소규모 각개전투식 활동이 아니라 지속적이고 안정적인 정보네트워크를 구축하고 비슷한 프로젝트 간의 협력활동을 통해서 중국 내 인지도를 높이는 전략을 강구해야 한다. 이를 위해 국제적 활동경험 및 사업에 대한 전문성을 갖춘 활동가가 절대적으로 필요하다. 현장 사무소도 없는 상황, 현지 상근직 활동가가 부재한 상황, 심지어 언어장벽을 경험하는 상황은 중국 내에서 상대적으로 오랜 역사를 가진 일본 NGO가 하루속히 극복해야 할 과제이다. 시민사회가 아래로부터 끊임없이 상호 연결되어 작동하는 모습이 중국인들에게 인지되어야 하는데 그 부분이 너무나도 약한 상태이다. 앞서 지적한 것처럼 그린피스 동아시아 베이징 사무소는 50여 명의 활동가가 바쁘게 움직이며 현장의 목소리를 전 지구적으로 알리는 작업을 한다. 특히 40여 명의 중국인 스텝들이 능숙한 영어로 외국 활동가와 회의하는 모습 속에서 왜 글로벌 NGO의 영향력이 중국 내에서 확대되는지를 쉽게 가늠할 수 있다.

1998년 NPO법의 통과 이후, 일본 국제협력 NGO의 수적 증가는 놀랄 만한 수준이다. 그러나 대부분이 신생조직이고 자원동원이나 회원들의 참여가 아직까지 안정적이지 못하다. 재정문제가 가장 큰 과제임을 말할 필요도 없다. 그럼 이를 극복하기 위한 대안은 무엇인가? 시민사회의 지속적인 참여를 견인할 수 있는 대안을 모색해야 한다. 만약 이것을 성공적으로 이루지 못한다면 중일 시민사회는 중일 외교관계 개선에 중요한 역할을 담당하기보다 늘 그 영향력 아래서 반응하는 피해자로 머물 수밖에 없는 것이다.

4. 중일 시민사회 협력 과제: 동아시아로 접근하기

지금까지 일본 NGO 특별히 국제 NGO의 중국 내의 활동경험을 살펴보면서 그 성과와 한계에 대해 고찰했다. 중일 양국의 이미지와 인식은 다양한 제약요인에 의해 부침이 계속되며, 중국의 정치, 군사, 경제, 환경의 측면에서 볼 때 일본과의 긴장관계는 완화될 가능성은 희박해 보인다. 물론 이런 한계에도 불구하고 일본정부의 공공외교를 통한 중일관계 개선 노력은 결코 평가절하해서는 안될 것이다. 그러나 중일 시민사회가 보여주는 반중 혹은 반일감정 추이는 공공외교 노력이 무색할 정도로 그 영향이 미비해 보인다.

이 딜레마는 풀 수 없는 것인가? 일본정부의 공공외교 노력으로만 해결될 수 있을까? 그 해답은 이미 앞에서 밝힌 바와 같이 아래로부터의 접근 즉 시민사회의 협력을 통한 신뢰구축에서 찾아야 할 것이다.

일본 시민사회의 일방향적 노력만으로는 가능하지도 바람직하지도 않은 것이다. 중국 시민사회 혹은 민간부문이 적극적으로 협력할 때 신뢰구축의 가능성을 장기적 관점에서 기대할 수 있는 것이다. 문화교류를 통한 상호 이해증진을 지속적으로 병행하면서도 동시에 공동목표를 향한 구체적인 협력활동을 진행할 때 상대방에 대한 신뢰가 튼실해질 수 있는 것이다. 여기서는 결론을 대신해서 그린피스 동아시아 설립과정을 통해 중일 시민사회가 동아시아라는 지역정체성 위에서 공동의 환경문제를 바라볼 때 다양한 협력과제를 도출해낼 수 있음을 강조하고자 한다.

1) 그린피스 동아시아의 출발 의의

전통적으로 아시아 시민사회의 연대활동은 매우 미약한 수준이다. 특별한 사안이 부상할 때에만 협력관계가 가끔씩 이루어지는 실정이다. 다만 환경단체들은 동아시아 지역 환경위기의 심각성을 공유하면서 연대활동의 필요성을 인식하고 4~5년 전부터 정보교류 및 공동 프로젝트 사업을 통해 연대가능성을 실험적으로 모색하고 있다. 그러나 아직까지 그것이 지속가능한 네트워크로 구축된 것은 없다. 전 지구적 환경위기를 논의할 때 중국의 파급력에 대해서 논의하지 않을 수 없다. 또한 그들의 참여를 이끌어내지 않고서는 동아시아 지역의 환경문제도 결코 해결할 수 없는 상황이다. 해양오염 문제, 사막화 문제, 생물종다양성 문제, 기후변화문제 등에 적극적으로 대처하기 위해서는 중국정부는 물론 중국 시민사회의 참여가 절대적으로 필요하다.

앞서 간략히 언급한 것처럼 그린피스는 2000년대 초 조직역량의 상당부분을 그린피스 차이나 지부 건설에 투여하였다. 그 결과 10년 만에 놀랄 만한 성과를 가져왔고, 중국정부가 결코 무시할 수 없을 정도의 정책 영향력을 발휘하는 국제환경단체로 성장하였다. 물론 WWF, IUCN과 같은 전통적인 환경보존 단체가 그린피스보다 먼저 베이징에 사무소를 설치했지만 그린피스는 그 영향력 측면에서 분명 다른 단체를 압도할 정도로 성장했다. 어떻게 이것이 가능하였을까? 그 답은 전 지구적 환경위기를 중국정부는 물론 중국인에게 지속적으로 알리는 환경교육계몽에 총력을 기울였기 때문이다. 그리고 이제는 그런 노하우를 중국의 지방으로 내려보내기보다는 동아시아 지역으로 확장하는 전략을 취하고 있다. 중국의 환경문제는 이웃하는 한국, 대만, 일본의 문제이기 때문이다. 동아시아 각국은 2011년 3월 후쿠시마 원전사고로 인해 동아시아의 환경위기를 더욱 구체적으로 실감하게 되었다.

그러나 그린피스 일본지부의 현주소를 보면 안타까운 상황이다. 후쿠시마 원전사고가 발생한 이후에 일본지부는 적극적으로 대응하지 못하였다. 그 이유는 반핵담당 활동가가 없었기 때문이었고, 결국 그린피스 본부의 활동가가 직접 일본에 파견되어야 하는 상황이었다. 설상가상으로 그린피스 일본지부는 그린피스 동아시아 지역조직에 당분간 참여하지 않기로 결정하였다. 새로운 조직구조에 편입되는 것을 거부하고 국가지부로서 활동하기로 한 것이다. 물론 그린피스 동아시아 지역지부가 전개하는 주요활동에 따라 사안별로 연대할 수 있겠지만 조직적으로 결합하지는 않을 전망이다. 이러한 전략으로 인해 일본지부는 동아시아 환경문제에 대해 상시적 연대 및 긴밀한 협력관계를 유지하는 것이 어려워질 것이다. 전 지구적 활동을 지향하는 그린피스에서 왜 이런 일이 발생했을까? 아마도 일본 시민사회에 강하게 자리잡은 자국중심의 소규모 캠페인 활동, 동아시아 지역 연대활동 참가에 대한 부담감 등이 작용한 것으로 보인다. 앞으로 그린피스 동아시아 지역지부는 일본지부를 어떻게 조직적으로 통합할 것인가가 중요한 과제로 남게 되었다. 이런 한계를 극복하려면 그린피스 동아시아 지부는 동아시아 지역에서 발생하는 다양한 환경문제 — 해양 오염, 무차별적 개발문제, 기후변화 문제 — 에 대해서 시민사회의 지속적 관심을 유도하며 더 나아가 적극적인 연대활동에 참여할 수 있는 다양한 프로그램을 기획해야 하는 상황이다. 이런 의미에서 동아시아 시민사회 특히 중일 시민사회는 더욱 빈번히 만날 것으로 기대한다.

2) 대안은 국제연대

중일 시민사회가 환경문제를 중심으로 지속적으로 만날 공간이 마련되었다는 점은 주목할 만한 변화이다. 그런데 더 중요한 것은 그 공간을 얼마나 많이 그리고 지속적으로 참여할 수 있는가이다. 앞서 지적한 것처럼 일본 시민사회의 국제연대 활동은 지나칠 정도로 정부와 기업 및 재단 후원에 의존하고 있다. 국제연대 활동을 지속적으로 전개하기 위해서는 풍부한 자원, 경험이 풍부한 전문가, 그리고 동아시아 환경문제에 대한 참여의 필요성을 자각하는 일반시민들이 무엇보다 중요하다. 일본 NGO는 전통적으로 풀뿌리 지역활동에 초점을 맞추고 있다. 그곳에서의 풍부한 노하우와 경험을 전 지구적으로 나누기 위한 노력에 더 적극적으로 나서야 하는 상황이다.

다시 말하면 이제는 일본 시민사회 스스로 지방과 국가의 경계를 넘어서는 실천이 필요하다. 일시적인 구제사업이나 구호활동에서 벗어나야 한다. 물론 이것이 소규모 단체가 전 지구적 활동을 전담해야 한다는 것을 의미하지 않는다. 대신에 아래로부터의 참여를 견인하는 글로벌 중개자(*broker*)로서의 초국적 환경단체 예컨대, 그린피스, 지구의 벗 등과 지속가능한 네트워크를 구축하는 데서 그 해답을 찾아야 한다. 지역경계를 넘어선 활동, 구체적 연대활동을 통해서 상대방 국가에 대한 이해 — 빈곤, 환경파괴, 질병, 여성, 소수자 인권 등

—가 높아질 수 있다. 이런 연대활동이 지속적으로 유지될 때 중일 시민사회의 상호 이해의 깊이와 넓이는 더욱 확대되는 것이다.

문제는 정부와 기업의 지원이 동시에 이루어져야 한다는 점이다. 기업은 단순한 기업이미지 제고를 위한 사회적 책임성 담론에서 벗어나 시민단체와 적극적인 협력관계를 유지해야 한다. 또한 국가는 시민단체의 국제연대 활동의 제약요인을 제거해 주고 더 자유롭게 활동할 수 있는 법적, 제도적 지원 더 나아가 물적 지원까지 아끼지 말아야 한다. 국가의 공공외교 전략으로 접근하기 힘든 영역을 시민사회가 담당한다는 인식이 정부 내에 확산되어야 한다. 또한 시민사회 스스로도 과거와 같은 국제연대 방식에 더 이상 안주해서는 안 된다는 자성이 있어야 한다. 일본 시민사회는 운동의 혁신을 꾀할 준비가 되어 있는가?

3) 새로운 것을 주목하라: 지역, 세대, 그리고 소셜미디어

그린피스와 같은 초국적 환경단체는 운동의 혁신을 끊임없이 꾀하고 있다. 이제는 환경문제가 일국의 경계를 넘어 공동의 협력이 필요한 상황이기에 지부 건설전략도 기존의 국가지부에서 넘어 지역지부를 만드는 방식으로 방향을 바꾸었다. 또한 글로벌 환경위기를 담당해야 할 젊은 세대의 중요성을 주목하고 이들이 계속 환경이슈에 관심을 가질 수 있도록 다양한 캠페인과 교육을 접목한 실천 프로그램을 전개하고 있다. 또한 디지털 시대를 맞이하여 환경문제에 대한 긴 보고서보다는 수렴된 핵심주장을 광고카피처럼 제공하는 전략, 유튜브(YouTube) 동영상 제작, 그리고 트위터나 페이스북과 같은 소셜미디어를 적극적으로 활용하여 환경정보와 사안을 실시간 업데이트하는 혁신을 꾀하고 있다. 운동의 혁신이라는 측면에서 일본 시민사회는 어느 정도 준비하고 있는가? 중국은 아직까지 인터넷 정보가 통제되고 있지만 어느 순간에 변화할지 모르는 상황이다. 중일 시민사회 협력의 새로운 방향을 꾀하기 위해서는 미래세대, 동아시아 지역 그리고 새로운 정보통신 기술(SNS)의 활용을 늘 주목해야 할 것이다. 이것은 동아시아 지역 시민사회 모두의 과제이다. 이런 혁신을 통한 시민사회의 협력이 강화될수록 상호 이해와 신뢰감은 제고될 것이며, 궁극적으로 정치·경제·사회 분야의 관계개선이 이어질 것이다.

참고문헌

이기완, 2009, "중인관계 갈등의 이슈와 원인: 일본 측 정치동학을 중심으로", 〈국제지역연구〉, 13권 1호: 293~318.

______, 2010, "일본의 대중(對中) 인식과 대중(對中) 정책", 〈통일문제연구〉, 통권 53호: 191~224.

임현진·공석기, 2011, 《글로벌 NGOs: 세계정치의 '와일드 카드'》, 파주: 나남.

Associate Press, 2011, "The AP-Gfk Poll: Japan", Ap-GFK: ROPER.

Bush, Richard C., 2009, "China-Japan Tensions, 1995~2006: Why They Happened, What to Do", *Policy Paper*, No. 16, Foreign Policy at Brookings.

Efird, Robert., 2007, "Japanese Environmental NGOs in China", *China Development Brief*(http://www.chinadevelopmentbrief.com).

Greenpeace East Asia, 2011, *Greenpeace Ease Asia 2010 Annual Report* (http://www. greenpeace.org/hk).

Lee, Sook-Jong & Celeste Arrington, 2008, "The Politics of NGOs and Democratic Governance in South Korea and Japan", *Pacific Focus* 23(1): 75~96.

Reimann, Kim, 2003, "Building Global Civil Society From the Outside In? Japanese International Development NGOs, the State, and International Norms", In F. J. Schwartz & S. J. Pharr (eds.), *The State of Civil Society in Japan*, New York, NY: Cambridge University Press.

Self, Benjamin, 2002, "China and Japan: A Facade of Friendship", *The Washington Quarterly*, 26(1): 77~88.

Vyas, Utpal, 2010, "Japan's International NGOs: A Small but Growing Presence in Japan-China Relations", *Japan Forum*, 22: 467~490.

홈페이지

일본 내각부 세론조사(http://www8.cao.go.jp/survey/h22/h22-gaiko/4.html).

Greenpeace 綠色和平(http://www.greenpeace.org/china/zh/).

Greenpeace East Asia(http://www.greenpeace.org/eastasia/).

Japan NGO Center for International Cooperation(http://www.janic.org/).

Research Institute of Economy, Trade and Industry(http://www.rieti.go.jp/jp/projects/npo/2005/2_4.pdf).

인터뷰 조사

Makoto Teranaker - Amnesty International Japan ex-Executive General.

Pang Cheung - Greenpeace East Asia at Beijing Office Campign Director.

Rashid Kang - Greenpeace East Asia at Seoul Office Campaigner.

07 생산방식의 해외 이전 및 변용

현대자동차 그룹의 중국진출 사례

김철식

1. 들어가며

동아시아를 구성하는 한국과 일본, 중국은 모두 후발산업화의 과정을 거쳤지만, 무서운 속도로 기존의 서구 선진자본주의 국가들을 추격하면서 급속히 성장해왔다. 일본이 세계 경제대국의 지위를 획득한 것은 이미 오래전의 일이 되었고 한국의 경우에도 1960년대 산업화를 시작할 당시 세계 최빈국 중의 하나에서 현재 1인당 국민소득이 2만 달러를 상회하는 OECD 가입국으로 성장했다. 한편, 중국은 광대한 인구와 시장을 바탕으로 전 세계의 생산역량을 흡수하는 '세계의 공장'(*global factory*)으로 무섭게 성장하면서 이제 미국과 세계 헤게모니 경쟁을 벌이는 지위에 도달했다.

동아시아 각국이 세계경제의 중심으로 부상하게 된 원동력은 무엇인가? 이 연구는 동아시아가 급속히 성장할 수 있었던 중요 원동력은 제조업의 경쟁력, 그 중에서도 제조업의 고유한 생산방식이라고 본다.

20세기 자본주의 황금기를 대표하는 포드주의 대량생산이 경직성

(*rigidity*)이라는 한계를 노출하면서 주목받게 된 일본적 생산은 노동력을 최대한 활용한 생산과정의 지속적 혁신, 그리고 하청계열이라는 독특한 기업 간 관계를 통해 유연성과 생산성을 동시에 달성하는 방식이다. 그것은 이후 '린 생산'(*lean production*)으로 개념화되면서 기존의 서구적 방식과는 구분되는, 그렇지만 세계가 따라야 할 보편적 생산방식으로 자리잡았다(Womack et al., 1990).

한국의 경우, 일본경제를 모델로 압축성장을 실현해가는 '작은 일본'으로 인식되었다. 이는 일본과 유사하게 서구에서는 볼 수 없는 하청계열을 통해 생산을 조직해왔고, 또한 동아시아에 위치하면서 지속적으로 일본의 영향을 받아왔다는 점에서 기인하는 듯하다. 실제로 한국에서도 주요 제조업체들이 일본적 생산방식을 도입하고자 지속적으로 노력해왔고, 1990년대 들어 그와 같은 경향은 본격화되었다. 그럼에도 불구하고 한국의 제도적 조건과 상호작용하는 가운데, 한국의 주요 제조업체들은 일본적 방식과는 뚜렷하게 구분되는 고유한 생산방식을 발전시켜 왔다(조형제 · 이병훈, 2008). 즉 일본적 방식이 한국에 그대로 적용(*adaptation*)된 것이 아니라 한국적 조건에 적응(*adoption*)하는 가운데 고유한 생산방식으로의 혁신이 이루어진 것이다.

고유한 제도적 조건 아래서 발전해온 생산방식을 토대로 한국의 주요 제조업체들은 현재 세계의 공장으로 부상하는 중국에 진출하여 자신의 생산방식을 이전하고 있다. 오늘날 중국은 전 세계의 주요 제조업체들이 능력구축경쟁을 전개하는 생산방식의 각축장이 되고 있다. 그런데 전 세계 주요 제조업체들 간의 각축은 이들이 단독으로 현지에 진출하여 개별적으로 수행하는 경쟁이 아니라 중앙 및 지방정부의 개입과 통제구조 속에서 국영기업들과 함께 전개하는 '합작경쟁'으로 진행되고 있다(박준식 · 조성재, 2006). 그 과정에서 '적응적 차별화'(*adaptive divergence*) 전략, 즉 중국의 제도적 환경에 적응하여 가장 신속하고 효과적인 방식으로 자신의 생산방식을 뿌리내리면서 차별적인 능력을 구축하느냐에 고유한 생산방식의 경쟁력, 성공가능성이 결정될 것이다. 한국의 주요 제조업체들도 능력구축 경쟁에 참여하며, 따라서 중국은 한국적 생산방식의 강점과 약점이 검증받는 주요한 장이 될 것이다. 또한 그 과정에서 중국정부와 주요 제조업체의 발전전략이 초국적 제조업체들의 능력구축 경쟁과 어떻게 결합되느냐에 따라 중국적 생산방식의 틀이 결정될 것이다.

이 글에서는 한국의 고유한 생산방식의 특징이 한국기업들의 중국진출에 따라 어떻게 현지로 이전되고 변용되는지 그 현황과 실태를 규명하고자 한다. 이를 위해 이 글에서는 자동차산업을 연구사례로 삼고자 한다. 자동차산업은 20세기 이후 새로운 생산방식을 형성하는 데 주도적 역할을 수행해왔다. 포드 자동차회사로부터 시작된 포드주의 대량생산 방식(*Fordism*)은 20세기를 대표하는 생산방식이 되었고, 이는 대량생산과 대량소비의 호순환이라는 20세기 자본주의 황금기를 낳은 원동력이 되었다. 포드주의 작업조직의 원리를 수직적 통합과 다사업부제라는 새로운 조직형식과 결합시킨 GM 자동차회사의 새로운 생산방식 시도는 전 세계 주요기업들이 따라야 하는 생산방식의 표본이 되었다. 한편, 작업장 혁신과 하청계열을 특징으로 20세기 말 대안적 생산방식으로 주목받은 일본적 생산방식 또한 도요타자동차 계열의 사례를 근간으로 한다.

따라서 이 연구에서는 한국 자동차산업을 사실상 독점하는 현대자동차 그룹(이하 '현대차그룹'으로 지칭)의 중국진출 사례를 통해 급속한 성장의 원동력이 되어온 한국적 생산방식의 중국 이전 실태를 파악하고 쟁점을 도출하고자 한다.

2. 현대차그룹 생산방식의 특징

현대차그룹은 국내시장을 사실상 독점한 가운데 고유한 생산방식을 발전시키고 있는 것으로 보인다. 해외의 주요 완성차업체들과는 구분되는 현대차그룹 생산방식의 고유한 특징은 '엔지니어 주도의 혁신'과 '수량적 유연성을 중시하는 작업조직', '재벌그룹 중심의 종속적 네트워크' 등으로 요약할 수 있다(김철식 외, 2011).

먼저, 현대차그룹은 생산과정에서 '숙련'(*skill*)이 아닌 '기술'(*technology*)에 기초한 생산성 및 품질향상 시스템을 구축하고 있다. 현대차그룹은 생산과정에서 발견될 수 있는 모든 비효율과 불량을 생산 이전의 기획과 설계 단계에서 최대한 제거하려고 한다. 그런 다음 생산과정에서는 최첨단의 공정기술을 도입하여 노동과정을 단순화함으로써 직접 생산자에 의한 실수와 불량을 원천적으로 차단하려고 한다. 이는 현장작업자들의 능동적 참여보다는 오히려 엔지니어 중심의 기술을 우선시하는 생산방식이다. 여기에서 생산노동자는 경쟁력의 주요원천이라기보다는 최대한 줄어들어야 할 비용으로 인식된다. 단순화된 노동과정에서 숙련노동의 필요는 최소화되며, 따라서 현장작업자들은 수량적 유연성의 주요대상이 되어 기계에 의해, 혹은 다른 작업자들에 의해 쉽게 대체될 수 있다. 이와 같은 방식에서는 비정규직 활용을 극대화하여 비용절감을 달성하려는 유인이 강화된다. 실제로 현대차그룹은 2000년대 들어 모듈생산을 본격화하면서 현대차와 기아차의 생산기능 상당부분을 모비스로 넘기고, 모비스에서 현장작업자 전원을 사내하청으로 충원함으로써 수량적 유연성을 극대화하고 있다.

한편, 산업조직 측면에서는 〈표 7-1〉에서와 같이 재벌그룹 계열사가 원자재조달과 핵심부품 및 최종재 생산, 물류와 판매, A/S 등 가치사슬의 주요 핵심지점을 장악한 가운데 그룹 외부 부품기업들의 가

〈표 7-1〉 현대차그룹 계열사 현황(2010)

구분	계열사
완성차	현대자동차, 기아자동차
모듈	현대모비스
부품	현대위아, 케피코, 다이모스, 현대파워텍, 위스코, 메티아, 아이에이치엘, 아이아, 엠시트, 파텍스, 삼우, 위아마그나파워트레인, 에이치엘그린파워
원자재(철강)	현대제철, 현대하이스코, 비앤지스틸, 현대머티리얼
물류	글로비스
금융	HMC투자증권, 현대캐피탈, 현대카드, 현대커머셜
기타 (비자동차)	현대로템, 오토에버시스템즈, 해비치호텔앤드리조트, 엔지비, 현대엠코, 서울시메트로9호선, 이노션, 종로학평, 입시연구사, 현대카네스, 엠앤소프트, 해비치컨트리클럽, 메인트란스, 그린에어, 서림개발, 서림환경기술, 전북현대모터스에프씨, 기아타이거즈

출처: 〈현대자동차 2010년 사업보고서〉.

〈표 7-2〉 현대자동차 해외생산법인 현황

국가	법인명	소재지	지분	설립시기	연간생산능력	생산차종
미국	HMMA	앨러배마	100%	2005년 5월	30만 대	쏘나타, 산타페
중국	BHMC	북경	50%	• 1공장: 2002년 12월 • 2공장: 2008년 3월	• 1공장: 30만 대 • 2공장: 30만 대	• 1공장: 쏘나타(EF/NF), 엘란트라(XD), 투싼(JM), 엑센트(MC) • 2공장: 위에동(HD), i-30, 투싼ix(LM)
인도	HMI	첸나이	100%	• 1공장: 1998년 9월 • 2공장: 2007년 10월	• 1공장: 30만 대 • 2공장: 30만 대	• 1공장: 상트로, i-20, 쏘나타, 엑센트(LC) • 2공장: 베르나(MC), i-10
터키	HAOS	이즈밋시	70%	1997년 7월	10만 대	엑센트(MC), 매트릭스(FC)
체코	HMMC	노소비체	100%	2008년 11월	30만 대	FD, YN
러시아	HMMR	상트페테르부르크	100%	2011년 1월	15만 대	C 세그먼트 소형승용차
브라질	HMMB	상파울루	100%	2012년 4월	15만 대	소형승용차(알코올)

출처: 현대자동차 사내자료.

〈표 7-3〉 기아자동차 해외생산법인 현황

국가	법인명	소재지	지분	설립시기	연간생산능력	생산차종
중국	DYK	강소성 염성시	50%	• 1공장: 2002년 11월 • 2공장: 2007년 9월	• 1공장: 13만 대 • 2공장: 30만 대	• 1공장: 리오, 옵티마, 카니발, 스포티지, 쏘울 • 2공장: 쎄라토, 포르테
슬로바키아	KMS	질리나시	100%	2006년 12월	30만 대	씨드, 스포티지, EL
미국	KMMG	조지아주 웨스트 포인트시	100%	2009년 11월	30만 대	쏘렌토XM

출처: 기아자동차 사내자료.

치사슬 핵심지점에 대한 접근을 차단하는 폐쇄적 구조를 형성한다(조형제·김철식, 2013). 이와 같은 경향은 2000년대 들어 강화되고 있다. 즉 모듈생산이 본격화되면서 그룹 내 계열사인 모비스를 부품공급 사슬을 관리하는 중간관리업체로 육성하고 외부 부품업체들을 그 하위로 재편함으로써 재벌그룹 중심의 폐쇄적 구조를 강화한 것이다(김철식, 2011). 그 결과 그룹 계열사가 차지하는 영역이 확대되었는데, 이는 어떻게 보면 분산화라는 세계적 경향에 반대되는 수직적 통합 확대경향이라고 해석해 볼 수도 있을 듯하다. 반면, 그룹 외부의 부품업체들은 참여보다는 비용전가를 위한 일방적 종속을 요구받고 있다. 시장이 사실상 독점되어 있고 가치사슬 핵심지점을 계열사가 장악한 상태에서 부품업체들은 현대차그룹의 일방적 요구를 받아들여야 하는 위치에 놓이게 되고, 따라서 이들은 완성차업체와 그룹계열사들로부터 전가되는 비용부담을 감수할 수밖에 없다.

이상과 같은 고유한 생산방식을 토대로 현대차그룹은 급속히 성장하면서 세계시장에서 주가를 드높이고 있다. 또한 해외에 진출하면서도 국내에서와 동일한 생산방식을 적용하고 있다.

3. 현대차그룹 해외생산 현황

1) 기본현황

1997년 터키에 현대차 현지생산법인을 설립한 이래 현대차그룹은 지속적으로 해외생산 규모를 확대해왔다. 현재 현대·기아차는 미국, 중국, 유럽 등지에 총 9개의 현지생산법인을 운영한다(〈표 7-2〉, 〈표 7-3〉 참조). 2009년 말 현재 이들 현지생산법인의 연간생산능력은 총 308만 대에 이른다. 이는 국내외를 합친 현대·기아차의 연간 총생산능력 654만 대의 47.1%에 해당된다(〈표 7-4〉 참조).

〈표 7-4〉 현대·기아차 국내·해외공장 생산능력 현황(2009년 말 기준)

구분	국내공장	해외공장	합계
현대자동차	연 186만 대 (47.6%) - 울산 153만 대 - 아산 26만 대 - 전주 7만 대	연 205만 대 (52.4%) - 미국 30만 대 - 중국 60만 대 - 인도 60만 대 - 터키 10만 대 - 체코 30만 대 - 러시아 15만 대 - 브라질 15만 대(예정)	연 391만 대
기아자동차	연 160만 대 (60.8%) - 화성 60만 대 - 소하리 35만 대 - 광주 42만 대 - 서산(동희오토) 23만 대	연 103만 대 (39.1%) - 중국 43만 대 - 슬로바키아 30만 대 - 미국 30만 대	연 263만 대
합계	연 346만 대(52.9%)	연 308만 대(47.1%)	연 654만 대

출처: 각사의 사내자료, 각 연도 사업보고서에서 재구성.

2) 급속한 해외생산 규모 확대

현대·기아차는 해외생산의 규모와 비중을 급속히 확대시켜왔는데 이는 〈그림 7-1〉과 〈그림 7-2〉에서 확인할 수 있다. 이에 따르면, 현대차와 기아차 모두 2000년대 들어 국내공장 생산대수의 증가추이는 미미하거나 제자리걸음 수준인데 반하여 해외공장 생산대수는 급격히 증가함을 확인할 수 있다. 특히 〈그림 7-1〉의 현대차의 경우 2002년 6.5%에 불과하던 해외공장 생산비중이 2010년에는 51.9%에 이르러 이제 해외공장 생산대수가 국내공장 생산대수를 상회하는 상황에 놓였다. 〈그림 7-2〉의 기아차의 경우에도 해외공장 생산이 지속적으로 증가하여 2009년에는 그 비중이 26.4%에 이른다.

현대차와 기아차는 글로벌시장에서 점유율을 높여가면서 급속히 성장한다. 그런데 현대차와 기아차의 글로벌시장 판매확대는 국내공장 생산분의 수출증가보다는 해외공장의 현지판매 확대로 귀결된다. 〈그림 7-3〉과 〈그림 7-4〉가 그것을 보여준다.

〈그림 7-1〉 현대차 국내·해외공장 생산대수와 해외생산비중 추이

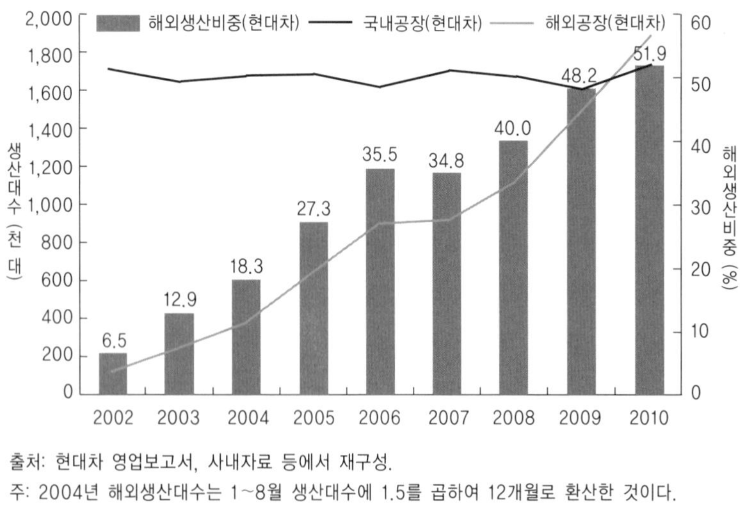

출처: 현대차 영업보고서, 사내자료 등에서 재구성.

주: 2004년 해외생산대수는 1~8월 생산대수에 1.5를 곱하여 12개월로 환산한 것이다.

〈그림 7-2〉 기아차 국내 · 해외공장 생산대수와 해외생산비중 추이

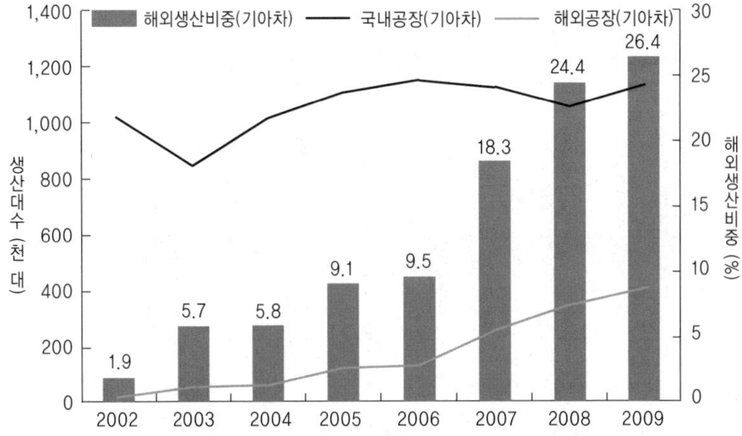

출처: 기아차 각 연도 영업보고서, 사내자료 등에서 재구성.

〈그림 7-3〉 현대차의 해외 판매실적 추이

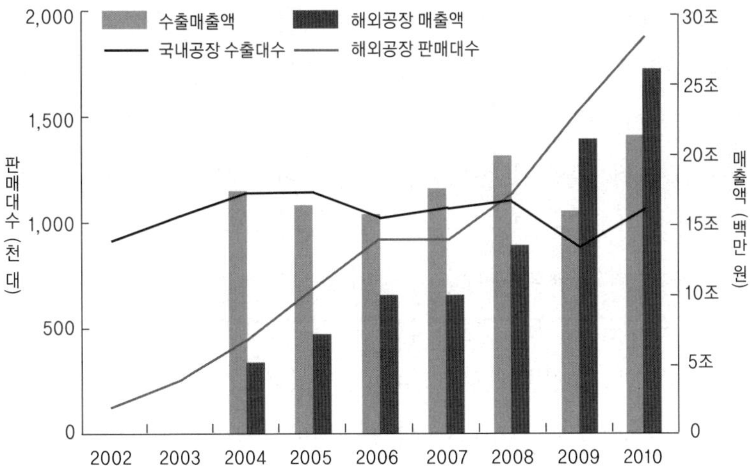

출처: 현대차 각 연도 영업보고서, 인터넷 홈페이지 등에서 재구성.

〈그림 7-4〉 기아차의 해외 판매실적 추이

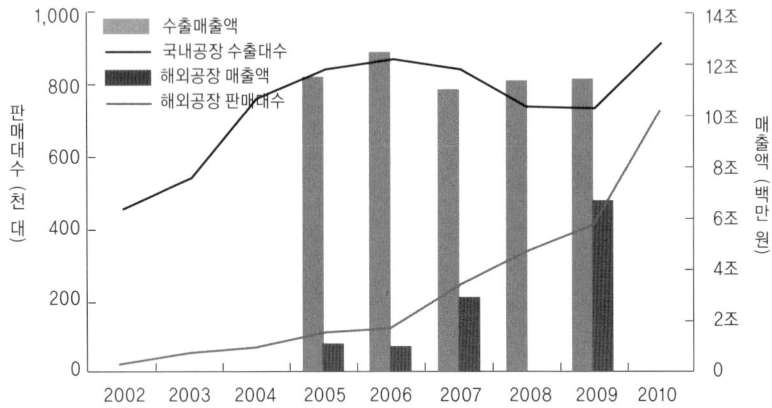

출처: 기아차 각 연도 영업보고서, 인터넷 홈페이지 등에서 재구성.
주: 2008년 해외공장 매출액은 자료 미확보로 인해 생략하였다.

먼저, 〈그림 7-3〉은 현대차의 해외 판매실적 추이를 국내공장 수출분과 해외공장 판매분으로 구분하여 표시한 것이다. 이에 따르면 현대차 국내공장의 수출은 물량과 매출액 모두 2000년대 들어 정체상태를 보인다. 반면 해외공장 생산차량의 판매대수와 매출액은 급속히 증가한다. 현지생산의 비중이 급속히 확대되어 해외판매의 증가분을 현지 생산공장이 흡수하면서 이제 국내공장으로부터의 수출은 더 이상 증가할 수 없는 구조가 형성되는 것이다.

기아자동차의 해외 판매실적 추이를 보여주는 〈그림 7-4〉도 이와 유사한 양상을 보인다. 기아자동차 국내공장의 수출은 2006년까지 증가하다가 이후 감소한 후 2010년에 일시적으로 증가하는 추이를 보여준다. 반면, 2007년부터는 해외공장의 판매대수와 매출액이 급격히 증가하는데 이는 2006년 12월 기아차 슬로바키아 공장과 2007년 9월 중국 제 2공장이 본격적인 양산체제에 돌입하면서 국내공장으로부터의 수출을 빠르게 대체한 결과로 추측된다. 결국 현재 시점에서 보면 향후 일시적 수출증가는 있을 수 있겠지만 기본적으로 국내공장으

〈그림 7-5〉 현대차의 국내 · 해외공장 당기순익 추이

(단위: 백만 원)

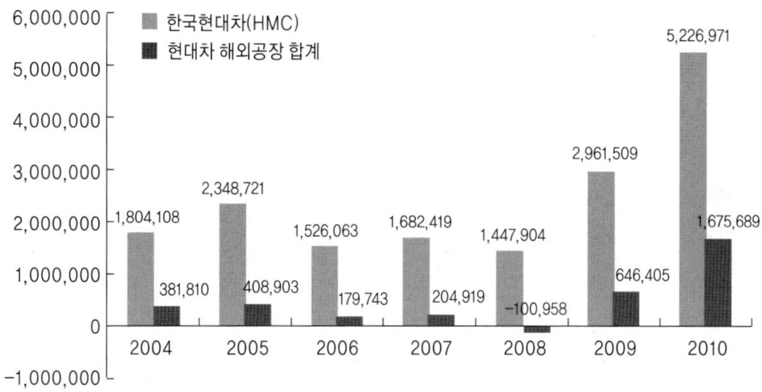

출처: 현대차 각 연도 영업보고서, 연결감사보고서 등에서 재구성.
주: 해외공장의 당기순익은 중국, 미국, 인도, 터키, 체코공장의 합계이다. 단, 미국공장(HMMA)은 자료확보의 한계로 인해 현대차미국법인(HMA)의 연결재무제표 실적으로 대체한다.

로부터의 수출은 정체상태를 유지할 것이다.

결국 내수시장이 포화된 상태에서 기대할 수 있는 해외판매의 확대를 해외공장이 주도하고 국내공장으로부터의 수출은 정체하는 구조가 확립되고 있음을 알 수 있다. 현대·기아차의 글로벌 성장이 더 이상 국내공장의 생산확대, 일자리 증가로 연결되지는 않는 것이다. 물론 국내공장의 일자리가 현격히 감소하는 현상은 발생하지 않겠지만, 더 이상 국내공장에 대규모 신규투자가 들어오지 않음에 따라 일자리 확대가 불가능한 상황이 전개되는 것이다.

그렇다면 해외공장들의 수익은 어떠할까? 급속한 해외생산규모와 비중의 확대에도 불구하고 해외공장들이 획득하는 수익량은 아주 낮은 수준에 그친다. 먼저, 〈그림 7-5〉는 현대차 국내·해외공장의 당기순익 추이를 보여준다. 이에 따르면, 대부분의 기간 동안 현대차 해외공장들은 당기순익의 측면에서 지속적으로 부진을 면하지 못하며, 2008년의 경우에는 적자를 기록했다. 그 결과 국내공장의 당기순

〈그림 7-6〉 기아차의 국내 · 해외공장 당기순익 추이

(단위: 백만 원)

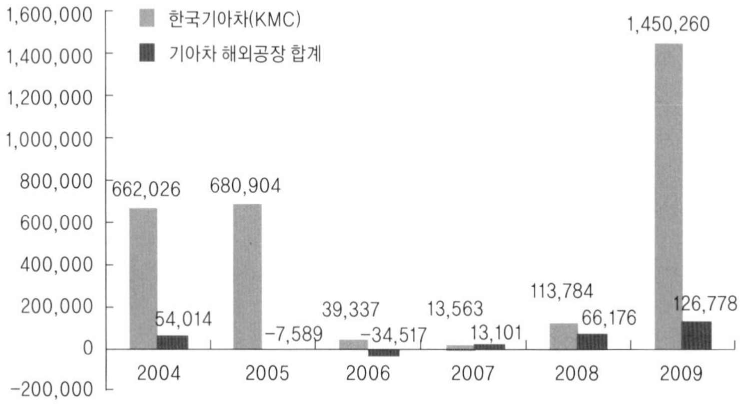

출처: 기아차 각 연도 경영실적 발표자료, 연결감사보고서 등에서 재구성.

익이 해외공장의 그것에 비해 압도적 우위를 지속해왔으며, 양자 간의 격차는 시일이 지날수록 확대되고 있다. 해외생산의 비중이 급속히 확대되어 2010년이 되면 국내생산량보다 해외생산량이 더 많아졌지만, 국내공장 당기순익의 우위는 오히려 더욱 커져 양자 간 순익량 격차가 확대되는 것이다.

해외공장의 수익부진은 기아차의 경우에 더욱 극명하게 드러난다. 기아차 국내 · 해외공장의 당기순익 추이를 보여주는 〈그림 7-6〉에 따르면, 기아차 해외공장들의 당기순익 총합은 2008년까지 적자를 기록하거나 흑자라고 하더라도 수백억 원대에 그친다. 최근 연도인 2009년에 1천억 원을 넘어섰지만, 해당연도 국내공장 당기순익 1조 4천 5백억 원에 비하면 절대액수에서 현격한 차이를 보일 뿐만 아니라 상대비율 면에서도 국내공장의 8.7%에 불과한 미미한 수준을 기록한다.

현대 · 기아차 해외공장의 부진한 경영실적은 수익률에서도 드러난다. 〈그림 7-7〉은 현대차 국내 · 해외공장의 매출액대비 당기순익률 추이를 보여준다(미국공장 제외). 2004년의 경우 해외공장의 당기순

〈그림 7-7〉 현대차의 국내 · 해외공장 매출액 대비 당기순익률 추이

(단위: %)

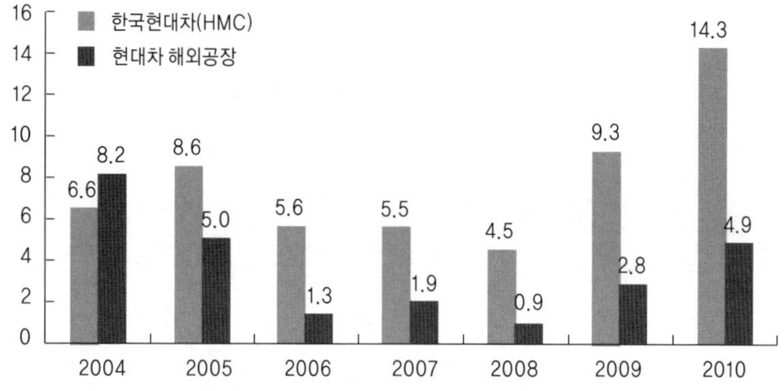

출처: 현대차 각 연도 영업보고서, 연결감사보고서 등에서 재구성.

주: 해외공장의 당기순익률은 중국, 인도, 터키, 체코공장이 포함된 수치이다.
미국공장은 자료확보의 한계로 인해 계산에서 제외되었다.

〈그림 7-8〉 기아차의 국내 · 해외공장 매출액대비 당기순익률 추이

(단위: %)

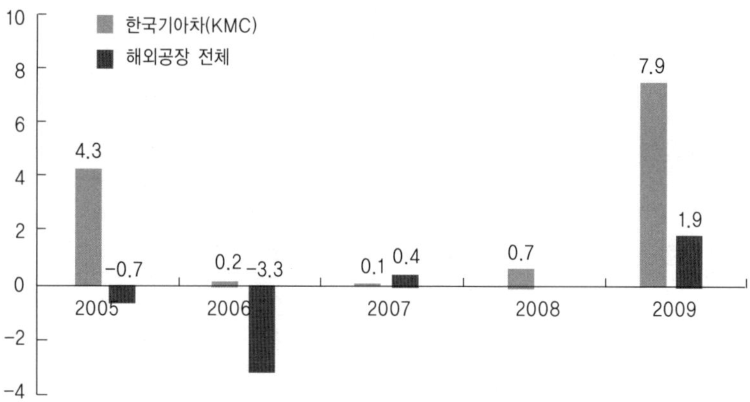

출처: 기아차 각 연도 경영실적 발표자료, 연결감사보고서 등에서 재구성했다.

주: 2008년 해외공장은 자료확보의 한계로 인해 생략했다.

익률이 국내공장의 그것을 상회하기도 했으나, 이후 수익률이 하락하여 2008년에는 0.9%에 그친다. 이후 중국공장의 호황 등에 힘입어 미국공장을 제외한 해외공장 전체의 당기순익률은 2010년 4.9%까지 증가했으나 국내공장의 당기순익율과의 격차는 약 9.4%포인트로 그 격차가 확대되고 있다.

〈그림 7-8〉의 기아차 사례를 보면, 해외공장은 2006년 -3.3%라는 최대규모의 마이너스 순익률을 기록한 이후 2007년 들어서면 플러스의 당기순익률로 전환된다. 2009년 중국공장의 성과 등에 힘입어 1.9%라는 최대 당기순익률을 기록하게 되지만, 그 수준은 미미하여 해당연도 국내공장의 당기순익률 7.9%보다 약 6%포인트나 낮은 수준에 그친다.

해외공장의 낮은 수익량 및 수익성 수준은 해외생산의 확대가 과도한 속도와 규모로 진행되었음을 시사한다. 과도하게 팽창된 해외공장의 경영실적 부진을 국내공장의 높은 수익을 통해 보완해 주는 방식으로 글로벌 생산이 전개되어 온 것이다. 그러나 이러한 전략은 국제경기의 변화에 따른 위험의 가능성을 높인다는 점에서 보다 신중하게 접근할 필요가 있다.

3) 계열사 동반진출: 재벌적 가치사슬 조직화 방식의 재현

현대차그룹은 국내에서 형성한 고유한 생산방식을 해외에 진출하면서도 그대로 적용하였다.

우선, 현대·기아차 해외공장은 기본적으로 아산공장을 벤치마킹하여 표준화되어 있고 현지사정에 맞게 그것을 조정한다. 즉 아산공장에서와 같이 최첨단 공정기술의 도입을 통해 노동과정을 단순화하여 숙련노동에 대한 의존을 최소화하고 생산노동자의 수량적 유연성을 극대화하는 생산방식을 해외공장에도 그대로 적용하는 것이다.

또한 해외진출 시에는 완성차와 함께 원자재, 부품, 물류를 담당하는 계열사와 부품사들을 동반진출토록 함으로써 국내에서 형성된 가치사슬 구조를 그대로 해외에 이전하고 있다. 특히 주목할 만한 점은 그룹 내 주요 계열사들이 완성차의 해외생산법인의 주변에 동시에 입지하여 가치사슬의 핵심영역을 그룹차원에서 장악하는 재벌적 폐쇄구조를 해외에서도 그대로 재현한다는 것이다. 현대차 터키공장을 제외하면 현대·기아차의 모든 해외생산법인 주변에는 3대 핵심모듈(운전석, 섀시, 프론트엔드)을 완성차에 납품하면서 부품공급 사슬을 관리하는 현대모비스, 핵심원자재를 공급하는 현대하이스코, 자동차 생산·판매와 관련된 물류를 책임지는 현대글로비스가 반드시 입지하여 그룹계열사를 중심으로 현지 최적생산을 달성하고자 한다. 심지어 최근 건설되는 현대·기아차 현지공장에서는 모비스, 하이스코, 글로비스가 완성차공장 내에 입지해 있다. 특히 2009년 양산을 시작한 모비스의 체코공장과 조지아공장에 더해 2006년 양산을 개시한 기아차 슬로바키아공장의 경우 터널식 컨베이어벨트를 적용하여 완성차 생산라인과 직접 연결하고 있다. 이를 통해 모비스는 자신이 조립한 섀시모듈에 엔진까지 포함시켜 납품하는데, 이와 같은 관행은 현대차 체코, 현대·기아차 미국, 중국 2공장, 현대차 인도 2공장 등 이후 설립된 해외공장에도 적용된다.

동반진출 전략은 국내에서 형성된 역량을 해외에서도 최대한 활용할 수 있다는 점에서 장점을 지닌다. 실제로 최근 현대차그룹의 높은 성과에는 이와 같은 동반진출 전략이 상당한 기여를 한 것처럼 보인다.

그런데, 동반진출 전략은 완성차 해외공장 확대에 따라 계열사 확대도 동반되어야 하며, 따라서 그룹차원의(나아가 국내 자동차산업 차원의) 막대한 투자가 병행되어야 한다. 이는 해외팽창이 동반할 수 있

〈표 7-5〉 현대차그룹 주요 계열사의 해외동반진출 현황

<table>
<tr><th>지역</th><th>완성차
(현대차, 기아차)</th><th>모듈
(모비스)</th><th>원자재
(하이스코)</th><th>물류
(글로비스)</th><th>부품 (모비스, 위아,
캐피코, 파워텍, 다이모스)</th></tr>
<tr><td rowspan="2">미국</td><td>현대차
앨러배마
(HMMA)</td><td>모비스
앨러배마
(MAL)</td><td rowspan="2">하이스코
아메리카</td><td>글로비스
앨러배마</td><td rowspan="2">파워텍아메리카
SMART</td></tr>
<tr><td>기아차
조지아
(KMMG)</td><td>모비스
조지아
(MAL-GA)</td><td>글로비스
조지아</td></tr>
<tr><td rowspan="2">중국</td><td>북경
현대기차
(BHMC)</td><td>북경
모비스
(BMA)</td><td>북경현대
하이스코</td><td>북경
글로비스</td><td rowspan="2">북경 변속기(BMT)
북경 모비스중차(BMC)
천진 모비스(TMA)
무석 모비스(WMA)
상해 모비스(SMA)
현대위아 기차발동기
유한공사
장수현대위아 자동차부품
현대위아 기차모구 유한공사
현대위아 주물공장
캐피코 북경
현대파워텍 산동</td></tr>
<tr><td>동풍열달
기아기차
(DYK)</td><td>강소
모비스
(JMA)</td><td>장수현대
하이스코</td><td>천진
글로비스</td></tr>
<tr><td>인도</td><td>현대차
인디아
(HMI)</td><td>모비스
인디아
(MIA)</td><td>하이스코
스틸인디아</td><td>글로비스
인디아</td><td>다이모스</td></tr>
<tr><td rowspan="4">유럽</td><td>현대차
체코
(HMMC)</td><td>모비스
체코
(MCZ)</td><td>하이스코
체코</td><td>글로비스
체코</td><td>다이모스</td></tr>
<tr><td>기아차
슬로바키아
(KMS)</td><td>모비스
슬로바키아
(MSK)</td><td>하이스코
슬로바키아</td><td>글로비스
슬로바키아</td><td></td></tr>
<tr><td>현대차
러시아
(HMMR)</td><td>모비스
러시아
(MRU)</td><td>하이스코
러시아</td><td>글로비스
러시아</td><td></td></tr>
<tr><td>현대차
터키
(HAOS)</td><td></td><td></td><td>글로비스
터키</td><td></td></tr>
</table>

는 위험의 규모 또한 그만큼 커질 수 있음을 시사한다. 특히 동반진출하는 계열사들은 대부분 현대·기아차에 부품납품을 전적으로 의존하고 있다. 가령 현대·기아차 해외공장의 인근에 반드시 동반진출해서 부품공급을 총괄하는 모비스의 경우 미국 크라이슬러에 단순모듈 조립제품을 공급하는 일부 경우를 제외하면 모듈생산제품 모두를 현대·기아차에 공급하고 있다. 이는 현대·기아차의 해외경영실적이 모비스를 비롯한 동반진출 계열사들의(그리고 그룹외부의 동반진출 부품업체들의) 운명까지도 전적으로 결정하게 되는 구조라고 할 수 있다. 이와 같은 상황에서 현대·기아차의 해외경영이 부실해질 경우 계열사들의 경영도 동반해서 부실해지면서 위험의 규모가 눈덩이처럼 확대될 가능성도 배제할 수 없다.

4. 현대차 그룹의 중국진출

1) 중국진출 법인 현황

'세계의 공장'(*global factory*)으로 명성을 떨치는 중국은 전 세계 주요 완성차업체들이 활발하게 진출하여 거대한 시장을 점유하기 위해 격전을 벌이는 곳이다. 현대차그룹의 경우 주요 글로벌 완성차업체들보다 비교적 늦은 시기인 2002년 북경현대기차와 동풍열달 기아기차가 양산을 개시한 이후 생산규모를 확장해왔다. 현재 중국은 현대·기아차 해외생산법인 중에서 가장 규모가 크고 또한 수익도 가장 많은 지역이다. 완성차 생산법인 이외에도 현대차그룹의 계열사들이 가장 많이 진출해 있는 곳이기도 하다.

〈표 7-6〉은 현대차와 기아차의 중국생산법인 현황을 보여준다. 북

〈표 7-6〉 현대·기아차 중국생산법인 현황

법인명	사업장 현황
북경 현대기차 (BHMC)	• 설립시기: 1공장 - 2002년 12월, 2공장 - 2008년 3월 • 생산차종: 1공장 - 쏘나타(EF, NF), 엘란트라(XD), 투싼(JM), 엑센트(MC) 2공장 - 위에동(HD), i-30, 투싼ix(LM) • 연생산능력: 1공장 - 30만 대, 2공장 - 20만 → 30만 대(2010년 3월) • 생산인원(2009년 말 기준): 1공장 - 3,200명, 2공장 - 1,900명 • 근무형태: 2조 2교대 • 지분출자: 50%(북기투자공고와 50:50 합자투자)
동풍열달 기아기차 (DYK)	• 설립시기: 1공장 - 2002년 11월, 2공장 - 2007년 9월 • 생산차종: 1공장 - 리오, 옵티마, 카니발, 스포티지, 쏘울 2공장 - 쎄라토, 포르테 • 연간생산능력: 1공장 - 13만 대, 2공장 - 30만 대 • 생산인원(2009년 말 기준): 1공장 - 1,582명, 2공장 - 1,408명 • 근무형태: 2조 2교대(10 + 10) • 지분출자: 기아차 50%, 동풍자동차 25%, 열달그룹 25%

출처: 현대자동차, 기아자동차 사내자료.

경에 위치한 현대차 중국법인은 60만 대의 연간생산능력을 지닌 2개의 공장으로 구성되었고, 기아차 또한 강소성 염성시에 연간 생산능력 43만 대 수준의 2개 공장으로 구성된 현지생산법인을 보유했다.

현대차그룹 해외생산의 중요한 특징 중의 하나는 핵심 부품업체들을 동반진출시킴으로써 국내에서 형성된 생산역량을 최대한 활용하여 현지의 통합적 생산체제를 구축하는 데 있다. 중국에서 현대차그룹은 북경에 지주회사 체제를 구축하고 이를 중심으로 자동차 제조, 부품판매, 중고차 매매, 폐차 등의 종합관리체제를 구축하여 자동차 가치사슬의 전 과정에 참여하는 것을 추진하고 있다(박준식·조성재, 2006: 100).

현지 통합적 생산체제를 구축하는 데 있어 핵심적 역할을 수행하는 것이 모비스이다. 다른 지역과 마찬가지로 중국에서도 현대차그룹은 완성차공장과 함께 모비스를 동반진출시켜 부품공급을 총괄하는 중간관리 기업의 역할을 수행하도록 했다.

〈표 7-7〉은 중국에 진출한 모비스의 현지 생산공장 현황을 보여준다. 현재 모비스는 중국에 2개의 모듈조립공장을 운영하고 있다. 북경모비스(BMC)는 현대차 중국공장의 인근에 위치한 가운데 현대차에 직서열로 3대 핵심모듈(운전석, 섀시, 프론트엔드)을 공급하고 있다. 북경현대차의 2공장 양산시작에 맞춰 2008년부터는 북경모비스도 2공장을 설립, 양산을 개시함으로써 모듈제품의 연간생산능력이

〈표 7-7〉 모비스 중국생산법인 현황

법인명	사업장 현황
북경모비스 (BMA)	• 설립시기: 2002년(2008년 중반부터 2공장 생산개시) • 생산품목: 섀시, 칵핏, FEM, 인판넬, 범퍼 • 연간생산능력: 60만 대 • 북경현대기차에 직서열 공급
강소모비스 (JMA)	• 설립시기: 2002년(2007년 10월부터 2공장 생산개시) • 생산품목: 섀시, 칵핏, FEM • 연간생산능력: 43만 대 • 모비스 첫 해외공장. • 동풍열달 기아기차 공장 내 위치하면서 직서열 공급
북경변속기 (BMT)	• 생산품목: 수동변속기 • 연간생산능력: 40만 대 • 북경현대기차와 동풍열달 기아기차 생산차종 대응
북경모비스중차 (BMC)	• 설립시기: 2004년 • 생산품목: 범퍼 사출/도장 • 연간생산능력: 30만 대 • 북경현대기차 생산차종 대응
천진모비스(TMA)	• 오디오 및 전장제품의 전 세계 생산기지
무석모비스 (WMA)	• 설립시기: 2005년 인수 • 제동, PSP의 전 세계 생산기지 • 연간생산능력: 40만 대
상해모비스 (SMA)	• 설립시기: 2001년 • 생산품목: 에어백, 컬럼 샤프트 • 연간생산능력: 50만 대

출처: 현대모비스 2010년 경영실적, 각 연도 연결감사보고서, 홈페이지 등에서 재구성했다.

연간 30만 대에서 60만 대로 증가했다. 한편, 기아차에 대응하는 강소모비스(JMA)의 경우 아예 기아차 중국공장의 내부에 입주해서 완성차 생산라인 바로 옆에서 직서열로 3대 핵심모듈을 공급한다. 역시 동풍열달 기아차의 2공장 양산시작에 맞춰 강소모비스도 2008년부터 2공장을 가동하게 된다.

그런데 중국에서 모비스는 2개의 모듈조립 공장뿐만 아니라 변속기, 범퍼, 오디오 및 전장, 제동, 에어백 등 핵심부품을 생산하는 5개의 현지 생산공장을 더 갖고 있다. 수동변속기를 생산하는 북경변속기(BMT)는 현대차 현지공장과 기아차 현지공장 모두에 대응하여 해당차종의 변속기를 공급한다. 북경모비스중차(BMC)는 북경현대차 생산차종에 대응하여 범퍼를 생산한다. 오디오 및 전장제품을 생산하는 천진모비스(TMA), 제동장치를 생산하는 우석모비스(WMA)는 해당부품의 전 세계 생산기지 역할을 수행하며 에어백을 생산하는 상해모비스(SMA)는 시험센터도 운영한다.

2) 중국 현지공장 생산현황

북경현대차의 경우 본격가동을 시작한 지 불과 2년여 만에 한국에서 가장 라인속도가 빠른 아산공장의 63UPH와 동일한 속도를 내기 시작했다. 더욱이 북경현대차는 한 라인에서 복수의 차종을 생산하는 혼류생산 시스템을 초기부터 갖추었다. 작업현장에서 이처럼 빠른 능력구축이 가능했던 하나의 요인으로 젊은 작업자들이 주축을 이루기 때문이라고 평가되기도 한다(박준식 · 조성재, 2006: 101). 중국 현장노동자들의 평균연령이 20대 중반으로 이미 평균연령이 40을 넘어서는 한국이나 일본에 비해 훨씬 젊은 노동력이 투입되면서, 이들이 빠른 라인속도에 훨씬 잘 적응하는 것이다.

〈표 7-8〉 현대차 중국생산법인 생산성 현황(2010. 2)

연간 생산능력	UPH	자동화율(%)	가동률(%)	편성효율(%)
30만/30대	68/66	8.3/7.5	95/98	86.5/90.1

출처: 현대차 사내자료.
주: 1) 수치는 1공장/2공장 순서이다. 2) 의장공장 기준이다.

〈표 7-9〉 기아차 중국생산법인 생산성 현황(2009)

연간 생산능력	UPH	HPV(대당 투입시간)	가동률(%)	편성효율(%)
13만/30만	28/37	21.9	100	95.5

출처: 기아차 사내자료.
주: 1) 연간생산능력과 UPH 수치는 1공장/2공장 순서이고, HPV, 가동률, 편성효율은 2공장 기준이다.
2) UPH는 2010년 3월 기준이다. 3) 의장공장 기준이다.

〈표 7-8〉과 〈표 7-9〉는 현대·기아차 중국생산법인의 생산성 관련 지표들을 보여준다. 실제로 현대차 중국공장은 현재 한국 아산공장 수준의 생산성을 보여주는 것으로 보인다. 그러나 기아차 중국공장은 UPH나 HPV 등에서 아직 현대차만큼의 생산성을 보여주지는 못한다.

중국에 진출한 해외 완성차업체들의 시장전략은 차이를 보인다. 먼저, 가장 일찍 중국에 진출한 독일의 폭스바겐의 경우 주로 프리미엄 자동차시장에서 독점적 지위를 활용해 큰 성공을 거둔 것으로 평가된다. 한편, 일본의 완성차업체들은 시간은 걸리지만 품질과 가격의 양 측면에서 확실한 경쟁우위를 노리는 경쟁전략을 추구해왔다. 즉, 일본식 생산시스템과 유사한 수준의 생산역량을 구축하기 위해 상대적으로 매우 신중한 접근전략을 선택한 것이다(조성재 외 2007: 79 ~80).

반면, 현대차그룹은 비교적 뒤늦게 중국에 진출했지만 중저가시장을 목표로 속도경영을 통해 대량생산 체제를 조기에 구축하여 대중시장을 겨냥하는 전략을 추진해왔다. 실제로 현대차그룹은 GT-5의 목표 아래 2010년까지 중국에 100만 대 정도의 생산체제를 갖추는 것을 목표로 규모를 급속히 확대해왔다. 2002년 말 현대차와 기아차 현지

〈그림 7-9〉 현대·기아차 중국생산법인 생산대수 추이

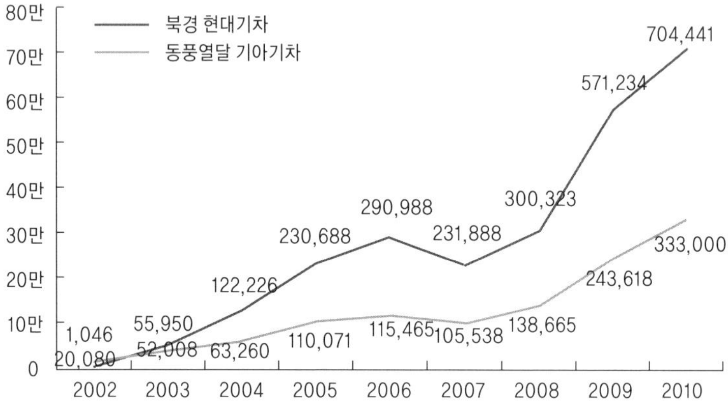

출처: 각사 영업보고서, 사내자료 등에서 재구성.

주: 1) 북경 현대기차의 2004년 실적은 1~8월 생산대수에 1.5를 곱해 12개월로 환산한 것이다.

2) 동풍열달 기아기차의 2010년 실적은 판매대수이다.

생산공장을 준공하고 양산을 개시한 이후 지속적으로 생산능력 확장을 추진해온 것이다. 2007년 말 기아차 제 2공장, 2008년 초 현대차 제 2공장이 양산을 개시하면서 생산능력이 대폭 확장되었다. 2010년 현대차그룹의 중국 완성차공장 생산능력은 현대차 60만 대, 기아차 43만 대로 100만 대 생산체제의 목표를 달성하게 된다. 이후에도 중국에서는 북경현대차의 3공장 건설과 상용차공장 신설이 계획되어 있는 등 생산규모의 급속한 확대가 지속될 것으로 전망된다.

〈그림 7-9〉는 현대·기아차 중국생산법인의 차량생산대수 추이를 보여준다. 현대차와 기아차 공히 2002년 말 양산을 개시한 이후 약 3~4년간 생산대수가 증가하다가 2005년이 되면 현대차 20여만 대, 기아차 10여만 대 수준에서 3~4년간 정체상태를 보이고 있다. 최근 연도인 2009년과 2010년 들어서면서 생산실적의 급격한 증가가 나타나는데 이는 제 2공장 설립을 통한 생산능력의 대폭확대와 더불어 최근 중국 자동차시장이 성장하는 효과를 반영한 것으로 보인다. 현대

차의 경우 2008년 3월 중국 2공장이 양산을 개시한 이후 연간 생산능력이 2009년 50만 대, 2010년 60만 대에 달하게 되는데 이 시기 실제 생산대수는 확대된 생산능력을 초과하는 수준에 이르고 있다. 반면, 기아차의 경우 2007년 9월 2공장이 양산을 개시한 이후 생산대수가 대폭 증가하고 있지만, 2010년에도 실제 연간 생산능력 43만 대의 77% 수준의 생산실적을 기록하는데 그치는 것으로 추정된다.

3) 중국 현지공장의 경영실태

현대·기아차 중국공장의 생산차종은 주로 소형차 위주이며, 해외로의 수출보다는 중국 현지시장 대응을 목적으로 한다. 실제로 중국공장의 생산차량은 외부로 수출되는 것 없이 전량 중국 내수시장에서 판매되고 있다. 엘란트라, 엑센트(MC), 포르테, 세라토 등 주로 중소형차 중심으로 내수판매가 이뤄지며, 고급차 중심의 완성차들은 한국으로부터 수입된다. 현대차만을 놓고 보면 2009년 중국에서 수입한 현대차는 2만 5천 대 수준으로, 해당연도 현대차 중국공장 판매대수 57만 대의 불과 4.4%에 그치는 미미한 수준에 그치고 있다(현대차 사내자료). 한국공장의 수출 판매분이 거의 없는 가운데 중국판매의 대부분을 중국현지법인이 충당하는 것이다.

현대·기아차 중국공장의 판매실적은 〈그림 7-10〉, 〈그림 7-11〉과 같다. 앞의 생산대수 추이에서 보았던 것과 같이 최근연도인 2009년부터 판매실적이 급증하고 있음을 알 수 있다.

생산 및 판매실적에서 급속한 확대가 있었지만 그것이 순탄하게 이어진 것은 아니다. 〈그림 7-12〉와 〈그림 7-13〉은 현대차와 기아차 중국생산법인의 당기순익 추이를 보여준다.

중국생산법인들의 수익은 현대차와 기아차의 해외공장들 중에서 가

〈그림 7-10〉 현대차 중국생산법인 판매대수 및 매출액 추이

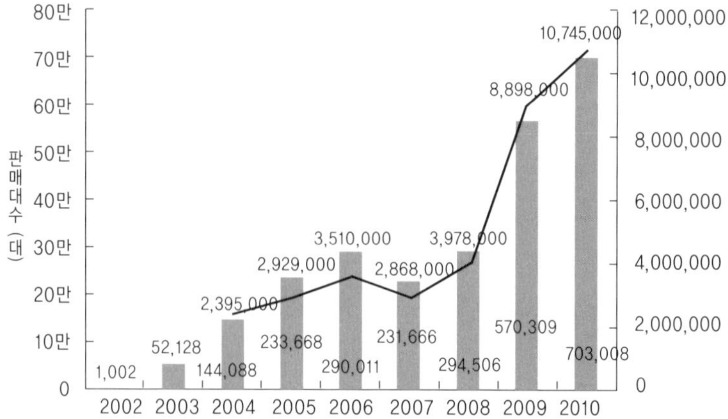

출처: 현대차 각 연도 영업보고서, 인터넷 홈페이지 등에서 재구성

〈그림 7-11〉 기아차 중국생산법인의 판매대수 추이

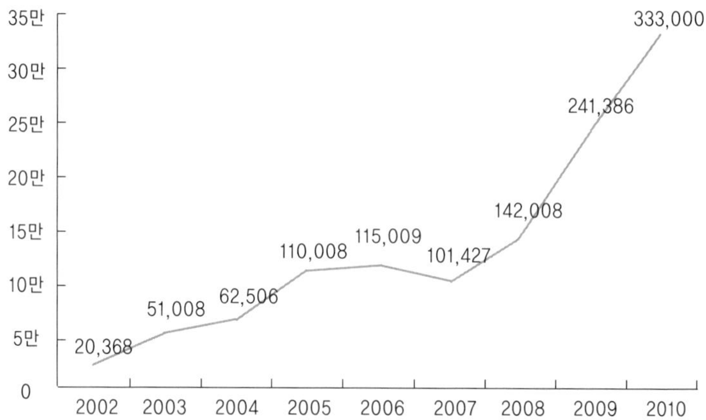

출처: 기아차 인터넷 홈페이지.

〈그림 7-12〉 현대차 중국생산법인 당기순익 및 매출액 대비 당기순익률 추이

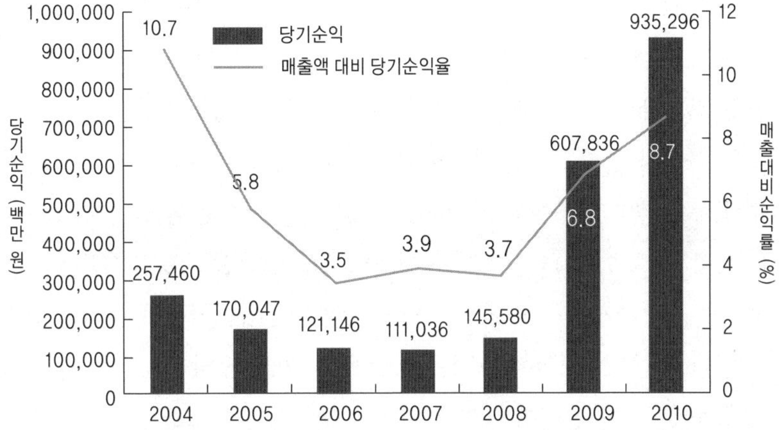

출처: 현대차 각 연도 연결감사보고서, 영업보고서 등에서 재구성.

〈그림 7-13〉 기아차 중국생산법인 당기순익 추이

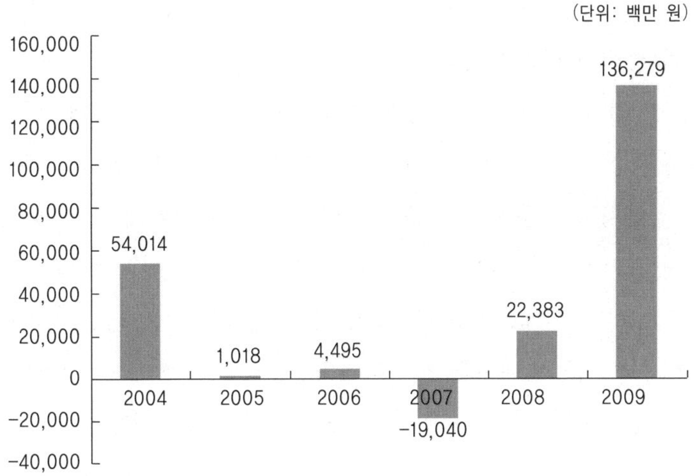

출처: 기아차 각 연도 연결감사보고서.

장 높은 수준에 속한다. 그럼에도 불구하고 항상 양호한 수익실적을 남기고 있는 것은 아니다. 지난 10년간 동안 중국생산법인의 수익은 높은 '초기성과 → 중반의 부진 → 최근의 급격한 상승'이라는 심한 변동을 경험해왔다. 중국진출 초기 현대·기아차 중국공장들은 상당히 높은 수준의 당기순익을 기록했다. 현대차의 경우 중국진출 초기단계에서 쏘나타의 성공에 힘입어 30%대의 기록적 이윤을 남기기도 했다(장영석 외, 2005: 215). 그러나 2004년부터 중국정부의 긴축정책이 추진되고 시장경쟁이 격화되면서 당기순익과 당기순익률이 급격히 하락하게 된다. 특히 기아차의 경우 2005년과 2006년 당기순익을 거의 남기지 못했으며, 심지어 2007년에는 190억 원의 손실을 기록하기까지 한다. 2006년에는 당기순익 약 1천 2백억 원, 순익률 3.5%에 그치게 되는데 이와 같은 부진한 경영실적은 2008년까지 지속되고 있다. 그러다 최근인 2009년과 2010년 들어 생산 및 판매호조에 힘입어 급격한 수익의 증대가 나타나고 있다.

〈표 7-10〉은 모비스 중국생산법인들의 매출액과 당기순익 및 당기순익률 추이를 보여준다. 모비스 생산법인들은 생산제품을 모두 현대차와 기아차로 납품하기 때문에 현대차와 기아차의 재무성과와 긴밀히 연동되어 있다. 특히 가장 높은 매출과 순익을 보이는 2개의 모듈공장(북경모비스, 강소모비스)을 보면, 북경현대차에 모듈을 납품하는 북경모비스는 북경현대차의 재무성과와, 동풍열달 기아차에 모듈을 납품하는 강소모비스는 동풍열달 기아차의 재무성과 변화와 거의 정확하게 일치함을 알 수 있다. 현대차와 기아차의 경영성과가 동반진출 계열사의 운명을 좌우하는 이와 같은 구조에서는 완성차 해외경영실적이 양호할 때 그로 인한 수익은 몇 배로 상승할 수 있다. 그러나 반대로 완성차 해외경영이 어려워지게 되면 그로 인한 손실의 규모가 그룹 전체차원으로 비약하여 커질 수밖에 없는 위험 또한 내포한다.

〈표 7-10〉 모비스 중국생산법인 경영실적 추이

(단위: 백만 원, %)

법인명	항목	2004	2005	2006	2007	2008	2009	2010
북경 모비스 (BMA)	매출액	536,730	814,683	1,084,008	839,867	1,259,279	2,643,430	3,113,255
	당기순익	10,255	24,414	25,735	24,826	61,082	78,539	59,981
	순익률	1.9	3.0	2.4	3.0	4.9	3.0	1.9
강소 모비스 (JMA)	매출액	147,718	273,021	314,819	298,041	504,113	1,016,768	1,358,804
	당기순익	1,486	3,941	1,301	−1,167	12,785	55,410	46,048
	순익률	1.0	1.4	0.4	−0.4	2.5	5.4	3.4
북경 변속기 (BMT)	매출액	160,549					375,114	380,830
	당기순익	6,013					29,318	17,008
	순익률	3.7					7.8	4.5
북경 모비스 중차 (BMC)	매출액	92,916	116,795	91,986	72,356	115,332	214,828	199,916
	당기순익	3,305	3,888	2,461	1,511	3,565	7,682	7,517
	순익률	3.6	3.3	2.7	2.1	3.1	3.6	3.8
천진 모비스 (TMA)	매출액						471,273	503,945
	당기순익						12,271	21,105
	순익률						2.6	4.2
무석 모비스 (WMA)	매출액			11,711	45,896	118,516	227,610	246,503
	당기순익			455	1,233	7,319	25,228	13,713
	순익률			3.9	2.7	6.2	11.1	5.6
상해 모비스 (SMA)	매출액	97,931	138,482	153,176	74,460	116,223	209,608	209,958
	당기순익	18,87	20,753	4,881	8,008	26,945	53,545	62,124
	순익률	19.3	15.0	3.2	10.8	23.2	25.5	29.6
총계	매출액	1,035,844	1,342,981	1,655,700	1,330,620	2,113,463	5,158,631	6,013,211
	당기순익	39,938	52,996	34,833	34,411	111,696	261,993	227,496
	순익률	3.9	3.9	2.1	2.6	5.3	5.1	3.8

출처: 모비스 각 연도 연결감사보고서.

주: 1) 순익률은 매출액대비 당기순익의 비율이다.

2) 북경변속기의 2005~2008년은 자료확보의 한계로 인해 제외되었다.

4) 중국현지공장의 고용관계

현대차와 기아차의 내부자료에 따르면, 2009년 말 기준으로 중국공장의 생산직 노동자수는 현대차 약 5,100명(1공장: 3,200명, 2공장: 1,900명), 기아차 약 2,990명(1공장: 1,582명, 2공장: 1,408명)이다. 근무형태는 2교대(주간조 10시간 / 야간조 10시간)로 운영된다.

중국의 고용형태는 크게 계약공과 노무공으로 유형화할 수 있다. 〈그림 7-14〉는 중국진출업체들의 기본적 고용패턴을 보여준다. 중국은 1994년 노동법 제정을 통해 종신고용을 보장받던 '고정공'제도를 폐지하고 '계약공'제도를 확립하게 된다. 이에 따라 기업들은 근속연수 10년이 지난 노동자들에게는 종신고용의 기회를 부여해야 하지만, 그전까지는 1년 혹은 수년의 계약을 체결하는 형태로 정규인력을 운영한다. 계약직 채용은 직접채용 혹은 노무공 중 일부를 전환하는 방식으로 이뤄진다.

〈그림 7-14〉 중국진출업체들의 고용패턴

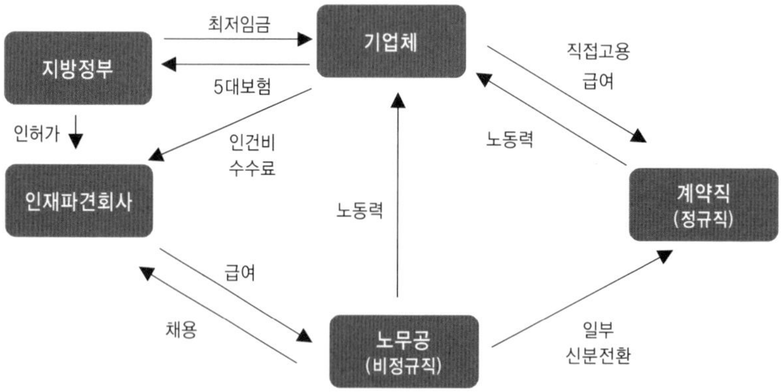

출처: 박준식 · 조성재(2006: 112).

한편, 중국에서는 노무공으로 불리는 비정규직이 따로 존재한다. 이들은 국가의 승인을 얻은 파견회사가 노동자와 고용계약을 체결하는 형태로 한국의 파견과 유사하다. 중국진출업체들은 노무공을 수량적 유연성 확보를 위한 주요 고용형태로 활용하는데 이들 중 일부는 계약직으로 전환되기도 한다. 이외에도 중국진출업체들은 인턴사원이나 공고실습생 등을 채용하여 활용하고 있다.

〈표 7-11〉은 기존연구에 의존하여 현대·기아차를 비롯한 주요 완성차업체 중국공장들의 고용현황을 정리한 것이다. 북경현대차와 동풍열달 기아차의 고용관행은 대체로 유사하다. 북경현대차의 경우 2006년 8월 기준 4,117명의 종업원수를 기록하는데, 그 중에서 한국인 주재원은 60여 명, 관리사무직은 590명 정도이며 나머지는 모두생산직이다. 이들은 대개 1년 단위로 고용계약을 체결하며 특별한 일이 없는 한 반복계약이 이뤄진다. 평균연령 20대 중반으로 한국에 비해 매우 젊은 편이다(조성재 외, 2007: 40~41).

정규계약직 외에 노무공을 활용하는데 2006년 기준 노무공의 수는 약 400명으로 전체 종업원 수의 10% 정도의 비중을 차지한다. 이들은 주로 청소, 시설관리 등과 더불어 생산량이 불안정한 공정의 임시대응에 100명 정도가 배치되어 있다(조성재 외, 2007: 41).

북경현대차가 다른 완성차업체와 구분되는 점은 지역의 공고 3학년생을 실습생으로 대량 활용한다는 점이다. 공고실습생은 인턴노동력으로 졸업 후에 정규 계약직으로 채용되기도 하지만 실습기간 동안은 노무공보다 더 열악한 저임금 비정규 노동력으로 활용된다.

〈표 7-12〉는 역시 앞의 기존연구에 의존하여 현대·기아차를 비롯한 중국 내 주요 완성차업체들의 임금과 복지현황을 정리한 것이다. 중국에는 일반적으로 직무급 체계가 광범위하게 도입되어 있다. 그러나 현대차와 기아차의 경우 생산직의 직무급적 특성은 그리 강하지

〈표 7-11〉 중국 내 주요 완성차업체들의 고용제도 현황

업체명	조사시점	종업원수	기본형태	비정규 활용/기타	비고
상해 VW	2004년 7월	15,000명 (비정규 포함)	• 계약제 (근속 10년 이상 종신고용 비율 높음)	• 노무공(3년 계약) 30% 이상 • 인턴사원 및 고교실습생	• 최근 직능 자격제 도입
상해 VW	2005년 4월	15,000명 (비정규 포함)	• 계약제 • 생산직 정식공은 노무공 중 선발	• 노무공 30% (파견회사 35개) • 인턴사원	직능자격제 원활한 적용
상해 GM	2004년 7월	-	• 생산직: 1, 2, 4년 계약 • 관리직: 4년	• 노무공 1% 미만	• 식당, 청소 등은 외주
북경 현대차	2004년 6월	2,710명	• 생산직 1년 계약 후 2년 계약	• 임시공 57명	• 여성 145%
북경 현대차	2005년 8월	2,900명	• 생산직: 1년 • 사무관리직: 2~3년	• 노무공: 400명 • 실습생: 940명	• 주재원: 60명 • 이직률: 생산직 3~4%, • 사무관리직: 9~10%
북경 현대차	2006년 8월	4,117명	• 생산직: 1년 • 대졸사원: 3년	• 노무공: 400명, • 실습생: 100명	• 전년 실습생 대부분 정규직 전환
광저우 혼다	2005년 9월	4,485명	• 생산직: 1년, • 대졸사원: 3년	• 노무공: 250명	• 혼다 직원: 27명
동풍열달 기아차	2004년 7월	1,379명 (생산본부)	• 계약제	• 노무공: 160명, • 공고실습생: 274명	• 여성 15%

출처: 조성재 외(2007: 34).

〈표 7-12〉 중국 내 주요 완성차업체들의 임금 및 복지현황

업체명	조사시점	임금체계	임금구성 등	임금수준(월)	복지 · 기타
상해 VW	2004년 7월	직능자격제	• 능력 성과제 • 연공수당 최소화	• 상해시 최고의 75% 수준	• 상업보험 • 차량할인
상해 VW	2005년 4월	-	-	-	-
상해 GM	2004년 7월	-	• 기본임금: 70% • 수당: 30%	• 동업종 최고의 75% 수준	• 차량할인 및 할부 • 주택공적금 제도 • 5대 보험료 임금총액의 30%
북경 현대차	2004년 6월	-	-	• 생산직: 1,650위안 (잔업포함 3,160원) • 대졸 2,400위안	-
북경 현대차	2005년 8월	-	-	• 생산직: 3,080위안 (잔업수당 포함) • 노무공: 1,050 ~1,250위안(잔업수당, 간접비 포함) • 실습생: 750위안	• 각종 보험료 총액: 직접임금의 45.8%
북경 현대차	2006년 8월	• 간부: 연봉제 • 사무관리직: 월급제 • 생산직: 시간급	• 직무수당은 보완적 • 생산직 기본급: 1,400위안 • 직무수당: 175위안	• 대졸초임: 3,200위안 • 생산직 임금: 매년 2% 인상 • 2006년에는 초임 삭감	• 사무관리직: 5단계 평가 • 생산직: 3단계 평가 (임금, ±10%)
광저우 혼다	2005년 9월	단일호봉제	• 기본급: 60% • 기타수당: 40%	• 월 5,000위안 • 노무공:1,700위안 • 매년 5% 베이스업	• 주간연속 2교대 • 잔업 희소
동풍열달 기아차	2004년 7월	직무임금제 (4등급)	• 상여금 3개월분	• 생산직:1,200위안 (잔업포함 2,500위안) • 관리직: 1,800~ 2,000위안	-

출처: 조성재 외(2007: 38).

않으며, 전체를 묶어 시간급을 적용하고 매년 임금인상 시 베이스업을 하는 방식이다(조성재 외, 2007: 37). 기본 임금수준이 매우 낮아 잔업과 특근을 통해 낮은 임금수준을 보완하는 시스템이 한국에서와 마찬가지로 작동하고 있다. 그러나 잔업을 포함하더라도 현대차와 기아차의 임금수준은 다른 완성차업체들, 특히 광저우혼다와 비교해 상당히 낮은 수준을 기록하고 있다.

한편 북경현대차 노무공의 임금수준은 2006년 8월 기준 월 1천 1백 위안으로 정규 계약직 3천여 위안(잔업포함)에 비해 1/3 수준이다. 또한 공고실습생의 임금수준은 월 750위안으로 정규 계약직의 1/4 수준에 그친다(조성재 외, 2007: 41).

박준식·조성재(2006)의 연구에 따르면, 중국진출 해외완성차 업체들은 작업조직의 유연성을 추구하는 방식에서 차이를 보인다. 폭스바겐 등의 독일계 기업들은 직무급을 기반으로 보상 및 승진체제를 운용하고, 고용조정의 필요성에 직면할 때 노동시간 유연성을 강화하는 방식으로 환경변화에 대응하는 경향을 보인다. 한편, 일본기업들은 장기고용에 기반한 기능적 유연성을 강화함으로써 직무와 작업조직 측면에서 현장의 환경적응 능력을 키워가는 데 중점을 둔다.

반면, 현대차와 기아차는 생산량 확보의 필요에 따라 수시로 생산속도를 조절하며, 필요한 경우 노동시간을 최대한 연장함으로써 수요변화에 대응한다. 한국에서와 유사하게 장시간 노동을 적극적으로 활용하는 것이다. 실제로 조성재 외(2007)의 연구에 의하면 북경현대차의 생산직 노동자들은 1일 8시간 정규노동 이외에 물량이 많을 경우 매일 3시간씩 잔업을 수행하고 주말에도 특근을 감당하는 등 연 3천 시간 이상의 장시간노동을 수행하는 것으로 나타났다.

5. 쟁점과 전망

현대차그룹은 자동차산업의 후발주자임에도 불구하고 선진국 주요 자동차메이커들의 가치사슬 구조에 편입되어 발전을 추구하기보다는 처음부터 자체 판매망과 브랜드를 갖추고 독자적인 발전을 추구해왔다. 20세기 말 세계경제의 글로벌화가 본격적으로 전개되면서 현대차그룹은 비교적 뒤늦게 글로벌경쟁에 뛰어들게 된다. 그런데 후발주자의 조건에서는 글로벌 생산을 위한 글로벌 소싱 네트워크를 구축하는 것이 쉽지 않은 일이 된다(Spatz & Nunnenkamp, 2004). 특히 현대차 그룹은 국내에서 부품기업들을 하청계열화한 다음 이들에게 일방적인 통제를 행사해왔다. 이와 같은 종속적 기업 간 관계구조 아래서 현대차는 하위의 부품업체들에게 비용과 위험을 전가하면서 이들로부터 비교적 저렴하게 부품을 공급받아 왔으며, 이것은 현대차의 경쟁력에 상당히 기여했다. 그런데 글로벌 생산을 확대해나가는 과정에서 국내에서와 같이 저렴한 비용으로 고품질의 부품을 공급해 줄 수 있는, 그러면서도 현대차가 통제할 수 있는 부품업체를 확보하는 것은 불가능에 가까운 것일 수 있다.

부품조달과 관련한 이상의 문제에 대해 현대차그룹이 내놓은 대안은 그룹 내 계열사와 부품업체를 동반진출시킴으로써 국내에서와 같은 생산방식과 가치사슬 구조를 해외에서 재현하는 것이었다. 초창기에 진출한 터키공장을 제외하면 현대차그룹은 해외생산공장을 건설할 때마다 모듈생산과 부품공급구조의 관리를 총괄하는 모비스를 동반진출시키고 여기에 더해 주요 원자재 업체인 하이스코와 물류업체인 글로비스를 동반진출시킴으로써 완성차 해외공장을 중심으로 그룹차원에서 일정 정도 완결적 가치사슬 구조를 구축하게 된다. 여기에 국내의 부품사들을 동반진출시켜 현지에서 부품을 공급하게 함으로써 현대차그룹 중심의 위계적이고 종속적인 부품공급 구조를 해외에서도 재현하게 된다. 이러한 동반진출 모델은 현대차가 세계시장에서 선전할 수 있는 중요한 요인이 되었다.

그러나 한편으로 동반진출 모델은 해외진출이 완성차기업의 투자에 한정되지 않는 엄청난 비용을 필요로 한다. 즉 다른 글로벌 메이커들보다 해외진출의 초기비용이 훨씬 더 많이 투입되어야 하는 것이다. 해외공장이 호황을 누리는 시기에는 높은 투자비용이 높은 성과로 이어질 수 있다. 완성차의 높은 성과가 다시 재벌 계열사들의 성과를 높이고 일정정도는 동반진출한 부품업체들의 매출향상도 낳을 수 있는 것이다. 그렇지만 역으로 해외에 진출한 완성차의 경영실적이 부진하게 되면 이는 다시 계열사들의 실적부진, 그리고 부품업체들의 실적부진을 연쇄적으로 낳을 수밖에 없다. 해외진출의 과도한 투자비용이 과중한 부담으로 회귀하고 현대·기아차와 모비스, 동반진출한 부품업체의 동반위기로 확대될 수 있는 것이다.

이와 같은 해외진출의 과도한 비용부담을 현재 현대차그룹은 내부생산비용 절감으로 상쇄하려는 듯하다. 현대차그룹 현지공장들의 비정규직을 적극 활용한 수량적 유연성의 추구, 무노조 혹은 반노조 정책 등은 그와 같은 비용절감이라는 맥락에서 이해할 수 있다. 그 과정에서 현지 생산공장은 노동착취공장(*sweatshop*)이 될 가능성이 높아진다. 이는 다시 현지여론을 악화시키면서 해외시장 진출을 한계에 이르게 만드는 취약한 재생산 구조를 낳을 수 있다는 점에서 주의를 요한다.

참고문헌

김철식, 2011, 《대기업 성장과 노동의 불안정화: 한국 자동차산업의 가치사슬, 생산방식, 고용관계 분석》, 백산서당.

______ · 조형제 · 정준호, 2011, "모듈 생산과 현대차 생산방식: 현대모비스를 중심으로", 〈경제와 사회〉, 92호: 351~385.

박준식 · 조성재, 2006, "중국 자동차산업의 다국적기업 진출과 고용관계", 《동북아 제조업의 분업구조와 고용관계(Ⅱ): 자동차산업과 전자산업을 중심으로》, 한국노동연구원.

장영석 · 조성재 · 박준식, 2005, "중국 자동차산업의 발전과 고용관계", 《동북아 제조업의 분업구조와 고용관계(Ⅰ)》, 한국노동연구원.

조성재 · 장영석 · 오재훤 · 김용도, 2007, 《동북아 제조업의 분업구조와 고용관계(Ⅲ)》, 한국노동연구원.

조형제 · 이병훈, 2008, "현대자동차 생산방식의 진화: 일본적 생산방식의 도입을 중심으로", 〈동향과 전망〉, 73호: 231~264.

______ · 김철식, 2013, "모듈화를 통한 부품업체 관계의 전환: 현대자동차의 사례", 〈한국사회학〉, 47집 1호: 149~184.

Jo, Hyung Je & Jong-Sung You, 2011, "Transferring Production Systems: An Institutionalist Account of Hyundai Motor Company in the United States", *Journal of East Asian Studies*, 11(1): 41~73.

Spatz, Julius & Peter Nunnenkamp, 2004, "Globalization of the Automobile Industry: Traditional Locations under Pressure?", In M. Faust et al. (eds.), *European Industrial Restructuring in a Global Economy: Fragmentation and Relocation of Value Chains*, SOFI Berichte, Göttingen.

Womack, James P., Daniel T. Jones & Daniel Roos, 1990, *The Machine That Changed the World*, New York: Rawson Associates.

08 한중 간 환율, 주가와 인플레이션의 상호영향에 관한 실증분석

윤용만 · 공치

1. 소 개

1) 배 경

화폐교환과 주식시장은 국제 금융시장에 거대한 영향을 미친다. 주가변동은 정부와 기업의 자산분배에 영향을 미치기 때문에 사람들은 이에 대해 많은 관심을 가지고 있다.

1973년 브레턴우즈체제(Bretton Woods System)가 붕괴된 후, 많은 국가에서 변동환율제도를 도입하였다. 변동환율제도는 공급과 수요의 관계에 기초한 시장법칙에 근거해 환율을 결정한다. 비교적 환율변동이 큰 국가에서는 이 제도가 시행되면서 금융시장과 상품시장이 더욱 취약해졌다. 또한 국제 투자방식의 다양화가 가속화되면서 환율변동과 주식시장 변화의 관계는 더욱 중요해졌다. 왜냐하면 주가로 예측되는 화폐에 더 많은 국제자본이 유입되면 해당 국가의 국내 자본시장이 발전하고 주식시장 지수를 증가시키며 국내 경제발전을 촉진

* 이 글은 2012년 〈貿易學會誌〉 37권 5호, 503~524쪽에 게재됐던 논문을 재수록한 것이다.

시키기 때문이다. 반대로 해외자본이 갑자기 퇴출하면 단기이율 증가로 주가, 국내 화폐가치, 국민경제에 부정적 영향을 미치게 된다.

지난 1980년대부터 세계적으로 해외직접투자(FDI: *Foreign Direct Investment*)가 매년 평균 30% 이상 증가추세를 보였다. 많은 국가가 변동환율제를 채택하여 자본시장에 대한 감독과 통제를 완화하였다. 동시에 경제가 글로벌화되면서 국가 사이의 경제의존도가 서로 높아져 균형 잡힌 경제정책〔和谐经济政策〕의 중요성을 인식하게 되었다.

명확한 것은 글로벌화가 각 국가의 경제발전과 경제협력을 촉진한다는 점이다. 글로벌화는 세계적 범위에서 더 많은 상품, 서비스, 자본의 흐름을 원활하게 한다. 세계은행의 통계에 따르면 국내총생산(GDP: *Gross Domestic Product*)에서 차지하는 국제무역(수출입액)의 비중이 지난 10년 동안 12% 증가하였고, 같은 시기 미국 회사들로부터 유입한 FDI가 3배 정도 증가하였다. 하지만 글로벌화가 더 큰 시장변동을 가져와 글로벌 금융시장의 안정을 위협한다. 임의 국가의 금융시장 문제가 빠른 속도로 기타 지역 혹은 글로벌 위기까지 불러온다. 예를 들면, 1997년 아시아 금융위기, 2007년 미국발 금융위기, 2010년 유럽국가 부채위기 등이 있다. 그 외에도 외환시장의 변동은 각국 경제에 영향을 미치는 중요한 요소다. 따라서 많은 외환시장과 주식시장 사이의 관계연구가 진행됐다. 한편, 외환시장과 주식시장 사이의 관계가 매우 중요하지만 이 두 시장에 영향을 미치는 인플레이션에 대해서는 관심이 적은 편이다. 그러나 인플레이션 변동은 외환시장과 주식시장에 직접적으로 영향을 미칠 뿐만 아니라 국내경제의 안정에도 중요한 영향을 미치는 요인이다.

주가에 대해 살펴보면 주가변동은 실물시장에도 영향을 미칠 뿐만 아니라 실물경제 활동에도 영향을 미친다. 구체적인 예를 들자면 중앙은행은 화폐정책으로 주가를 조절하려는 계획은 없지만, 화폐정책의 변화가 직접적 혹은 간접적으로 주가에 영향을 미치게 되어 실물 경제에도 영향을 주게 된다.

이론적으로 주식시장 가격변동은 여러 가지 요소들로부터 영향을 받는다. 정부가 화폐와 재정정책을 긴축하면 금융시장의 화폐유동성은 낮아지고 자본예측 수익률은 증가하지만 화폐 혹은 재정정책은 주식시장에만 영향을 미치는 것은 아니다. 주식시장의 변동이 이론적으로 분석한 결과와 일치하지 않은 원인도 여기에 있다.

따라서 주식시장, 환율, 인플레이션 이 3자의 관계를 깊이 있게 분석하는 것은 정책입안자들이 화폐정책의 효율성을 증가시키고 경제 금융시장을 안정시키는 데에 도움을 줄 수 있다. 뿐만이 아니라 정부는 이 분석결과를 활용해 금융위기 확산을 제한하고 그에 따른 충격을 줄임으로써 국제금융의 균형 있는 발전을 촉진시킬 수 있다. 이에 이 연구는 글로벌 경제에서 중요한 역할을 담당하는 중국과 한국을 중심으로 이들의 관계를 고찰해 보도록 하겠다.

2) 기존문헌 검토

많은 연구자들은 환율변동과 주식시장의 관계를 연구하였는데 결과는 일치하지 않았다.

그레인저와 황백농(Granger & Huang, 2000)은 단위근(*unit root*) 검증과 코인터그레이션(*co-integration*) 모형 그리고 아시아 금융위기 데이터를 이용하여 대다수 아시아 국가들의 환율변동이 주식시장 가격에 양의 영향을 미친다는 것을 밝혔다. 라마사미와 매튜 영(Ramasamy & Yeung, 2005)은 아시아 지역 9개 국가들의 환율과 주식시장 가격의 그레인저 인과관계를 검증하면서 샘플선택의 시간 길이에 따라 환율과 주식시장 가격은 히트앤드런(*hit-and-run*) 반응에 편중됨을 발견하였다. 구리하라(Kurihara, 2006)는 2001년 3월부터 2005년 9월까지 일본의 거시경제 변인과 일별 주가 사이의 관계를 분석하여, 이자율이 일본의 주식시장 가격에는 영향을 미치지 않지만 환율에는 영향을 미치는 것을 발견하였다. 팬 등(Pan et al., 2007)은 1988년 1월부터 1998년 10월까지 동아시아 7개 국가의 환율과 주식시장 가격변동의 연계성을 살펴본 결과, 1997년 이전 홍콩, 한국, 일본, 말레이시아와 타이의 환율과 주식시장 가격은 명확한 인과관계를 가짐을 발견하였다. 박송춘 등(Park et al., 2009a)은 화폐안정 채권과 주식시장 지수는 밀접하게 연관되어 있고 주식시장 지수의 변화가 직접적으로 화폐미정 채권에 영향을 미침을 발견하였다. 박송춘 등(Park et al., 2009b)은 그레인저 인과관계 검증을 이용하여 중국, 일본, 한국 사이의 환율, 주식가격 지수, 인플레이션, 무역수지의 영향을 분석하였다. 이근영(Lee, 2011)은 파블로바와 리고본의 모형(Pavlova & Rigobon's Model)을 이용하여 자산가격과 환율변동이 공급과 수요에 충격을 주는 3가지 잠재요인을 추론하였고 VAR(Vector Auto Regressive) 모형을 이용하여 이러한 영향 요인들의 충격반응을 분석하였다.

종합하면 기존연구들은 환율을 과도하게 중시하여 타국의 영향을 고려하지 못하거나 한 국가의 주식시장이 다른 국가에 미치는 영향에만 초점을 두어 이루어진 경향이 있다. 그리고 일부 연구는 더 장기적인 데이터를 검증하였는데 공정환율제도 시기의 데이터까지 활용하기도 했다.

따라서 이 글은 국가 간 경제협력과 함께, 환율시장, 양국의 주식시장과 인플레이션 사이의 관계에 대해 연구하겠다. 2절에서는 한중 양국의 관계를 간단히 서술하고 3절에서는 환율, 주식지수와 인플레이션 사이 교차 충격반응에 대한 영향을 실증분석한다. 마지막 4절은 결론 부분이다.

2. 한 · 중 경제관계

동북아시아 지역은 전 세계에서 주요한 경제활동이 활발하게 이루어지는 지역이다. 한 · 중 · 일 3국의 경제가 전 세계 GDP 총합에서 차지하는 비중이 20%에 달한다. 한중 양국은 지리적으로 인접해 있고 역사적, 문화적으로 서로 연계되어 있어 비록 현재 정치 · 경제체계가 서로 다르지만 양국 경제는 여전히 밀접하게 연관이 있다.

최근 한중 양국은 경제협력을 통해 경제발전을 촉진하고 있다. 지난 20여 년 동안 경제가 급속히 발전하면서 양국의 외부 경제환경, 내부 경제구조와 양국 관계에 모두 매우 큰 변화를 가져왔다. 이러한 변화는 특히 양국의 환율과 주식시장에서 나타난다. 〈표 8-2〉와 같이 한중 양국의 무역관계는 심화되었다.

〈표 8-1〉 한국과 중국의 경제지수(2009)

구분	한국	중국
면적(천 ㎢)	9.9	960
인구(백만 명)	48.64	1,330.14
GDP(1조 달러)	0.81	4.814
GDP 순위	14위	3위
1인당 GDP(달러)	28,000	6,600
GDP 실질성장률(%)	0.2%	8.7%
외환보유액(10억 달러)	271	2,399
무역액 합계(10억 달러)	668.5	925.9
-수출액 (10억 달러)	355.1	516.3
-수입액 (10억 달러)	313.4	409.6

출처 : *World Factbook*, 2009.

1) 무 역

한국과 중국, 양국의 무역규모는 1979년 1천 9백만 달러(홍콩, 싱가포르 중계무역 포함)에서 1980년에 1.9억 달러, 1985년에는 13억 달러로 증가하였다. 1992년 한중수교 이후, 무역액은 1991년 32.4억 달러에서 2010년 2071.7억 달러로 증가하였다. 〈표 8-2〉에서 볼 수 있듯이 1998년부터 2010년까지 양국의 상호무역액이 연평균 24.2%씩 증가

〈표 8-2〉 중국의 한국에 대한 무역수지 통계(1992~2010)

(단위 : 1억 달러)

연도	총 무역액		한국으로의 수출		한국으로부터의 수입		무역수지
1990	37	N/A	22.7	N/A	14.3	N/A	8.4
1991	32.4	-12.40%	21.8	-4.00%	10.7	-25.20%	11.1
1992	50.3	55.20%	24.1	10.60%	26.2	144.90%	-2.1
1993	82.2	63.40%	28.6	18.70%	53.1	102.70%	-24.5
1994	117.2	42.60%	44	53.80%	73.2	37.90%	-29.2
1995	169.9	45.00%	66.9	52.00%	102.9	40.60%	-36
1996	199.9	17.70%	75.1	12.30%	124.8	21.30%	-49.7
1997	240	20.10%	91.2	21.40%	149.3	19.60%	-58.1
1998	212.6	-11.40%	62.3	-31.70%	150	0.50%	-87.7
1999	250.4	17.80%	78.1	25.40%	172.3	14.90%	-94.2
2000	345	37.80%	112.9	44.60%	232.1	34.70%	-119.2
2001	359.1	4.10%	125.2	10.90%	233.9	0.80%	-108.7
2002	440.7	22.70%	155	23.80%	285.7	22.10%	-130.7
2003	632.3	43.50%	201	29.70%	431.3	51.00%	-230.3
2004	900.7	42.40%	278.2	38.40%	622.5	44.30%	-344.3
2005	1119.3	24.30%	351.1	26.20%	768.2	23.40%	-417.1
2006	1343.1	20.00%	455.3	29.70%	897.8	16.90%	-442.5
2007	1599	19.10%	561.4	23.30%	1037.6	15.60%	-476.2
2008	1861.1	16.40%	739.5	31.70%	1121.6	8.10%	-382.1
2009	1562.3	-16.10%	536.8	-27.40%	1025.5	-8.60%	-488.7
2010	2071.7	32.60%	687.7	28.10%	1384	35.00%	-696.3

출처: 중국 상무부(Ministry of Commerce of China) 각 연도 자료.

하였다. 이 수치는 같은 시기 한국의 연 무역총액 증가율 10.95%의 2배에 달했다. 한국은 중국의 3대 무역파트너의 하나이자 3대 수출시장 가운데 하나이며 두 번째로 큰 수입국이다. 중국은 한국의 가장 큰 무역파트너이자 가장 큰 수출시장과 두 번째로 큰 수입국이기도 하다.

상호무역량이 급속도로 성장할 뿐만 아니라 무역구조도 원재료무역에서 완제품무역으로, 저부가가치 제품에서 고부가가치 제품으로 변하고 있다. 1990년대 초, 한국의 주요한 공업제품은 중국으로 수출되어, 중국이 수입하는 제품 가운데 60%가 공업제품이고 기타 40%가 농산품과 원자재였다. 시간이 흐름에 따라 한중무역에서 농산품 등 1차제품의 무역액이 차지하는 비중이 점차 줄어들고 전자제품과 기계제품들이 양국무역의 중요한 수출입품이 되었다.

2) 투 자

1992년 한중수교 이후, 한국의 중국에 대한 투자가 급속도로 증가하였다. 중국에 대한 한국 투자는 1980년대부터 시작되었는데, 이때는 주로 원자재산업에 투자하였다. 1988년 한국은 중국에 171개 항목에 투자하였고 투자금액은 2억 달러에 달하였다. 1992년 한중수교가 이루어지면서 한국은 중국에 340개 항목에 걸쳐 투자하였고 총투자금액은 9.6억 달러에 달하였다. 2010년에는 1,695개 항목에 투자했고 총투자금액은 473억 달러였다. 2002년부터 현재까지 한국은 중국의 3대 FDI 투자대상국이며, 중국은 한국의 가장 큰 투자대상국이다.

중국에 대한 한국의 투자에서 나타나는 주요 특징들을 종합하면 다음과 같다. 첫째, 한국은 중국의 동부연해와 발해구역을 중심으로 투자한다. 둘째, 최근에 투자가 다양화되어, 투자항목이 금융을 포함한 서비스 산업까지 확장되었다. 2009년 9월까지 한국은행은 중국에

〈그림 8-1〉 한국과 중국의 소비자물가지수와
주가지수, 그리고 환율의 변화

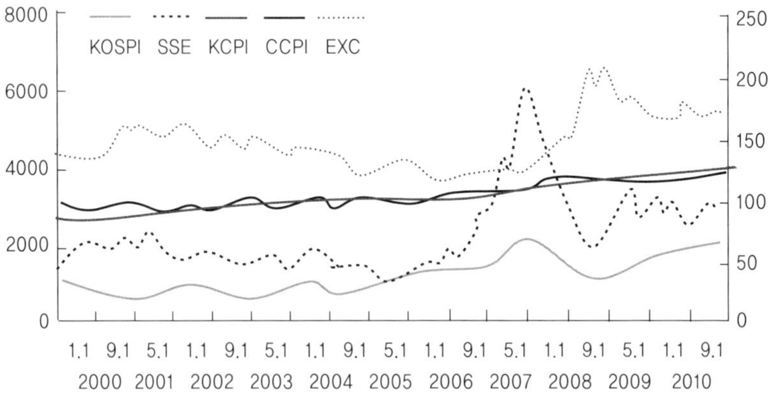

31개 지사, 5개 서비스센터, 4개 지역기업과 18개 지사 사무실을 설립하였다. 보험과 증권회사에서도 중국에 33개 사무실을 설립하였는데 모두 북경, 상해, 천진과 청도에 집중되었다. 셋째, 투자규모가 점차 커지고 있다. 이는 투자항목의 감소와 투자 총금액의 증가로 인한 것이다.

한국과 비교하면 중국의 해외투자는 아직 초보적 단계에 머물러 있다. 중국정부가 해외진출 정책을 추진하면서 한국에 대한 중국투자도 많이 증가하였다. 2009년까지 중국은 한국의 6,515개 항목에 투자하였고 총투자액은 26.8억 달러에 달한다. 〈표 8-3〉은 한국에 대한 중국의 직접투자를 보여준다.

〈그림 8-1〉은 양국의 소비자물가지수(CPI: *Consumer Price Index*)와 주가지수 그리고 환율의 변화를 보여준다. 이 그림에서 한중 양국의 관계가 더 밀접하게 연계되어 있음을 볼 수 있다. 특히 2005년 중국 환율제도 개혁 이후, 비슷한 증가추세는 상호관계의 밀접함을 강조한다. 날로 밀접해지는 상호관계는 양국의 환율시장, 주식시장과 인플레이션 관계의 중요성을 나타낸다.

〈표 8-3〉 중국의 한국에 대한 직접투자 현황

(단위: 백만 달러)

구분	2000	2002	2004	2006	2007	2008	2009	합계
투자액	76	249	1,165	1,165	385	336	161	2,676
프로젝트 수	1,165	442	596	334	364	389	538	6,515

출처 : 한국 지식경제부(The Ministry of Knowledge Economy of Korea) 각 연도 자료.

이러한 맥락에서 급속도로 늘어나는 한중 양국의 무역액과 자본유동량은 그들 변인 사이의 관계 및 그 영향에 대한 연구의 필요성을 시사다. 이러한 연구는 이론연구로서 중요한 의의를 가지며, 현실적으로도 양국 정부가 정책합작에 실제로 참고하고 활용할 수 있다. 특히 금융위험이 비교적 높은 시기에 이러한 연구의 필요성은 더욱 커진다.

3. 실증분석

이 절에서는 VAR모형으로 더 효과적으로 외환시장, 주식시장과 인플레이션이 한중 양국에 미치는 영향에 대해 살펴보겠다. 데이터는 2005년 7월부터 2011년 2월 경제협력개발기구(OECD)의 투자한계효율(MEI: *Marginal Efficiency of Investment*) 금융지표를 사용하였다.

모형에서 주가지수가 주식시장의 변화를 의미하고 CPI는 소비자물가지수를 의미한다. 이 연구에서 한중 양국만을 살펴보기 때문에 직접환율을 이용한다. 모형에는 주로 5개 변인이 포함된다. 즉 EXC(환율, KRW/RMB로 표시), CCPI(중국의 CPI), KCPI(한국의 CPI), CSP(중국의 주가지수)와 KSP(한국의 주가지수)이다.

시계열(*time series*) 데이터를 모형에 사용했기 때문에 단위근 검정을 실시하여 검증했다. 〈표 8-4〉는 단위근 검정(*unit-root test*) 결과이다. 5개 변인의 1차분 변수는 모두 ADF 테스트(*Augmented Dickey-*

Fuller Test) 에 통과하여, 안정적인 것으로 판명되었다.

이 변인들 간의 장기적 균형관계(*cointegration*)가 있다면 다른 유형의 가성회귀(*spurious regression*)가 나타나게 된다. 따라서 이런 상황을 피하기 위해서 요한슨 공적분 검증(*Johansen Cointegration Rank Test*)을 이용하여 모형 가운데 균형관계의 계수를 살펴본다. 그 결과에 따라서 최종모델에 VAR 혹은 벡터오차수정모형(VECM: *Vector Error Correction Model*)을 사용할 것을 결정한다.

〈표 8-4〉 단위근 검정결과

구분	DEXC	DCSP	DKSP	DCCPI	DKCPI
ADF 테스트 통계값	-3.3654*	-4.089666	-5.84106	-5.87084	-5.97001
테스트 임계값	-2.90766	-3.534868	-3.5332	-3.5332	-3.53487

주: *표시한 값의 유의수준은 $p < 0.05$, 다른 값의 유의수준은 $p < 0.01$이다.

〈표 8-5〉 요한슨 공적분 검증

비제약 공적분 검증 (Trace)				
Hypothesized No. of CE(s)	Eigenvalue	Trace Statistic	0.05 Critical Value	Prob.[2]
None[1]	0.505202	84.54299	69.81889	0.0021
At most 1	0.306264	38.80861	47.85613	0.268
At most 2	0.167348	15.04042	29.79707	0.7775
At most 3	0.042628	3.136322	15.49471	0.9604
비제약 공적분 검증 (Maximum Eigenvalue)				
Hypothesized No. of CE(s)	Eigenvalue	Trace Statistic	0.05 Critical Value	Prob.[2]
None[1]	0.505202	45.73438	33.87687	0.0013
At most 1	0.306264	23.76819	27.58434	0.143
At most 2	0.167348	11.9041	21.13162	0.5572
At most 3	0.042628	2.831603	14.2646	0.9573

주: 1) Denotes rejection of the hypothesis at the 0.05 level.
2) MacKinnon-Haug-Michelis(1999) p-values.

SIC(Schwarz Information Criterion)와 HQC(Hannan-Quinn Information Criterion) 검정을 위해 변수의 1단위 시차(*lagged*) 변수를 삽입했다.

〈표 8-5〉는 요한슨 공적분 검증결과이다. 5% 신뢰구간에서, Max-eigenvalue 검측과 Trace 검측결과에서 모두 데이터에 1개의 균형관계가 존재함을 발견하였고, 변수 간 균형관계는 다음과 같다.

$$CCPI = -0.0045 \times CSP - 0.0802 \times EXC - 0.4437 \times KCPI - 0.0512 \times KSP$$
$$(-1.4748) \quad (-3.4400) \quad (-3.2080) \quad (-2.0142)$$

이 등식은 환율, 인플레이션과 주식지식의 장기적 수렴관계를 제시한 것이다. 구체적으로 CSP, EXC, KCPI와 KSP가 각각 하나씩 증가하면 CPI는 순차적으로 -0.0045, -0.0802, -0.4437과 -0.0512로 증가한다. 이 등식으로부터 원화가 증액하면 한국의 CPI도 증가하고 한중 양국의 주식가격도 올라간다.

요한슨 공적분 검증결과에 근거해 다음과 같은 모형을 구축하였다.

〈표 8-6〉 VEC모형에 근거한 그레인저 인과관계 검증결과

종속변수	D(CCPI)		D(CSP)		D(EXC)		D(KCPI)		D(KSP)	
Excluded	Chi-sq	Prob.	Chi-sq	Prob.	Chi-sq	Prob.	Chi-sq	Prob.	Chi-sq	Prob.
D(CSP)	5.598	0.061	N/A	N/A	11.528	0.003	0.023	0.989	5.086	0.079
D(CCPI)	N/A	N/A	3.970	0.137	0.027	0.987	1.615	0.446	5.010	0.082
D(EXC)	6.622	0.037	1.277	0.528	N/A	N/A	0.068	0.966	0.259	0.878
D(KCPI)	6.212	0.045	1.319	0.517	4.131	0.127	N/A	N/A	0.253	0.881
D(KSP)	0.400	0.819	2.203	0.332	1.084	0.582	1.729	0.421	N/A	N/A
All	17.679	0.024	6.376	0.605	19.848	0.011	5.436	0.710	13.690	0.090

〈그림 8-2〉 AR 특성방정식의 근의 역수

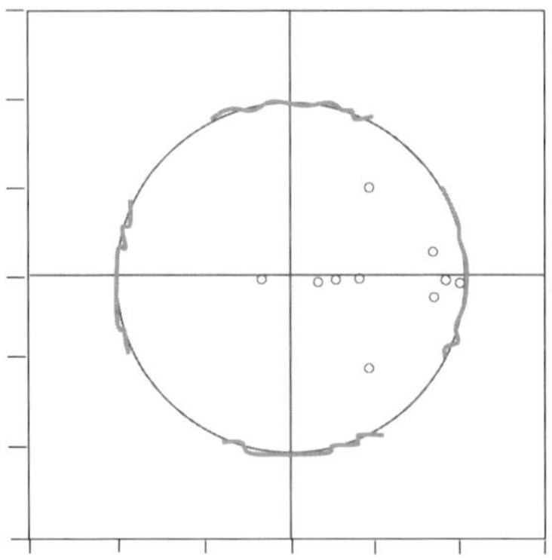

등식에서 Y_t = (EXC$_t$, CCPI$_t$, KCPI$_t$, CSP$_t$, KSP$_t$) 내생변수를, △는 차분값을 표시한다. 예를 들면, △Yt = Yt-Yt-1 CoinEq는 오차수정항을, t는 시간, i는 lagged 값, μ_t 오차항, a_1, c_i는 계수를 표시한다.

펠드스타인과 스톡(Feldstein & Stock, 1994)은 불안정적(*the non-stationary*) 변수 간 균형관계가 있다면, VEC모형에 근거하여 그레인저 인과관계를 검증해야 하며, 그렇지 않으면 결과에 오차가 있음을 증명하였다. 〈표 8-6〉은 VEC의 모형에 근거한 그레인저 인과관계 검증결과이다. 임의변인의 변화가 다른 변인에 미치는 영향을 확인할 수 있다. 5% 신뢰구간에서 EXC와 KCPI는 일반적으로 CCPI의 그레인저 인과관계가 있다. 이는 CPI에 있어서 환율의 중요성을 반영한다. 하지만 CSP의 변화는 EXC의 변화를 가져오고, CSP와 CCPI의 변화는 KSP의 변화를 가져온다.

이 결과는 중국의 안정적 발전이 한국경제의 안정에 있어 비교적 중요한 요소임을 시사한다. 이는 한중 환율변화와 한국의 CPI 변화가 중국의 CPI에 영향을 미칠 수 있는 반면, 중국의 CPI의 변화는 한중 양국의 환율변화 혹은 한국의 CPI변화에 영향을 미치지 않음을 의미한다. 동시에 중국 주식시장의 변화는 한중 양국의 직접환율과 한국 주식시장의 변화에 영향을 준다고 말할 수 있다.

다음으로 임펄스반응(*impulse response*)과 분산분해(*variance decomposition*) 방법을 이용하여 각 변인들 사이의 장단기 효과를 검증한다. 이런 장단기 효과분석은 해당 중앙은행이 관련 경제정책에 도움을 줄 수 있다. 임펄스반응과 분산분해 결과의 유의성을 보장하기 위해 AR root 그림 〈그림 8-2〉를 그린 결과, 임펄스반응과 분산분해 분석결과에 유의한 것으로 나타났다.

다음으로 각 변인에 콜레스키 표준편차 충격(*Cholesky SD shock*)을 부여하여 〈그림 8-3〉을 얻게 된다.

〈그림 8-3〉에서 횡좌표는 충격을 받은 후의 시기(단위는 월)를 표시하고 횡축은 충격 후 반응값을 표시한다, 즉 변화치이다. CCPI는 단기적으로 CSP와 EXC의 충격을 받은 후 반응은 부적으로(*negative*), 기타 변인의 충격을 받으면 반응은 정적으로(*positive*) 나타났다. 장기적으로 변동은 있지만 최종적으로 KCPI로부터 오는 충격에 반응값은 음이고 기타 변인들로부터의 충격에는 양의 반응값을 나타낸다.

인민폐의 증액은 한국의 CPI를 증가시키거나 중국의 CPI 감소시키지 않는다. 인민폐의 증액은 국제자본이 중국에 유입하는 것을 통해 중국경제 과열을 가져온다. 하지만 중국 CPI의 증가는 중국자체의 CPI, EXC의 증가, KSP와 CSP의 감소를 가져온다. 그리고 KCPI의 단기반응이 비록 부적인 영향을 주지만 충격을 받은 몇 개월 후 반응치가 양으로 변동됨을 발견하였다.

EXC가 단기적으로 양국의 주식시장 가격에 부적으로 작용하였다. 이는 인민폐의 증액이 양국의 자본시장에 좋은 영향을 가져다 줄 수 없다는 것이다. 이는 관련된 많은 연구결과에서도 확인된다. 시간의 흐름에 따라 증액예측이 더 많은 해외자본의 중국유입을 가져와 장기적으로 중국 주식시장에 번영을 가져다준다.

〈그림 8-3〉 콜레스키 분해에서 표준편차 충격이 1일 때 반응

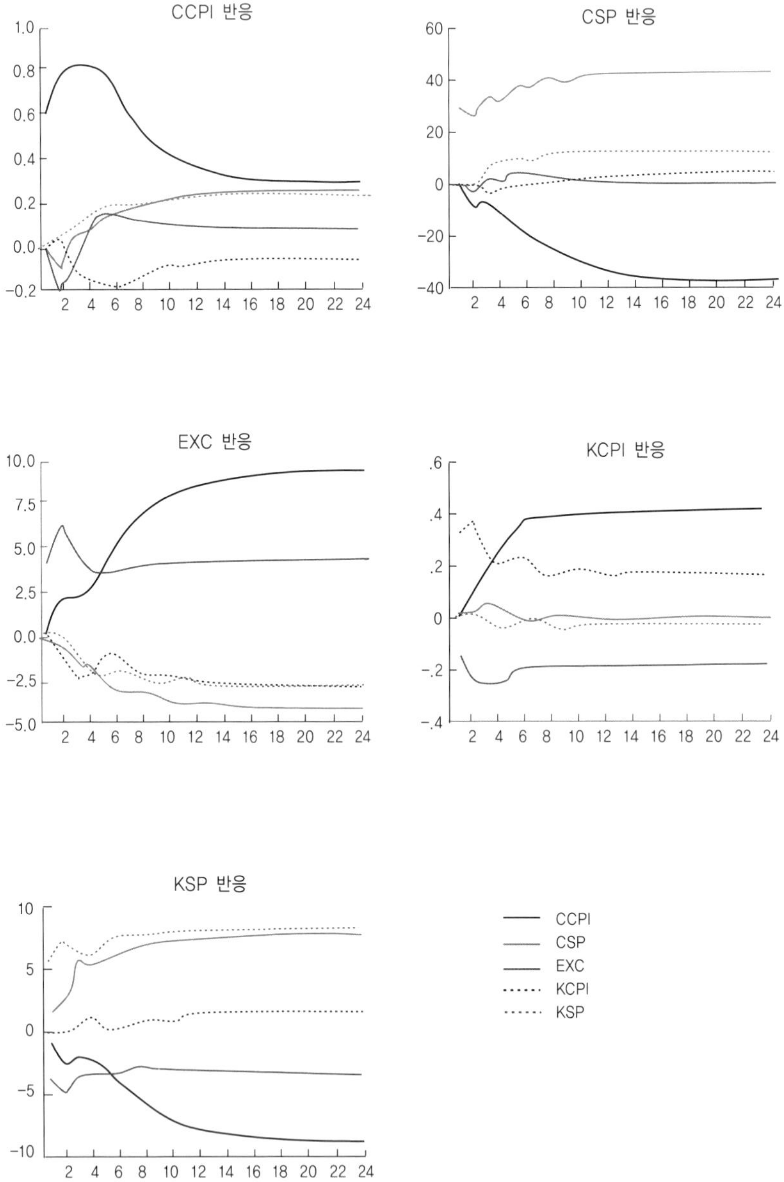

〈표 8-7〉 충격변수에 의한 각 변수들의 효과

충격변수		반응변수				
		CCPI	KCPI	KSP	CSP	EXC
EXC	단기	−	−	−	−	+
	장기	+	−	−	+	+
CCPI	단기	+	−	−	−	+
	장기	+	+	−	−	+
KCPI	단기	+	+	−	−	−
	장기	−	+	+	+	−
CSP	단기	−	+	+	+	−
	장기	+	+	+	+	−
KSP	단기	+	+	+	−	−
	장기	+	−	+	+	−

〈표 8-8〉 특정변수의 변화에 대한 기여도 순위

순위	CCPI	CSP	KCPI	KSP	EXC
1	CCPI(48.60%)	CSP(55.15%)	CCPI(71.02%)	CCPI(34.88%)	CCPI(62.02%)
2	CSP(24.74%)	CCPI(39.91%)	EXC(14.48%)	KSP(31.34%)	EXC(13.99%)
3	KSP(21.68%)	KSP(4.43%)	KCPI(14.10%)	CSP(27.02%)	CSP(12.74%)
4	EXC(3.10%)	KCPI(0.48%)	KSP(0.36%)	EXC(5.65%)	KCPI(6.37%)
5	KCPI(1.87%)	EXC(0.04%)	CSP(0.03%)	KCPI(1.11%)	KSP(5.87%)

KCPI가 증가하면 CCPI의 단기적 증가와 장기적 감소를 가져왔다. 최종적으로 한국 CPI는 중국의 CPI에 정적인 영향을 가져다주었다. 이는 조율 CPI〔调整 CPI〕가 한중 양국에 모두 불리한 영향을 가져온다는 것이다.

CSP와 KSP의 변화는 한국에 단기적 효과를, 중국에는 장기적 효과를 미친다. 주가시장 가격의 정적인 변동은 물가인상으로 예측된다.

하지만 이 모형에서 한중 양국은 서로 다른 차이를 보였다. 예를 들면 CSP의 증가예측은 단기적으로 중국의 인플레이션을 낮춰 주었고 반대로 KSP의 증가예측은 장기적으로 한국의 인플레이션을 낮춰 주었다. 즉 자체의 주가상승은 한국에는 단기적인 통화팽창을 가져올 수 있고 중국에는 장기적 통화팽창을 가져올 수 있다.

〈그림 8-4〉 분산분해 그래프 (100주기)

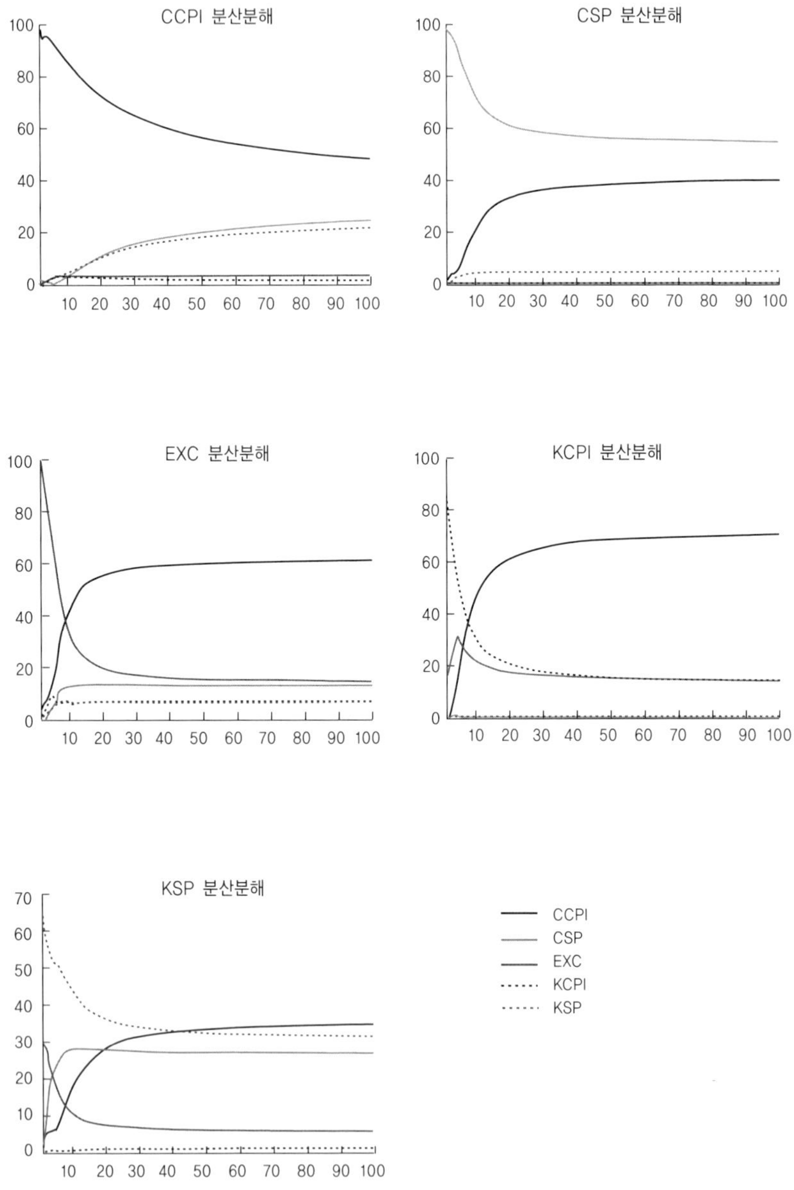

각 변인들이 특정변인의 변동에 미치는 영향을 비교하기 위해 분산분해 방법을 이용해 변동 후 100주기를 예측할 수 있다. 〈그림 8-4〉에서 볼 수 있듯이 각 변인의 영향력은 20~30주기(20~30개월) 이후 안정성을 유지했다.

장기적으로 한국의 CPI, 주가시장 가격, 환율변동의 주요원인이 중국의 CPI에 있다. 즉 한중 양국의 경제는 중국의 요인들에 많은 영향을 받는다. 특히 중국의 CPI가 대표적이다. 〈표 8-8〉은 안정된 후, 〈그림 8-4〉에서 반응이 변동에 미치는 영향력에 따라 순서를 배열하였다. 여기에서 한국의 변인이 자체의 변동에 미치는 영향력은 크지 않지만 환율을 주로 CCPI와 KCPI에 주로 의존한다. 이는 양국이 관련 거시정책을 제정할 때, 중국경제가 한국경제에 미치는 영향을 고려해야 함을 명확하게 보여준다. 예를 들면 중국이 화폐정책 변화를 통해 화폐공급을 확대하면 양국의 CPI는 그 충격을 받아 수치가 상승하고 양국의 주가시장도 비교적 큰 충격을 받게 된다.

4. 결론

이 연구의 결론은 아래와 같다.

첫째, 이 연구를 통해 한국과 중국 또는 여러 국가의 외환시장, 주식시장과 인플레이션 사이의 관계를 연구하는 방법을 제시하였다. 이 연구는 이론적 측면에서 의의가 있을 뿐만 아니라 국제문제와 국제정책의 분석에 있어서도 의의를 지닌다.

둘째, 이 연구를 통해 장기적으로 밀접하게 연계된 양국 간 경제와 금융관계를 보여주었다. 한중 양국의 이러한 밀접한 관계는 양국의 거시적 경제변인들이 어떻게 기타 경제변인들에 영향을 미치는지 간접적으로 보여준다. 그리고 여러 차례 금융위기를 경험한 양국은 거시적인 변인들이 기타 변인들에 미치는 영향의 중요성을 더 잘 알게 되었다.

셋째, 그레인저 인과관계 분석을 통해 한중 자국화 표시환율, 한국 CPI의 변화는 중국 CPI에 영향을 준다는 사실을 확인했다. 역으로, 중국 CPI의 변화는 한중 양국의 자국화 표시환율과 한국 CPI에 영향을 미치지 않지만 한국 주식시장의 변화에 영향을 미침을 확인할 수 있었다. 동시에 중국 주식시장의 변동은 한중 자국화 표시환율과 한국 주식시장의 변화에 영향을 끼침을 확인하였다.

넷째, 충격반응의 결과 인민폐 상승은 한중 양국의 주식시장에 유의하지 않다. 장기적인 인민폐의 강세예측은 많은 외국자본이 유입되어 중국 주식시장에 긍정적(*positive*) 영향을 준다. KCPI와 인플레이션 지수 간의 조절은 한중 양국에 부정적(*negative*) 영향을 주고 CSP와 KSP 간의 조절은 한국에 단기적, 중국에 장기적으로 같은 방향의 영향을 미치는 것으로 검증되었다.

다섯째, 분산분해 분석방법은 각 변인들이 임의의 변인변동에 미치는 영향력에 관해 중요한 정보를 제공한다. 연구결과 한국경제 변인의 변동에 있어 중국경제의 영향이 매우 큰 것으로 나타났다.

종합하면 1992년 한중수교 이후, 양국의 상호관계는 비약적으로 발전하여 이미 한미, 한일관계를 넘어설 정도로 밀접해졌다. 따라서 한중관계에 문제가 발생하면 양국 모두 충격을 받게 된다. 이 연구는 표본의 크기가 작고 그 대상을 한중 양국에만 국한시킨 점에서 한계를 지닌다. 하지만 더 많은 국가들을 모형화하면 분석과정이 복잡해질 수 있음을 감안하였다. 이 연구에는 여러 가지 한계가 있지만 한국과 중국의 환율, 주가와 인플레이션의 상호 영향을 분석하고 추정했다는 점에서 그 의의가 있다.

참고문헌

Abdalla Issam & Murinde Victor, 1997, "Exchange Rate and Stock Price Interactions in Emerging Financial Markets: Evidence on India, Korea, Pakistan and the Philippines", *Applied Financial Economics*, 7: 25~35.

Burstein, Ariel, Martin Eichenbaum & Sergio Rebelo, 2002, "Why are Rates of Inflation so Low after Large Devaluations?", *NBER Working Paper*, 8748.

Canales-Kriljenko, J & Habermeier, K., 2004, "Structural Factors Affecting Exchange Rate Volatility: A Cross-Section Study", *IMF Working Paper, 04/147*.

Francisco J. Climent, Maria & Ignacio Olmeda, 2004, "Linear and Non-Linear Dynamics between Exchange Rates and Stock Markets Returns: An Application to the Financial Crises of Europe and Asia in the Nineties", *Review of Financial Markets*, 5: 19~48.

Gary Gang Tian & Shiguang Ma, 2010, "The Relationship between Stock Returns and the Foreign Exchange Rate: the ARDL Approach", *Journal of the Asia Pacific Economy*, 15: 490~508.

Granger & Huang, 2000, "A Bivariate Causality between Stock Prices and Exchange Rates in Asian Countries", *Quarterly Review of Economics and Finance*, 40(3): 37~54.

Hamilton, J. D., 1994, *Time Series Analysis*, New Jersey: Princeton University Press.

Kim, Joung-Hee & Chang, B., 2010, "The Relationship of Stock Prices and Macroeconomic Variables", *Journal of Industrial Economic Review in Korean*, 4: 2105~2134.

Kurihara, Yutaka, 2006, "The Relationship between Exchange Rate and Stock Prices during the Quantitative Easing Policy in Japan", *International Journal of Business*, 114: 375~386.

Lee, Keun Yeong, 2011, "The Effect of Supply and Demand Shocks on Domestic Macroeconomy: Using a Latent Factor Model", *KyongJe-*

HakYonGuin Korean, LIX4: 25~52.

Linda S. Goldberg & José Manuel Campa, 2010, " The Sensitivity of the CPI to Exchange Rates: Distribution Margins, Imported Inputs, and Trade Exposure", *The Review of Economics and Statistics*, 92: 392~407.

Md. Lutfur Rahman, 2009, "Dynamic Relationship between Stock Prices and Exchange Rates: Evidence from Three South Asian Countries", *International Business Research*, 2: 167~173

Pan, Ming-Shiun, Fok, Robert Chi-Wing & Liu, Y. Angela, 2007, "Dynamic Linkages between Exchange Rates and Stock Prices: Evidence from East Asian markets", *International Review of Economics and Finance*, 16: 503~520.

Park, Song-Choon & Cho Yeong-Suk, 2009, "Study on the Relationship of Foreign Exchange Rates, Stocks Price Index, Prices, and Trade Balances : Focused on the Korea, China, and Japan", *The Journal of Financial Engineering studiesin Korean*, 12: 143~176.

______, Cho Yeong-Suk & Cho Kook-Il, 2009, "Analysis on How Monetary Stabilization Bond Affect Foreign Exchange, Stock Index and Price Index", *The Journal of Industrial Economic Review in Korean*, 8: 1557~1576.

Pavlova, A. & Rigobon, R., 2007, "Asset Prices and Exchange Rates", *Review of Financial Studies*, 204: 387~422.

Ramasamy, B. & Yeung, M. C. H., 2005, "The Causality between Stock Returns and Exchange Rates: Revisited", *Australian Economic Papers*, 44(2): 162~69.

Srideep, G. & Breuer, J. B., 2010, "Nominal Exchange Rate Volatility, Relative Price Volatility, and the Real Exchange Rate", *Journal of International of Money and Finance*, 29: 840~856.

Stavarek & Daniel, 2005, "Stock Prices and Exchange Rates in the EU and the USA: Evidence of their Mutual Interactions", *Journal of Economics and Finance*, 55: 141~161.

Torben G. Andersen, Tim Bollerslev, Francis X. Diebold & Clara Vega, 2005, "Real-Time Price Discovery in Stock, Bond and Foreign

Exchange Markets", *NBER Working Paper*, 11312.

Yoon, Y. M. & Yeo, T. D., 2007, "Trade Structures and Relations among China, Japan and Korea", *Journal of the Korean Economy*, 8: 1~24.

______, Gong, C. & Yeo, T. D., 2009, "A CGE Analysis of Free Trade Agreements among China, Japan, and Korea", *Journal of Korea Trade*, 13: 45~64.

09 자본시장의 글로벌화와 한국 통화정책의 독립성

김소영 · 신관호

1. 서론

1990년대 이래 자본시장의 글로벌화는 급격히 진행되었다. 특히 한국을 비롯한 아시아의 신흥 시장국가들은 1990년대 이래 자본시장의 대외적 개방을 꾸준히 진척시켰고 이에 따라 해외자본이 급속하게 유입되었다. 1997년 외환위기는 이러한 과정에서 겪었던 커다란 시련이었다. 자본시장의 개방과정에서 외환위기를 겪었음에도 불구하고 정책당국자는 외환위기 이후 자본시장을 더 전면적으로 개방하는 선택을 하였다. 그 이유는 외환위기 이후 진행된 IMF 프로그램의 영향도 있었지만 자본시장의 개방에 의한 편익이 비용을 능가한다고 판단

* 이 글은 2010년 〈한국개발연구〉, 32권 2호의 1~26쪽에 게재되었던 논문을 재수록한 것이다. 금융연구센터 창립기념 심포지엄에서 발표하기 위해 준비한 이 연구는 금융연구센터의 재정적 지원을 받았다. 이에 감사드린다. 금융연구센터 창립기념 심포지엄과 2009 KDI Journal of Economic Policy Conference에서 토론을 해주신 백웅기 교수님, 이우헌 교수님, 윤덕룡 박사님과 익명의 심사자께 감사드린다. 또한 이 연구를 위해 자료를 정리해준 조재한 연구조교에게도 고마움을 표한다.

하였기 때문이라고 생각된다. 현재 자본시장은 대외적으로 거의 완전한 개방에 이른 상태이다.

1997년 외환위기를 겪으면서 환율정책과 통화정책에도 심대한 변화가 있었다.[1] 무리한 환율방어가 외환위기의 원인 중 하나였다는 반성의 결과로 환율정책은 적어도 공식적으로는 완전한 변동환율제를 표방하였다. 또한 통화정책과 금융감독 및 안정정책을 분리하여 한국은행은 금융감독 기능을 상실하였고 한국은행의 정책목표로 물가안정만을 명시하였다. 이러한 변화는 자연스럽게 통화정책이 물가안정 목표제(*inflation targeting*)로 전환하는 계기가 되었다.

환율정책과 통화정책의 변화는 자본시장의 개방과 밀접한 관련이 있다. 자본시장이 완전히 개방된 경우, 환율안정과 통화정책의 독립성(*independence*)을 동시에 추구하기는 어렵기 때문이다. 즉 자본을 통제하지 않는 한 환율을 안정시키기 위해서는 통화정책을 사용할 수밖에 없는데, 이처럼 환율통제를 위해 통화정책을 활용하면 외부로부터 독립해 국내경제 상황에 대응한 독자적 통화정책을 집행할 여력이 없어진다. 이러한 문제는 개방경제가 직면한 '트릴레마'(*trilemma*)라고 불리며 먼델(David Mundell)이 지적한 이래 많은 연구자들에 의해 지지되고 있다. 즉, ① 자본시장의 개방 ② 환율 안정성 ③ 독자적인 통화정책의 3가지 조건은 동시에 만족될 수 없으며 적어도 한 가지는 희생될 수밖에 없다는 것이다.

한국경제의 경우 자본시장은 거의 개방되었으므로 자본개방을 되돌리는 선택을 하기는 어렵다. 따라서 환율안정성과 독자적 통화정책 사이에 양자택일을 하여야 한다. 이러한 선택의 문제에 봉착한 한국경제는 대다수의 신흥 시장국가들과 마찬가지로 물가안정 목표제

1 외환위기 이후 한국의 통화 및 환율정책에 대한 평가는 신관호(2007)를 참조하라.

를 채택하여 독자적 통화정책을 추구하면서 환율제도는 변동환율제를 채택하고 있다. 변동환율제는 환율의 결정이 시장에 의해 이루어지도록 하는 제도로서 통화당국이 환율시장에 개입하지 않는 것을 원칙으로 한다. 결국 자본이동을 비롯한 외부충격을 환율의 자유로운 움직임에 의해 해결함으로써 통화정책은 국내문제에 전념할 수 있게 하는 것이다.

하지만 트릴레마에 대한 해석에는 이견도 존재한다. 삼위일체 불가능성은 3가지 극단적인 경우가 동시에 성립할 수 없음을 의미한다. 하지만 극단적 선택을 하지 않는다면 여러 가지의 혼합된 선택도 가능할지 모른다. 예를 들어 완전히 독자적 통화정책을 추구하지 않는다면 자본시장이 완전히 개방됐다 하더라도 어느 정도 외환시장에 개입하여 환율을 통제하려는 시도를 할 수 있을지도 모른다. 또한 자본시장을 어느 정도 불완전하게 개방한다면 독자적인 통화정책을 추구하면서도 외환시장에 어느 정도 개입할 수 있을지도 모른다. 이러한 견해를 가진 대표적인 경제학자로는 프랑켈(Jeffrey Frankel)을 들 수 있다.

사실 변동환율제를 통해 독자적 통화정책을 집행할 수 있다는 견해는 자본이동으로 생기는 문제점을 환율의 변동을 통해 완전히 해결할 수 있다고 볼 때에 가능하다. 하지만 대부분의 소규모 개방경제 국가들의 경우 자본이동이 급격하게 혹은 지속적으로 이루어지는 경우 이런 환율변화에 전적으로 대응하기 어려울 수 있다. 예를 들어 자본이 지속적으로 유입되는 경우 국내유동성이 증가하여 자산시장이 활황이 되기 쉽다. 이에 대해 통화정책이 적절하게 대응할 필요성이 생긴다. 또한 자본유입에 따라 환율은 절상압력을 받게 되는데, 이를 용인하는 경우 경상수지의 악화를 초래할 수밖에 없다. 경상수지의 악화는 대외부채를 증가시키는데, 대외부채가 적정수준을 넘어서게 되면 국가부도의 위험이 커질 수밖에 없다. 이러한 위험이 부각되면 자본유입이 갑자기 중단되면서 위기가 시작되기도 한다.[2] 따라서 상당수 국가들은 자본유입에 따라 환율이 지나치게 절상되는 경우에 이에 개입하기도 하는데 그 과정에서 통화정책의 독립성이 훼손될 수 있다.

특히 최근 글로벌 금융위기의 한 원인으로 미국의 지속적 저금리정책을 지적하는 견해가 있다. 이러한 견해에 따르면 미국의 확장적 통화정책이 타국에 전파되어 타국의 통화정책도 확장적으로 운용되게 함으로써 전 세계적으로 유동성이 팽창하여 금융위기의 전초단계를 마련하였다고 한다. 결국 자본의 글로벌화가 진전됨에 따라 각국의 통화정책이 완전히 독립적으로 운용되기 어려워졌다는 것이다.

한국은 외환위기 전에 비하여 대외자본 개방은 더 확대되었고 환율의 변동성도 증가하였다. 전자는 통화정책의 독립성을 저해하지만 후자는 통화정책의 독립성 확보에 도움이 된다. 이 연구는 이러한 한국의 정책적 변화와 관련하여 외환위기 이후 한국 통화정책의 독립성에 어떠한 변화가 있었는지 분석하고자 한다.

한국의 통화정책이 외부의 모든 충격에 대해 독립적으로 행해졌는지 실증분석하는 것은 현실적으로 매우 어려운 일이다. 왜냐하면 외부의 충격은 매우 다양하여 이를 일일이 식별하여 이에 대해 한국의 통화정책이 독립적인지 검증하는 것은 무리이기 때문이다. 따라서 이 연구에서는 외부로부터의 충격을 미국의 통화정책 충격에 국한하여 한국의 통화정책이 미국 통화정책으로부터 독립적으로 수행되었

2 또한 최근의 글로벌 금융위기와 관련하여 주목되는 사실은 자본유출이 해당국가의 문제로 발생하기도 하지만 글로벌 요인에 의해서도 발생한다는 사실이다. 즉 1997년의 외환위기는 한국의 경제기초가 악화된 것과 어느 정도 관련을 가지며 발생하였지만, 2008년에 촉발된 한국의 외환위기는 한국의 경제기초와 관련 없이 글로벌 요인에 의해 발생한 것이다. 사실 한국의 경우는 1997년 외환위기 이후 많은 노력을 통해 제도적 정비를 하였고 더욱 철저한 자본개방을 시도하였다. 그럼에도 불구하고 발생한 최근 위기는 오히려 자본개방이 너무 진행되어 글로벌 자본시장과 더 밀접한 관계를 가진 결과 발생했다고 볼 수 있다.

는가를 실증분석하였다. 이러한 분석이 의의를 가지는 이유는 이미 지적한 바와 같이 최근 미국의 통화정책이 타국에 영향을 미쳐 전 세계적인 유동성 증가를 초래했다는 주장이 제기되기 때문이다. 따라서 한국의 통화정책이 미국의 통화정책으로부터 독립적이었는지를 분석하는 것은 최근의 한국 통화정책을 이해하는 데 중요한 의미를 갖는다. 이를 위해 이 논문은 미국의 외생적 통화정책 충격을 식별하고(*identify*), 이에 대하여 한국 통화정책이 어떻게 반응하였는지 분석한다. 예를 들어 미국의 정책금리가 외생적으로 상승한 후 한국의 정책금리도 상승하는지 아니면 반응하지 않는지를 실증분석한다. 이를 통해 한국의 통화정책의 독립성에 대해 추론하려고 한다.

논문의 구성은 다음과 같다. 2절에서는 대외자본 개방이 거시경제 전반에 미치는 효과를 현황 중심으로 살펴보고, 이에 대한 정책적 대응의 어려움을 설명한다. 3절에서는 실제로 외환위기 이후 한국 통화정책의 독립성에 어떤 변화가 있었는지 실증분석한다. 4절은 이 논문의 결론이다.

2. 해외자본 유입에 대한 정책대응

1) 최근 현황

1990년대 이래 아시아 지역에는 두 번에 걸쳐 큰 규모의 자본유입이 있었다. 한국에 대한 자본유입도 아시아 지역 전체와 같은 양상을 보인다. 〈그림 9-1〉은 한국에 대한 자본의 유입과 유출을 나타낸 것이다. 그림에서 자산은 외국자산 즉 자본유출을 나타내며 부채는 외국에 대한 국내부채, 즉 자본유입을 나타낸다. 1990년대 중반에 첫 번째 최고점에 달했던 자본유입은 1997년 외환위기를 겪으며 급속하게

〈그림 9-1〉 한국에서의 자본의 유입과 유출

(단위: 백만 달러)

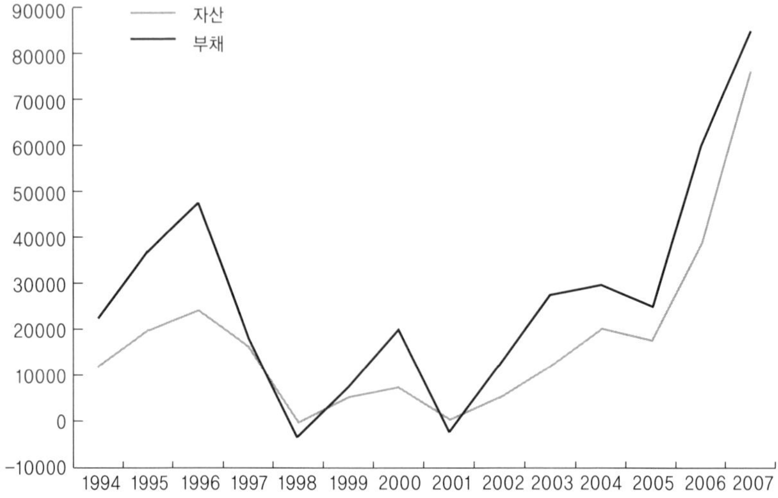

출처: *IMF's Balance of Payments Statistics*.

〈그림 9-2〉 한국과 미국의 정책금리

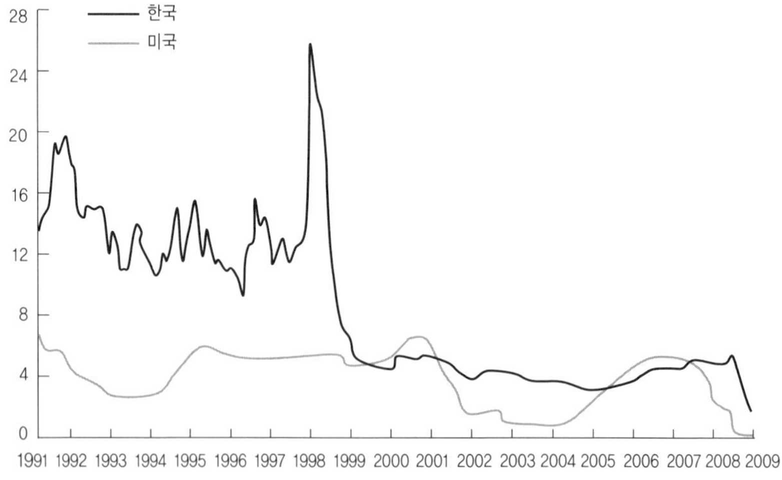

출처: 한국은행 각 연도 자료; FRED(Federal Reserve Bank of St. Louis) 각 연도 자료.

주: 정책금리로 미국은 연방기금 금리(*federal funds*), 한국은 무보증 콜금리(*uncollateralized call rate*)를 사용하였다.

줄어들었다. 하지만 2003년부터 다시 대규모 2차 유입이 시작되어 줄곧 가파르게 늘어나 1차 유입 때보다 더 큰 규모의 자본유입이 2007년까지 지속되었다.[3] 특히 2002년 이후는 자본유입이 자본유출을 초과하여 자본의 순유입이 지속되었다.

이와 같이 큰 규모의 자본 순유입이 한국과 같은 아시아의 신흥 시장국가에 이루어진 이유는 이들 국가에 투자할 기회가 늘어난 측면도 있지만 미국을 비롯한 선진국에서 2002년 이래 저금리 정책을 지속적으로 유지하였기 때문이다. 〈그림 9-2〉는 미국의 정책금리를 나타낸 것이다. 그림에서 알 수 있듯이 미국의 정책금리는 정보통신 분야의 거품이 붕괴된 직후인 2002년 초부터 3여 년간에 걸쳐 1% 대의 낮은 수준을 유지하였다. 그림에는 표시하지 않았지만 5년 만기 국채이자율은 대략 비슷한 방향으로 변화하여 한때 2%대까지 하락하였다. 영국을 비롯한 다른 선진국에서도 비슷한 양상을 보였으며 이에 따라 선진국에서의 높은 투자수익률을 기대하기 어렵게 되자 더 높은 수익률을 좇아 신흥 시장국가들로 자본이 이동하기 시장한 것이다.

이렇게 늘어난 자본유입은 한국 환율의 지속적인 절상을 초래했을 뿐 아니라 주식시장과 부동산 시장에서의 자산가격 폭등으로 이어졌다.[4] 환율은 1997년 외환위기 때 급속히 상승하여 1998년 후반기에 안정되었지만 2001년까지 상승과 하락을 반복하였다. 하지만 2002년 초부터는 추세적으로 하락하여 최근 금융위기 직전까지 지속적으로 절상되었다. 환율에 영향을 주는 요인들은 다양하지만 환율이 절상하기 시작한 시점은 미국의 금리가 하락하고 자본의 유입이 본격화된

3 이러한 추세는 2007년까지 지속되며 그림에는 나타내지 않았지만 2008년 글로벌 금융위기를 겪으면서 다시 급속하게 감소하였다.

4 Kim & Yang (2009)는 외환위기 이후 자본유입이 한국의 자산시장에 미치는 영향을 실증적으로 분석하고, 자본유입 충격이 한국의 주식시장에 유의한 영향을 미치는 것으로 보고한다.

〈그림 9-3〉 한국의 외환보유고와 통화량

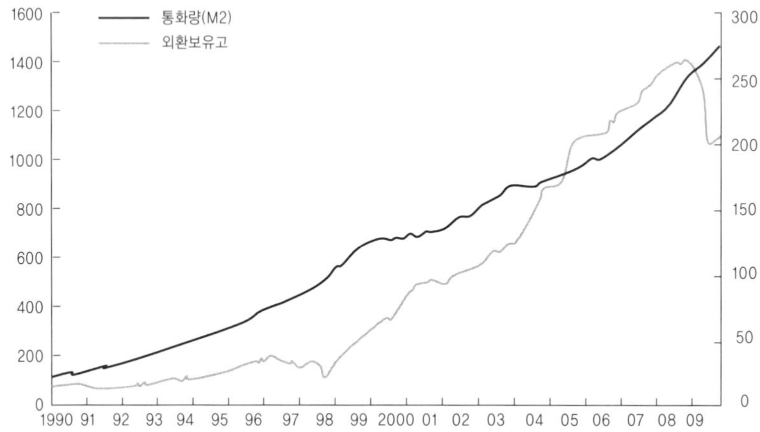

출처: 한국은행 각 연도 자료.
주: 그래프 왼쪽 Y축은 통화량(단위: 1조원)을, 오른쪽 Y축은 외환보유고(단위: 10억 달러)를 나타낸다.

시점과 정확히 일치한다.

환율의 절상 움직임에 대응하여 정책당국은 꾸준히 개입하여 외환보유고를 증가시켜 왔던 것으로 보인다. 〈그림 9-3〉은 한국이 보유한 외환보유고를 나타낸다. 외환보유고는 외환위기 직전에 거의 바닥이 보일 수준으로 하락하였다가 그 후 꾸준히 증가하였다. 외환보유고의 증가속도는 2001년 들어서 약간 주춤하였으나, 2002년 중반부터는 다시 매우 빨라졌으며 최근 위기를 겪으면서 음수로 전환하였다. 외환시장에 개입하는 경우 한국은 불태화정책을 원칙으로 하므로 통화량에 영향을 주지 않아야 한다. 하지만 현실적으로 외환보유고의 증가는 통화량의 증가를 초래하기 쉽다. 왜냐하면 외환개입 시 늘어난 통화량을 채권발행을 통해 당장은 흡수하더라도 추후에 필요한 만큼 채권발행이 이루어지지 않는다면 장기적으로는 불태화정책이 반드시 성립한다고 볼 수 없기 때문이다. 실제로 외환개입이 통화량 증가에 얼마나 공헌했는지는 엄격한 분석을 통해 살펴보아야 할 것이다. 단지 〈그림 9-3〉에서는 한국의 통화량(M2)은 외환보유고와 함께 꾸준히 증가한 것을 알 수 있다.

통화량 증가가 수반되는 경우 이자율도 그대로 유지되기는 어렵다. 〈그림 9-2〉에는 한국의 정책금리도 함께 나타내었다. 한국의 정책금리는 외환위기 이후 5% 선에서 꾸준히 유지되었으나 2001년 후반기부터 추세적으로 감소하기 시작하여 2005년 중반기에는 3% 선까지 하락하였다. 이러한 정책금리의 변동성은 미국 정책금리의 변동성에 비하면 매우 작은 수준이다. 하지만 한국 정책금리의 변화방향은 미국 정책금리의 변화방향과 정확히 일치함을 알 수 있다. 즉 미국의 정책금리가 2001년 6%대에서 2004년 1%로 대폭 하락하는 과정에서 한국의 정책금리도 같은 기간 동안 5.3%에서 3.3%로 하락하였다. 또한 2004년 이래 미국의 정책금리가 상승할 때에도 약간의 시차는 있었지만 한국의 정책금리는 곧 이어 상승을 시작하였다.

이상과 같은 통화량 증가와 이자율 하락은 일반적으로 물가상승률을 높이는 것이 보통이다. 하지만 한국의 소비자 물가상승률은 외국자본의 유입이 본격화되기 이전인 2001년에 4%를 넘어섰을 뿐 그 후에는 2008년을 제외하고 줄곧 2~3% 대에서 안정적으로 유지됐다. 외국자본의 유입이 물가에 제한적인 영향을 미친 이유는 성공적인 물가안정 목표제의 운용과 관련이 있을 수 있지만 2000년대 초반의 유가, 원자재 가격의 하락, 저렴한 중국 상품의 수입 등 상대적으로 유리한 경제 여건도 중요한 역할을 했다고 보인다(Kim & Park, 2006). 반면 통화량 증가와 이자율 하락은 자산시장 가격에 집중적 영향을 미쳤다.

〈그림 9-4〉는 한국주가지수와 주택매매 가격지수를 나타냈다. 한국의 월평균 주가지수는 2003년 3월 550에서 급속하게 상승해 2007년 1월 2천을 넘어섰다. 서울의 주택매매 가격지수도 2001년 5월 월간 상승률이 1%를 넘어선 이래 급속도로 증가하였으며 그 후 2003년

〈그림 9-4〉 한국주가지수(KOSPI)와 주택매매 가격지수

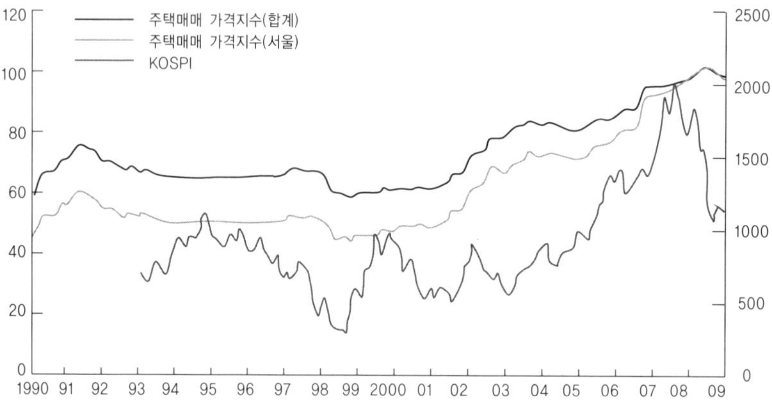

출처: 한국증권거래소(Korea Stock Exchange) 각 연도 자료;
국민은행연구소(Kookmin Bank Research Institute) 각 연도 자료.
주: 그래프 왼쪽 Y축은 주택매매 가격지수(2008/12=100)를, 오른쪽 Y축은 KOSPI를 나타낸다.

10월부터 2005년 1월까지 잠시 주춤하였다가 최근 위기 직전까지 다시 급속히 증가하였다. 자산시장의 가격도 다양한 요인에 의해 결정되지만 상승시점을 고려할 때 선진국가들의 저금리와 한국으로의 자본유입이 매우 중요한 영향을 준 것은 확실해 보인다.

2) 정책적 대응의 어려움

최근 많은 연구들이 자본의 글로벌화와 관련하여 거시경제 정책의 어려움을 지적한다. 이러한 연구들은 외국자본이 급격하게 들어오는 경우 정부정책이 매우 제한적임을 지목한다. 외국자본의 유입에 따라 환율이 절상된다면 순수출은 줄어 경상수지가 악화되기 때문이다. 만약 자본이 지속적으로 유입되어 경상수지 적자상태가 지속된다면 경제의 펀더멘탈(*Fundamental*)이 악화되고, 결국 자본의 급격한 유출과 그에 따른 위기를 초래할 수 있다. 실제로 외환위기 직후 1998년

최고점에 달했던 한국의 경상수지는 2002년까지 줄곧 감소하였다가 세계경제가 호전되면서 다시 증가하였지만 2004년 이후로는 지속적으로 감소한다. 한국의 경상수지는 세계경제의 흐름에 더욱 직접적인 영향을 받고 있는 듯 보인다. 하지만 최근 위기 직전에는 세계경제의 성장이 지속되었음에도 경상수지가 급격히 악화되었는데 이는 환율절상이 어느 정도 역할을 한 것으로 보인다.

따라서 많은 국가들이 외환시장에 개입하여 환율절상을 막으려는 유혹을 느끼게 된다. 하지만 정부당국이 환율의 절상을 막기 위해 외환시장에 개입하여 외환을 매입한다면 그 과정에서 국내 유동성 공급이 증가된다. 따라서 국내 이자율은 하락하게 된다. 이는 국내 자산가격의 상승을 초래하고 물가상승을 유발할 수 있다. 결국 외부의 자본유입의 충격에 대응하는 과정에서 불필요한 통화공급이 늘어나고 통화정책의 독립성이 훼손되는 것이다. 사실 물가상승이 현실화되면 실질환율의 절상을 초래하기 때문에 정부가 소기의 목적을 달성하지 못한 셈이 된다. 외환시장에 개입하여 명목환율의 절상을 막을 수는 있어도 물가상승에 따른 실질환율의 절상을 막기는 어려운 것이다. 따라서 외환시장에 개입하든 하지 않든 실질환율이 절상되기 마련이며 경상수지는 악화된다.

이러한 문제에 봉착한 정부는 외환시장에 개입함과 동시에 늘어난 유동성을 국내 채권시장에서 채권을 발행하여 흡수한다. 이러한 정책을 일반적으로 불태화정책이라고 부른다. 하지만 IMF(2007)는 불태화정책의 효과가 의문시되며 오히려 바람직하지 않은 결과를 초래할 수도 있음을 경고한다. 즉 불태화정책을 하지 않는 경우에 비해 국내 이자율의 하락이 제한되기 때문에 해외자본의 유입은 더욱 커질 수 있는 것이다. 또한 불태화정책은 이자율이 낮은 외환보유고를 늘리고 대신 높은 이자율을 지불하는 국내 부채를 부담함에 따라 정부의 재정적 부담을 늘린다. 따라서 불태화정책은 장기간 지속되기 어렵다.

이상과 같이 자본자유화에 따른 자본의 급격한 유출입은 정책당국자의 대응을 매우 어렵게 한다. 또한 자본의 유출입 과정에서 환율의 급격한 변화를 겪게 되어 외환시장에 개입할 유혹을 느끼기 쉽다. 완전한 변동환율제를 유지하기 어렵게 된다면 결국 독자적인 통화정책에 훼손이 생기는 것이다. 이러한 문제는 선진국에도 예외가 아니다. 테일러(Taylor, 2007)는 미국과 유럽중앙은행(ECB: European Central Bank)의 이자율정책을 상호 비교한 결과 미국이 더 확장적인 통화정책을 집행하는 경우 ECB도 이를 따라 더욱 확장적인 통화정책을 집행하는 경향이 있다고 주장하였다. 또한 아이켄그린(Eichengreen, 2008)은 2008년 초 아시아 국가들이 겪었던 높은 인플레이션은 미국의 통화정책 때문이라고 주장한 바 있다. 즉 2007년 여름에 서브프라임 위기에 대응하여 미국이 매우 빠른 속도로 이자율을 내리자 아시아 국가들은 환율의 절상을 막기 위해 이자율을 내릴 수밖에 없었고 이러한 잘못된 통화정책이 높은 인플레이션의 원인이라고 주장한 것이다.

이와 같이 아무리 변동환율제를 유지하더라도 외국의 통화정책에 완전히 자유롭기는 어렵다. 특히 미국의 통화정책은 많은 국가에 영향을 주고 있는 듯 보인다. 다음 절에서는 더 정치한 모형을 이용하여 미국의 통화정책의 변화가 한국 통화정책에 어떠한 영향을 주었는지 분석할 것이다. 이를 통해 한국의 통화정책이 어느 정도 독자적으로 운용되고 있는지 평가할 것이다.

3. 통화정책의 독립성에 대한 실증분석

1) 실증분석 모형

원칙적으로 해외충격을 환율의 변화를 통해 완전히 흡수할 수 있다면 통화정책은 국내충격에 대해서만 반응할 수 있을 것이다.[5] 이러한 경우에 우리는 통화정책이 해외충격으로부터 독립적이라고 간주할 수 있다. 하지만 한 국가의 통화정책이 해외충격으로부터 독립적인지를 검증하기 위해서는 '경험분석을 위한' 정의가 선행되어야 할 것이다. 왜냐하면 해외의 모든 충격을 식별하기도 어렵고 설혹 식별이 가능하다고 하더라도 모든 충격에 대해 한국의 통화정책이 독립적인지를 분석하기도 쉽지 않을 것이다. 따라서 이 논문에서는 해외충격을 미국의 외생적 통화정책으로 국한하고자 한다. 미국의 외생적 통화정책에 대해서는 아래에서 정확히 정의할 것이다. 결국 이 논문에서는 미국의 외생적인 통화정책의 변화에 대해 한국의 통화정책이 반응했는지 여부를 통해 한국 통화정책의 독립성 여부를 판단하고자 한다.

미국의 외생적 통화정책의 변화가 한국 통화정책에 어떠한 영향을 주었는지 분석하기 위해 다음과 같은 실증분석 모형을 이용한다. 먼저 대규모 국가인 미국의 변수들이 소규모 개방경제인 한국의 변수들에 대해 외생적이라고 할 수 있으므로 이러한 두 국가 간의 관계를 반영할 수 있는 구조블록 외생성(*block-exogenous*) VAR(Vector Auto-

5 최근 Kim & Lee(2008)는 한국의 경우 변동환율제를 도입한 이후 한국의 이자율이 국제 이자율에 반응하는 정도가 줄어들어 어느 정도 통화정책의 독립성이 신장된 증거가 있다고 주장하였다. 반면 Calvo & Reinhart(2002)는 동아시아국가를 비롯한 신흥 시장국가 대부분이 변동환율제를 도입한 후에도 실제로는 환율개입을 통해 환율안정으로 꾀함으로써 통화정책의 독립성이 보장되기 어려움을 시사한다. 더 다양한 경험분석에 대한 논의는 Kim & Lee(2008)를 참조하라.

Regression) 모형을 이용하였다.

또한 외생적인 미국의 이자율 정책충격을 식별하기 위하여 크리스티아노 등(Christiano et al., 1999)이 제시한 방법을 이용하였다. 미국의 통화정책과 한국의 통화정책이 미국 혹은 세계 구조충격에 내생적으로 반응할 수 있으므로 단순히 미국의 통화정책 지표와 한국의 통화정책 지표의 관계를 분석하여 미국이 한국의 통화정책에 반응하는지 추론하기 어렵고, 외생적인 미국 통화정책 충격의 영향을 분석하는 것이 중요하다. 예를 들어 세계적인 인플레이션 충격이 있을 때 물가상승을 제한하기 위해 미국과 한국이 동시에 정책금리를 상승시킬 수 있다. 이러한 경우 미국과 한국의 정책금리는 (+)의 상관관계를 보일 수 있으나 한국의 통화정책이 미국의 통화정책에 반응하는 것이라고 보기는 어렵다.

실증분석 모형은 다음과 같다. 일반적으로 경제를 다음과 같은 구조방정식 시스템으로 나타낼 수 있다.

① $G(L)y(t) = e(t)$

여기서, G(L)는 시차 연산자(*lag operator*) L에 대한 행렬 다항식(*matrix polynomial*)이고 y(t)는 m × 1 데이터벡터(*data vector*)이며, m은 모형에 포함된 변수의 개수이다. 그리고 var(e(t)) = ∧로 ∧는 대각행렬(*diagonal matrix*)로써 대각원소들은 구조적 교란(*structural disturbances*)에 대한 분산(*variances*)을 의미한다.

이제 ①의 방정식시스템을 다음과 같이 분할할 수 있다고 가정한다.

② $y(t) = \begin{bmatrix} y_1(t) \\ y_2(t) \end{bmatrix}$, $G(L) = \begin{bmatrix} G_{11}(L) & 0 \\ G_{21}(L) & G_{22}(L) \end{bmatrix}$, $e(t) = \begin{bmatrix} e_1(t) \\ e_2(t) \end{bmatrix}$

$y_1(t)$ 와 $e_1(t)$ 는 $m_1 \times 1$, $y_2(t)$ 와 $e_2(t)$ 는 $m_2 \times 1$, $G_{11}(L)$ 은 $m_1 \times m_1$, $G_{21}(L)$ 은 $m_2 \times m_1$, $G_{22}(L)$ 은 $m_2 \times m_2$이다.

우리는 $G_{12}(L) = 0$이라고 가정할 것이다. 이는 블록 외생성 제약으로 $y_1(t)$ 를 설명하는데 $y_2(t)$ 의 금기자료뿐 아니라 과거의 시차자료도 필요하지 않음을 의미한다. 이 연구에서는 $y_1(t)$ 는 미국 경제변수들, $y_2(t)$ 는 한국 경제변수들로, 미국 경제변수들을 설명하는 데 소규모 개방경제인 한국의 경제변수들이 필요하지 않다는 것을 의미한다.

미국 부문에서 미국 이자율 충격을 식별하기 위하여 크리스티아노, 아이헨바움, 에번스(Christiano, Eichenbaum & Evans 1999)가 제안한 방법을 이용하였다. $y_1(t)$ 는 〔IP_US, CPI_US, CMP, FFR, NBR, M〕로 IP_US는 산업생산(*industrial production*), CPI_US는 소비자 물가지수(*consumer price index*), CMP는 상품가격(*commodity price*), FFR은 미국 연방기금 금리(*federal funds rate*), NBR은 비차입 지준금(*non-borrowed reserves*), M은 통화량이다. 미국부문의 당기구조 계수 $G_{11}(0)$에 대해서는 크리스티아노, 아이헨바움, 에번스(1999)를 따라 IP, CPI, CMP가 FFR의 변화에 대해 당기적으로 반응할 수 없고 FFR이 NBR과 M의 변화에 대해 당기적으로 반응할 수 없다는 제약을 부가하였고, FFR 충격을 금리정책 충격으로 식별하였다.[6]

한국 변수 ($y_2(t)$)로는 먼저 기본 변수인 소비자 물가지수(CPI), 산업생산(IP), 콜금리(CR: *call rate*), 대미환율(ERA: *exchange rate on America*)을 고려하였다. CPI와 IP는 물가와 생산수준을 나타내는 주

6 미국 자료는 Federal Reserve Bank of St. Loise 웹 페이지에서 구했다. 상품가격을 나타내는 변수로 생산자 가격 중 중간재 가격(*intermediate material price*)을 이용했다. 상품가격을 나타내는 변수와 통화량으로 다양한 변수를 고려한 결과 중간재 가격과 M1을 이용했을 때 물가퍼즐(*price puzzle*) 등 이상현상이 상대적으로 덜 나타나므로 이러한 변수를 사용하였다. 이러한 변수 선택방법에 관해서는 Kim(2001)을 참조할 것. 이자율 이외의 변수들은 로그를 취한 값에 100을 곱하여 이용했다.

요 경제변수들이고 CR와 ERA는 한국의 금리정책과 관련된 주요변수이므로 기본변수에 포함시켰다. 추정기간이 상대적으로 짧기 때문에 그 외의 변수들은 기본변수에 포함시키지 않았다. 기본변수만을 통한 분석 외에도 추가적인 분석을 위하여 다양한 변수들을 고려하였다. 즉 통화량(M_1), 한국주가지수(KOSPI), 순자본유입(CAP), 포트폴리오 관련 순자본유입(PORT) 등 관심 변수들을 기본모형에 하나씩 추가하여 분석을 확장하였다.7

위와 같은 모형을 추정하기 위하여 다음과 같은 방법을 이용하였다. 축약형(*reduced form*) 블록 외 생성 VAR 모형의 경우 추정식의 우변의 변수가 동일하지 않으므로 OLS를 이용한 추정치는 비효율적(*inefficient*)이다. 따라서 SUR(Seemingly Unrelated Regression)로 추정한 후, 구조 VAR 모형으로 변환하는 방법을 사용하였다.

추정기간이 짧아 월별 자료를 이용하였고, 추정기간은 자본자유화 이전 기간인 1982년 10월부터 1991년 12월, 그리고 자본자유화 이후 기간인 1999년 1월부터 2007년 6월까지 두 기간이다. 스트롱인(Strongin, 1995) 등은 1982년 10월부터 미국의 통화정책이 비지준 차입금 중심의 정책으로부터 금리위주 정책으로 변경되었다고 주장하고 있고, 클로리다(Clarida et al., 2000)를 비롯하여 1982년 10월 이후 미국의 통화정책이 변화했다는 연구들이 많으므로 1982년 10월 이후를 추정하였다. 또한 1992년 1월 한국의 주식시장이 외국인에게 개방되는 등 중요한 정책적 변화가 있었으므로 자본개방화 이전 기간으로는 1991년 12월까지를 한정하였다. 자본개방화 이후 기간으로는 자

7 한국의 자료들은 한국은행 경제통계 시스템에서 구했다. KOSPI, ERA 등은 월평균 자료를 이용하였다. 이자율과 순자본유입, 포트폴리오 자본유입을 제외한 변수들은 로그를 취한 값에 100을 곱하여 이용했다. 순자본유입과 포트폴리오 순자본유입은 달러단위 변수를 한국의 트렌드 GDP(달러단위)에 대한 %를 사용했다.

본시장 개방이 완전히 진행되었고 외환위기에서 벗어나 금리위주의 통화정책을 도입하고 인플레이션 타기팅이 도입된 1999년 1월부터 글로벌 금융위기 전 기간인 2007년 6월로 했다.[8] VAR 모형에 상수항을 가정했고 2개의 시차를 가정했다.[9]

〈그림 9-5〉와 〈그림 9-6〉은 한국의 자본자유화 이전 기간과 이후 기간에 미국 금리정책 충격이 미국의 변수들에 미치는 영향을 보여준다. 먼저 자본자유화 이전 기간을 보면 금리상승 충격이 있을 때 금리가 상승하고 비지준 차입금이 감소하는 것을 볼 수 있고 이러한 변화는 95% 확률 이상으로 0과 다른 것을 볼 수 있다. 또한 M1은 충격 직후 약간 증가한 이후 감소하는데 7~9개월 후에는 M1의 감소가 95% 확률 이상으로 0과 다르다. 소비자 물가지수가 초기에 약간 증가하는 물가퍼즐 현상을 볼 수 있으나 그 이후의 반응은 확률 밴드가 상당히 넓다. 산업 생산지수와 상품가격의 반응은 확률밴드의 크기를 볼 때 명확하지 않다. 자본자유화 이후 기간을 보면 금리상승 충격이 있을 때 금리가 상승하고 지급준비금과 M1이 감소하는 것을 더 명확히 볼 수 있다. 소비자 물가반응은 넓은 확률밴드를 고려할 때 명확하지 않고, 생산지수와 상품가격은 초기에 상승하나 장기적으로 감소한다. 전반적으로 산업생산과 물가의 반응이 명확하지 않거나 약간의 이상현상을 보이는 경우가 있다. 하지만 외생적 통화긴축정책 시 정책금리가 상승하고 지급준비금과 통화량이 감소하는 현상이 나타나야 하는데 전반적으로 이러한 현상을 볼 수 있으므로 이 모형이 식별된 통화정책 충격을 어느 정도는 외생적 통화충격을 잘 반영한다고 할 수 있다.

---

8 한국의 자본자유화 과정에 대해서는 Kim, Kim & Wang(2004)를 참조할 것.

9 Akaike Criterion을 적용해 기본모형의 최적시차를 분석한 결과 2개로 나타났다. 이 논문의 연구방법은 베이지언(Bayesian) 추론방법에 근거하므로 자료에 비정상성(*nonstationarity*)이 있는 경우에도 문제가 되지 않는다. Sims(1988), Sims & Uhlig(1991) 참조.

〈그림 9-5〉 미국 금리정책 충격이 미국의 변수들에 미치는 영향 : 자본자유화 이전 기간

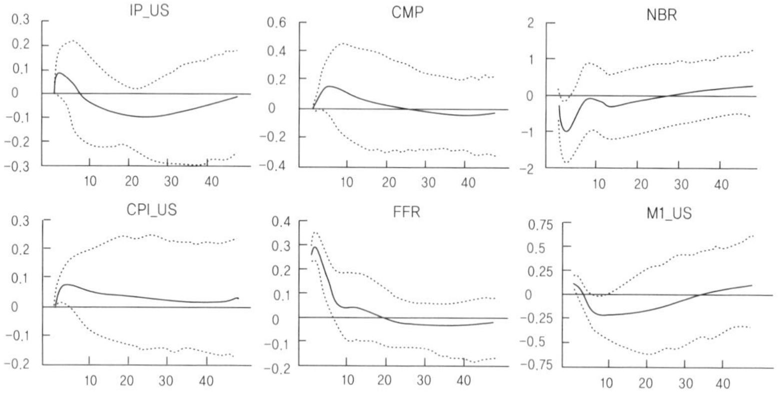

주: 실선은 몬테카를로 인터그레이션의 평균반응을, 점선은 몬테카를로 인터그레이션의 90% 확률밴드를 보여준다.

〈그림 9-6〉 미국 금리정책 충격이 미국의 변수들에 미치는 영향: 자본자유화 이후 기간

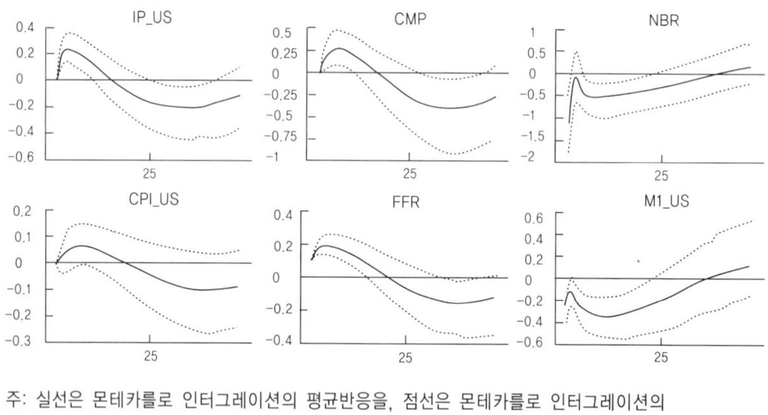

주: 실선은 몬테카를로 인터그레이션의 평균반응을, 점선은 몬테카를로 인터그레이션의 90% 확률밴드를 보여준다.

2) 실증분석 결과

〈그림 9-7〉은 기본모형에서 미국 금리정책 충격에 대한 미국 연방기금 금리(FFR)와 한국 콜금리(CR)의 4년 동안의 충격반응 함수를 보여준다. 점선은 90% 확률밴드이다. 첫 번째 열의 그림들은 자본자유화 이전 기간의 충격반응 함수이고, 두 번째 열의 그림들은 자본자유화 이후 기간의 충격반응 함수이다.

자본자유화 이전 기간을 보면, 충격 후 약 3개월 정도 미국 연방기금 금리가 약 0.25~0.3% 정도 증가하고 이후 증가 폭이 줄어들어 약 9개월 후 원래 수준과 비슷한 수준으로 돌아간다. 한국의 콜금리도 증가하는데, 충격 후 첫 번째 월에 약간 증가하고 2~3개월째에 약 0.18% 정도 증가한 후 약 6개월 후에 원래 수준으로 돌아간다. 한국의 2~3개월째 금리상승은 95% 확률로 0과 다르다고 할 수 있다.

〈그림 9-7〉 미국 금리정책 충격에 대한 미국 연방기금 금리와 한국 콜금리의 충격반응 함수(기본모형)

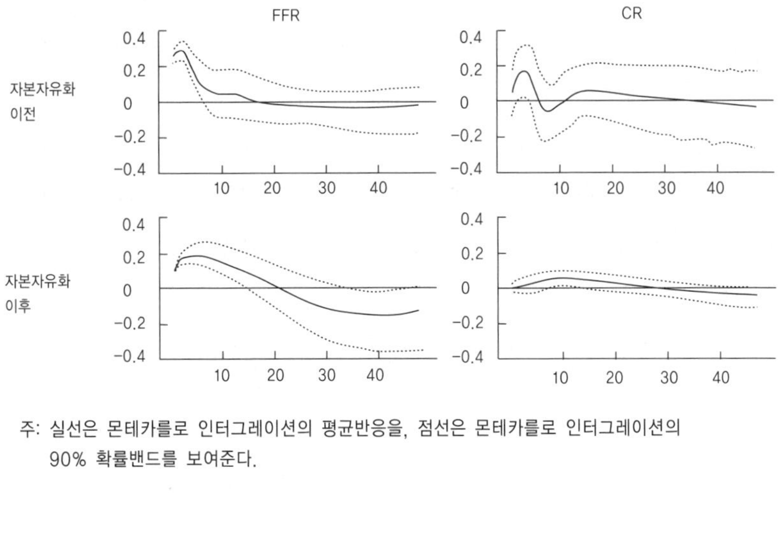

주: 실선은 몬테카를로 인터그레이션의 평균반응을, 점선은 몬테카를로 인터그레이션의 90% 확률밴드를 보여준다.

결국 미국의 금리증가에 따라 한국의 금리도 증가하는데 2~3개월째를 기준으로 보면 미국금리 상승의 2분의 1 이상 한국의 금리도 증가하는 것을 볼 수 있다.

자본자유화 이후의 기간을 보면 미국의 금리정책 충격 후 미국 연방기금 금리가 상승하기 시작하여 약 3개월 후에는 0.2% 가량 증가한다. 한국의 콜금리도 상승하는데 약 3~4개월 후 0.05% 가량 증가하고 이러한 한국의 금리상승은 95% 확률로 0과 다르다. 한국의 금리상승은 미국금리 상승의 약 4분의 1 정도라고 할 수 있다. 자본자유화 이전의 기간과 이후의 기간을 비교해 보면 자본자유화 이전 기간에 미국 정책금리의 변화에 대해 한국금리가 더 순응적으로 반응했음을 볼 수 있다.

일반적으로 통화정책의 변화는 이자율의 변화뿐만 아니라 통화량의 변화로부터도 어느 정도 추론할 수 있다. 이 연구의 추정기간 동안 미국의 경우 이자율을 주요 정책지표로 이용했으므로 미국의 정책금리의 변화를 주요지표로 이용해 미국의 통화정책의 변화를 추론하나, 한국의 경우 자본자유화 이전 기간에는 통화량 중심의 통화정책을 수 이 있을 수 있다. 이러한 이유로 미국의 금리정책 충격 후 통화정책의 주요변수인 통화량의 반응도 비교분석했다.

〈그림 9-8〉은 미국의 금리정책 충격 후 미국과 한국의 통화량(M1)의 반응을 보여준다. 앞에서 이용한 기본모형으로부터 이전과 같은 미국 금리정책 충격 후 미국 통화량의 반응을 계산했고, 한국 통화량의 충격반응 함수는 기본모형에 한국의 통화량을 추가한 확장모형에서 미국 금리정책 충격에 대한 반응함수를 계산했다.[10]

10 미국의 경우 추정기간 동안 이자율 중심의 통화정책을 이용하였으므로 앞에서와 마찬가지로 미국 통화정책 충격을 미국의 금리정책 충격으로 식별하였다.

〈그림 9-8〉 미국의 금리정책 충격 후 미국과 한국 통화량의 반응

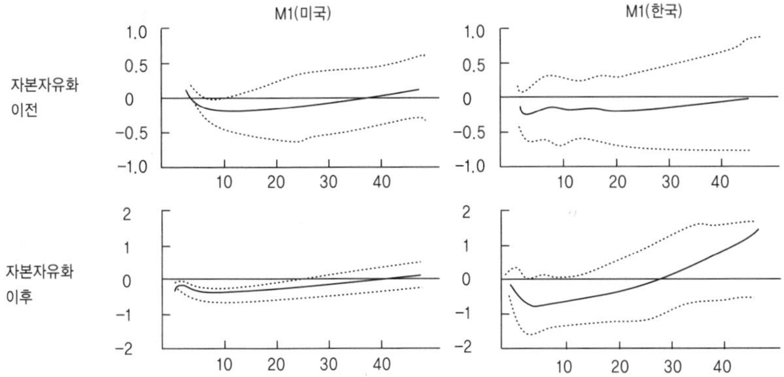

주: 실선은 몬테카를로 인터그레이션의 평균반응을, 점선은 몬테카를로 인터그레이션의 90% 확률밴드를 보여준다.

자본자유화 이전 기간의 경우 미국의 통화량은 시간이 지남에 따라 감소하여 충격 후 약 8개월이 지나면 0.4% 가량 하락하고 약 35개월 후 원래 수준으로 돌아온다. 한국의 통화량은 약 2~3개월 후 0.4% 정도 하락한 후 충격 후 48개월 후 원래 수준으로 돌아온다. 하지만 한국의 통화량의 반응은 통계적으로 유의하게 나타나지 않는다. 자본자유화 이후의 기간의 결과를 보면 미국의 통화량은 서서히 감소하여 충격 후 약 10개월이 지나면 0.3% 정도 감소하고, 한국의 경우 충격 후 약 4개월이 지나면 0.7% 정도 감소한다. 자본자유화 이전 기간과 마찬가지로 한국 통화량의 반응이 통계적으로 유의하게 나타나지는 않는다.

이상의 결과들을 정리하면 자본자유화 이전 기간에는 미국의 금리정책 충격 후 미국의 금리변화에 대해 한국의 금리정책은 크게 반응하는 반면 자본자유화 이후 기간에는 한국의 금리정책이 상대적으로 적게 반응한다고 할 수 있다. 이러한 결과를 토대로 자본자유화 이후 기간에 한국의 금리정책이 완전하지는 않으나 상대적으로 더 독립성

을 갖게 되었다고 볼 수도 있을 것 같으나, 통화량의 변화를 보면 오히려 자본자유화 이후 상대적으로 더 많이 반응하므로 명확한 결론을 내리기는 어렵다. 최소한의 결론은 자본자유화 이전과 이후 기간 모두 미국의 금리정책 변화충격에 대해 한국의 금리정책이 어느 정도 종속적으로 움직였고, 한국의 금리정책이 미국의 금리정책에 대해 완전히 독립적이었다고 보기는 어렵다는 것이다.

다음으로, 대미환율(ERA), 순자본유입(CAP), 포트폴리오 순유입(PORT), 한국주가지수(KOSPI)에 대한 효과를 분석한다. 〈그림 9-11〉과 〈그림 9-12〉는 각각 미국 금리정책 충격에 대한 대미환율, 자본 순유입, 포트폴리오 순유입, 주가지수의 충격반응 함수를 보여준다. 대미환율에 대한 효과는 기본모형을 이용하여 분석하였고, 나머지 변수들에 대한 효과는 기본모형에 각 변수를 하나씩 추가한 확장모형을 이용하여 분석하였다.

먼저 대미환율의 반응(〈그림 9-9〉)을 보면, 미국 금리정책 충격의 환율에 대한 효과는 단기적으로 유의하지 않게 나타나는데 이는 미국 금리상승 시 한국금리도 상승하는 효과 때문에 미국금리 상승의 환율에 대한 효과가 어느 정도 상쇄되었다고 볼 수 있다. 또한 외환시장 개입도 환율에 대한 효과가 유의하게 나타나지 않게 만들었으리라고 생각된다. 관리 변동환율제도를 선언한 자본자유화 이전 기간에는 환율의 변화가 장단기에 걸쳐 유의하게 나타나지 않는 반면, 변동환율제도를 선언한 자본자유화 이후 기간에는 약 10개월 정도 이후부터 환율이 상승하기 시작하는데 이는 외환시장 개입효과가 단기적으로만 유효하게 나타나기 때문에 생긴 현상일 수도 있다.

한편, 두 기간 모두 순자본유입(〈그림 9-9〉)과 주가지수(〈그림 9-10〉)의 반응은 확률밴드를 참고할 때 크게 유의하게 나타나지 않는 것으로 보인다. 하지만 포트폴리오 순자본유입(〈그림 9-10〉)의 경우

〈그림 9-9〉 미국 금리정책 충격 후 대미환율과 순자본유입의 반응

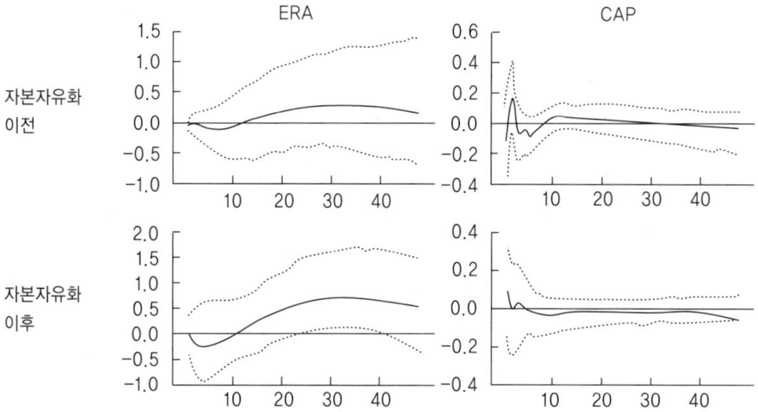

주: 실선은 몬테카를로 인터그레이션의 평균반응을, 점선은 몬테카를로 인터그레이션의 90% 확률밴드를 보여준다.

두 기간 모두 순자본유입의 감소가 95% 확률로 0과 다르다. 자본자유화 이전 기간의 경우 충격 후 첫 월에 순자본유입이 GDP 추세(*trend*) 대비 약 0.07% 정도 감소하고, 자본자유화 이후 기간의 경우 충격 후 두 번째 월에 순자본유입이 GDP 추세(*trend*) 대비 약 0.35% 정도 감소한다. 결국 미국의 금리상승으로 미국의 금리가 상대적으로 더 높아지고 이에 따라 포트폴리오 관련 자본유출이 나타나는 것으로 생각된다. 자본자유화 이후에 자본유출의 정도가 4배 이상 증가한 것이 보이는데 이는 자본이동이 더 자유로워짐에 따라 유출 폭이 더 많아진 것으로 볼 수 있다.

다음 이 연구에서 사용된 실증분석 모형과 그 결과의 안정성에 관한 여러 분석을 했다. 먼저 기본모형에 다양한 변수를 하나씩 추가해 분석했는데 이러한 확장모형에서 한국 콜금리의 반응이 크게 달라지지 않는지 검토했다. 〈그림 9-11〉은 결과를 보여준다. 각 그림 열의 위에 어떤 변수를 추가한 모형인지 표시했다. 이러한 확장모형에서 한국 콜금리 반응이 크게 변하지 않고, 특히 주요결론에 영향을 미치지 않는다.

〈그림 9-10〉 미국 금리정책 충격 후 포트폴리오 순자본유입과 한국주가지수의 반응

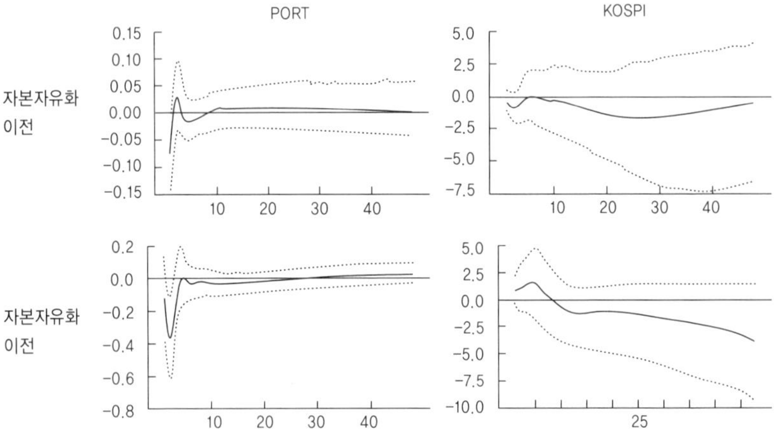

주: 실선은 몬테카를로 인터그레이션의 평균반응을, 점선은 몬테카를로 인터그레이션의 90% 확률밴드를 보여준다.

〈그림 9-11〉 미국 금리정책 충격 후 한국 콜금리의 반응(확장모형)

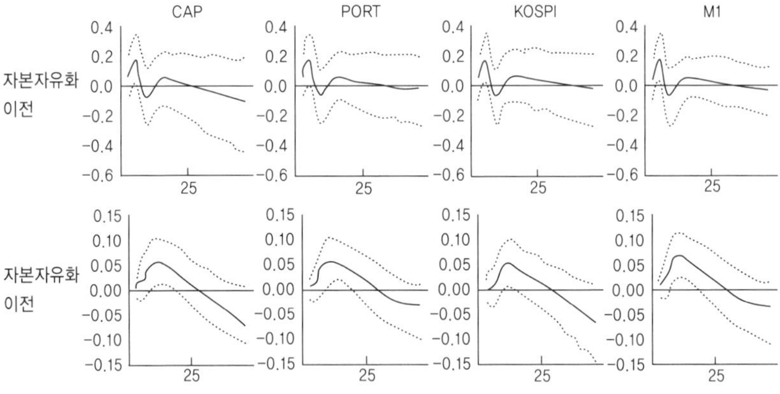

주: 실선은 몬테카를로 인터그레이션의 평균반응을, 점선은 몬테카를로 인터그레이션의 90% 확률밴드를 보여준다.

〈그림 9-12〉 미국 금리정책 충격 후 분석기간 변화에 따른 반응

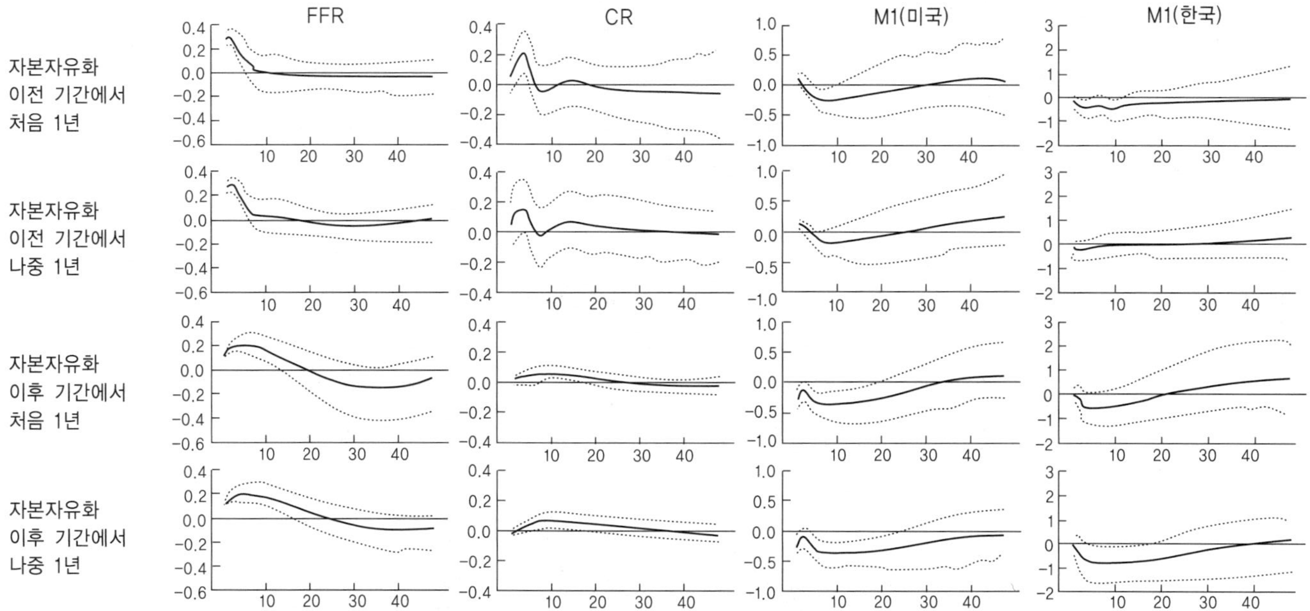

주: 실선은 몬테카를로 인터그레이션의 평균반응을, 점선은 몬테카를로 인터그레이션의 90% 확률밴드를 보여준다.

〈그림 9-13〉 미국 금리정책 충격 후 2변수를 추가한 모형의 반응

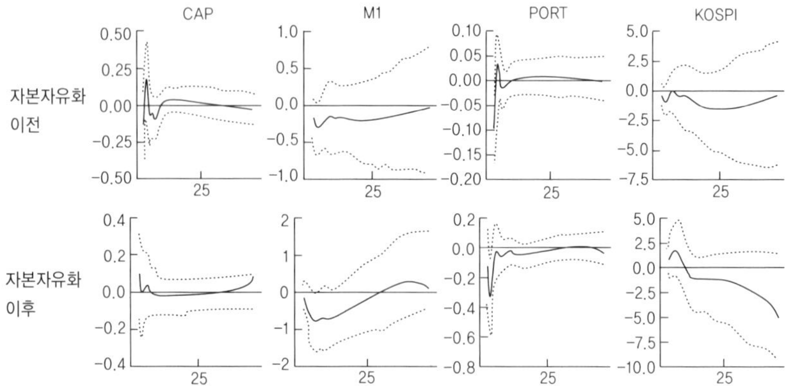

주: 실선은 몬테카를로 인터그레이션의 평균반응을, 점선은 몬테카를로 인터그레이션의 90% 확률밴드를 보여준다.

다음 분석기간이 변화할 때 실증분석 결과의 안정성을 검토하였다. 실증분석 기간을 정할 때 동질적인 정책이 실행된 기간을 선택하였고, 그 기간이 별로 길지 않기 때문에 분석기간 중 처음 1년을 제외한 기간을 대상으로 한 분석 그리고 나중 1년을 제외한 기간에 대한 분석을 했다. 〈그림 9-12〉는 그 결과를 보여주는데, 각각 자본자유화 이전 기간에서 처음 1년, 나중 1년, 자본자유화 이후 기간에서 처음 1년, 나중 1년을 제외한 기간을 대상으로 하였다. 분석기간이 변화할 때 기본모형에서 미국연방 지준금리와 한국 콜금리의 반응, 그리고 한국 M1을 추가한 모형에서 미국 M1과 한국 M1의 반응이 별로 변화하지 않음을 볼 수 있고, 특히 주요 결론이 변화하지 않음을 볼 수 있다.

다음 기본모형에 순자본유입, 포트폴리오 순유입, 주가지수, M1 중 2가지 변수를 추가하여 분석하였는데 실증분석 결과가 별로 달라지지 않았다. 〈그림 9-13〉은 순자본유입과 M1, 2변수를 추가한 모형과 포트폴리오 순유입과 주가지수 2변수를 추가한 모형에서 순자본유입, M1, 포트폴리오 순유입, 주가지수의 반응을 보여준다.

4. 결론

이 논문은 한국이 1997년 외환위기 이후 변동환율제 도입과 더불어 자본자유화로 자본시장의 글로벌화된 상황에서 독립적인 통화정책을 유지할 수 있었는지 분석하였다. 한국은 1990년대 초 본격적인 자본자유화가 진행되기 전에는 환율시장에 적극적으로 개입을 해도 이론적으로 독립적인 통화정책을 유지할 수 있는 여지가 있었다. 하지만 자본자유화가 진행되면서 더 이상 독립적인 통화정책과 적극적인 환율개입을 동시에 수행하기 어렵다는 사실을 깨닫게 되었다. 따라서 환율정책은 적어도 공식적으로는 완전한 변동환율제로 전환하게 된다. 환율에 대한 개입을 더 이상 하지 않음으로써 통화정책의 독립성을 유지하고자 도모한 것이다.

하지만 현실적으로 어떤 국가도 완전한 변동환율제를 유지하기는 어렵다. 특히 소규모 개방경제의 경우 자본시장 개방으로 막대한 양의 국제자본 유출입이 있는 경우 환율과 자산시장의 심각한 불안정성을 초래할 수 있고 이러한 상황을 간과하기 어렵다. 또 환율의 결정을 시장에 전적으로 맡기더라도 자본시장이 완전히 개방된 상태에서 급속한 자본시장의 글로벌화는 국가 간의 연계성을 강화하기 마련이다. 특히 최근의 몇몇 연구는 미국의 팽창적인 통화정책이 많은 다른 국가의 통화정책에 영향을 줌으로써 전 세계적인 인플레이션 및 자산시장의 버블형성에 기여했다고 주장한다. 따라서 한국의 경우도 이와 같이 미국의 통화정책에 어떠한 영향을 받았는지를 분석하는 것은 매우 흥미로운 일이다. 즉 한국의 경우 비록 변동환율제를 표방하지만 외국의 통화정책과 자본흐름에 과연 자유로운 통화정책을 집행할 수 있었는지 분석할 필요가 있는 것이다.

이 연구는 자본자유화 이전과 자본자유화 이후의 두 기간으로 나누어 각 기간에서 미국의 통화정책이 한국의 통화정책에 어떤 영향을 주었는지 실증분석했다. 자본자유화 이전과 이후 기간은 환율제도에 있어서도 뚜렷한 차이를 보인다. 즉 자본자유화 이전 기간에는 관리변동환율제였던 반면 이후 기간에는 적어도 공식적으로는 완전 변동환율제를 표방하였다. 따라서 외환이전 기간에 비해 이후 기간은 자본자유화가 진전되어 독립적인 통화정책이 운용되기 어려워진 반면 변동환율제를 채택하여 독립적 통화정책에 유리한 환경이 조성했다.

실증분석 결과에 따르면 한국의 통화정책이 자본자유화 이전과 이후 두 기간 모두에서 미국의 통화정책에 대해 완전히 독립적으로 운용되지 못했던 것으로 보인다. 특히 자본자유화 이후 기간에서도 완전한 변동환율제를 실제로 운용하기는 어려웠고 이는 필연적으로 한국의 통화정책도 외부의 충격에 완전히 자유롭지 못하도록 강요한 것으로 해석할 수 있다. 또한 미국의 이자율이 변화하는 경우 포트폴리오 자본의 유출입이 자본자유화 이후 이전 기간에 비해 매우 민감하게 변화하여 통화정책의 운영에 있어 어려움을 초래한 것으로 보인다.

앞으로 자본의 글로벌화 경향은 최근의 위기에도 불구하고 쉽게 후퇴하지는 않을 것으로 생각된다. 따라서 이러한 자본의 글로벌화에 효과적으로 대응하면서 통화정책을 독립적으로 유지할 수 있는 정책의 틀을 개발하는 것이 시급하다.

참고문헌

신관호, 2007, "외환위기 이후 통화 및 환율 정책의 평가", 〈경제학연구〉, 5권 4호: 275~312.

Backus, David K., Patrick J. Kehoe & Finn E. Kydland, 1992, "International Real Business Cycles", *Journal of Political Economy*, 100(4): 745~775.

Bekaert, Geert, Campbell R. Harvey & Christian Lundblad, 2009, "Financial Openness and Productivity", *NBER Working Paper*, 14843.

Calvo, Guillermo A. & Carmen M. Reinhart., 2002, "Fear of Floating", *Quarterly Journal of Economics*, 117(2): 37~408.

Christiano, Lawrence J., Martin Eichenbaum & Charles L. Evans., 1996, "The Effects of Monetary Policy Shocks: Evidence from the Flows of Funds", *The Review of Economics and Statistics*, 78: 16~34.

Clarida, Richard, Jordi Gali & Mark Gertler, 2000, "Monetary Policy Rules and Macroeconomic Stability: Evidence and Some Theory", *Quarterly Journal of Economics*, 115(1): 147~180.

Cole, Harold L. & Maurice Obstfeld, 1991, "Commodity Trade and International Risk Sharing: How Much Do Financial Markets Matter?", *Journal of Monetary Economics*, 28(1): 3~24.

Eichengreen, Barry, 1994, *International Monetary Arrangements for the 21st Century*, Washington D.C.: Brookings Institution.

______, 2004, "Monetary and Exchange Rate Policy in Korea: Assessments and Policy Issues", *CEPR Discussion Paper*, No. 4676.

______, 2008. 6. 19, "Asia and Global Stagflation", http://www.VoxEU.org.

Fischer, Stanley, 1997. 9. 19, "Capital Account Liberalization and the Role of the IMF", Speech at the IMF Seminar on Asia and the IMF, Hong Kong SAR, http://www.imf.org/external/np/speeches/1997/091997.htm.

Fischer, Stanley, 2001, "Exchange Rate Regimes: Is the Bipolar View Correct?", *Journal of Economic Perspectives*, 15(2): 3~24.

Frankel, Jeffrey, 1999. 5. 21, "No Single Currency Regime Is Right for All Countries", Testimony before the House Committee on Banking and Financial Services.

Glick, Reuven, Xueyan Guo & Michael Hutchison, 2006, "Currency Crises, Capital Account, Liberalization, and Selection Bias", *Review of Economics and Statistics*, 88.

Gourinchas, Pierre-Olivier & Olivier Jeanne, 2006, "The Elusive Gains from International Financial Integration", *Review of Economic Studies*, 73 (3) : 715~741.

International Monetary Fund, 2007, "Managing Large Capital Inflows", Chapter 3, In *World Economic Outlook (October) : Globalization and Inequality*, World Economic and Financial Surveys Washington.

J. Taylor & M. Woodford, 1999, "Monetary Policy Shocks: What Have We Learned and to What End?", In Elsevier B. V. (ed.), *Handbook of Macroeconomics* (pp. 65~148), 1A, Amsterdam: Elsevier North-Holland.

Kim, Chang Jin & Jong-Wha Lee, 2008, "Exchange Rate Regime and Monetary Policy Independence in East Asia", *Pacific Economic Review*, 13 (2) : 155~170.

Kim, So young, 2001, "International Transmission of US Monetary Policy Shocks: Evidence from VAR's", *Journal of Monetary Economics*, 48: 339~372.

______, 2005, "What Is Learned from Crisis, Fear of Floating or Hollow Middle? Identifying Exchange Rate Policy in Recent Crisis Countries", *Working Paper*, Korea University.

______, 2009, "Fear of Floating in East Asia?", *Pacific Economic Review*, 14 (2) : 176~193.

______ & Doo Yong Yang, 2009, "Do Capital Flows Matter to Asset Prices?: The Case of Korea", *Asian Economic Journal*.

______ & Yung Chul Park, 2006, "Inflation Targeting in Korea: A Model of Success?", *BIS Paper*, No. 31.

______, Sung hyun H. Kim & Yun jong Wang, 2004, "Macroeconomic

Effects of Capital Account Liberalization: The Case of Korea", *Review of Development Economics*, 8(4): 624~639.

Kose, Ayhan, Eswar Prasad, Kenneth Rogoff & Shang-Jin Wei, 2006, "Financial Globalization: A Reappraisal", *IMF Working Paper* 06/189, International Monetary Fund.

Lee, Jong-Wha & Kwanho Shin, 2008. 12. 5, "Welfare Implications of International Financial Integration", *ADB Working Paper*.

Lucas, Robert E., 1990, "Why doesn't Capital Flow from Rich to Poor Countries?", *American Economic Review*, 80: 92~96.

Ötker-Robe, Inci & others, 2007, "Coping with Capital Inflows: Experiences of Selected European Countries", *IMF Working Paper*, 07/190, Washington: International Monetary Fund.

Reinhart, C. M. & K. S. Rogoff, 2004, "The Modern History of Exchange Rate Arrangements: A Reinterpretation", *Quarterly Journal of Economics*.

Sims, A., 1988, "Bayesian Skepticism on Unit Root Econometrics", *Journal of Economic Dynamics and Control*, 12: 463~474.

Sims, C. A. & H. Uhlig, 1991, "Understanding Unit Rooters: A Helicopter Tour", *Econometrica*, 59: 1591~1599.

Strongin, S., 1995, "The Identification of Monetary Policy Disturbances: Explaining the Liquidity Puzzle", *Journal of Monetary Economics*, 35: 463~497.

Taylor, John, 2007, "Globalization and Monetary Policy: Missions Impossible", In Mark Gertler & Jordi Gali(eds.), *The International Dimensions of Monetary Policy*, National Bureau of Economic Research.

Tytell, Irina & Shang-Jin Wei, 2004, "Does Financial Globalization Induce Better Macroeconomic Policies?", *IMF Working Paper* 04/84, Washington: International Monetary Fund.

찾아보기

ㅇ

ㅈ

ㅊ · ㅋ · ㅌ

ㅎ

기 타

인 명

필자소개

(가나다 순)

강명구 姜明求

미국 아이오와대 저널리즘 박사

현재 서울대 사회과학대학 언론정보학과 교수

주요 논저 "訓民과 啓蒙 : 한국 저널리즘은 왜 애국적인가", "이론과 현실 사이에서: 부르디외 이론의 적용과 변용, 혹은 생성", "성찰적 미디어 비평을 위하여", 《한국의 미디어 사회문화사》(공저), 《한국방송의 성찰과 개혁》(공저), 《한국 저널리즘 이론》 등

강영호 姜榮浩

미국 콜로라도대(볼더) 경제학 박사

현재 삼성경제연구소 경제정책실 수석연구원

주요 논저 "The Informal Economy and the Growth of Small Enterprises in Russia"(공저)

공석기 孔錫己

미국 하버드대 사회학 박사

현재 서울대 아시아연구소 연구교수 겸 경희대 공공정책대학원 겸임교수

주요 논저 《글로벌 NGOs: 세계정치의 '와일드카드'》(공저), 《인권으로 읽는 동아시아: 한국과 일본의 인권개선 조건》 등

공 치 龔馳

서울대 경제학 박사

현재 서울대 아시아연구소 선임연구원

주요 논저 "A CGE Analysis of FTAs among China, Japan, and Korea", "A Study on the Determinant of FDI in China", "Analysis of the Cooperation of New Energy Industry between Korea and China", "Economic Integration and Business Cycle Synchronization in Asia", "The Empirical Analysis on Cross Impact of Exchange Rate, Stock Index and Inflation Rate between China and Korea" 등

김병연 金炳椽

영국 옥스퍼드대 경제학 박사

현재 서울대 사회과학대학 경제학부 교수

주요 논저 "Policy Responsiveness in Post-Communist Europe: Public Preferences and Economic Reform" (공저), "Assessing the Economic Performance of North Korea, 1954~1989: Estimates and Growth Accounting Analysis"(공저), "The Political Economy of Reforms: Empirical Evidence from Post-Communist Transition in the 1990s"(공저), 《북한경제에서의 시장과 정부》(공저), 《한국사회와 기업의 경쟁력》(공저), *Financial Sector Reform in Transition Economies: Implications for North Korea*(편저)

김소영 金素英

미국 예일대 경제학 박사

현재 서울대 사회과학대학 경제학부 교수

주요 논저 "Twin Deficit or Twin Divergence? Fiscal Policy, Current Account and Real Exchange Rate in the U.S."(공저), "Dynamic Risk Sharing in the US and Europe"(공저), "Exchange Rate Anomalies in the Industrial Countries: A Solution with a Structural VAR Approach"(공저), *Saving, Investment and International Capital Mobility in East Asia*(공저), *Capital Account Liberalization and Macroeconomic Performance: The Case of Korea*(공저) 등

김수아 金秀娥

서울대 언론정보학 박사

현재 서울대 기초교육원 전임대우 강의교수

주요 논저 "아이돌 리얼리티 쇼를 통한 아이돌 그룹의 정체성 표상 방식"(공저), "디지털 테크놀로지의 발전과 새로운 여성 정치 주체의 가능성", "소녀 이미지의 볼거리화와 소비 방식의 구성" 등

김철식 金哲植

서울대 사회학 박사

현재 성공회대학교 노동사연구소 연구원

주요 논저 "서울디지털산업단지의 재구조화: 산업생산의 공간에서 소비 및 지대수익의 공간으로", "모듈 생산과 현대차 생산방식 : 현대모비스를 중심으로"(공저), 《대기업 성장과 노동의 불안정화》, 《비정규직 없는 세상》(공저) 등

박수진 朴秀鎭

영국 옥스퍼드대 지리학 박사

현재 서울대 사회과학대학 지리학과 교수

주요 논저 "환경요인의 다계층성을 고려한 생태지역 분류", "Environmental Factors of Spatial Distribution of Soil Salinity on Flat Irrigated Terrain", 《지형학 원리》(공역), 《전통생태와 풍수지리》(공저) 등

신관호 申寬浩

미국 UCLA 경제학 박사

고려대 정경대학 경제학과 교수

주요 논저 "무역 및 금융연계성이 경기변동 동조성에 미치는 영향: 패널 연립방정식 접근", "Capital Market Openness and Output Volatility", *From Miracle to Maturity: The Growth of the Korean Economy*(공저) 등

안유순 安裕淳

서울대 사회과학대학 지리학과 석사과정

연구 분야 북한의 산림지황폐화와 식량문제, 토양침식, 다행위자시스템 등

윤용만 尹勇晩

미국 워싱턴대 경제학 박사

현재 인천대 동북아경제통상대학 경제학과 교수

주요 논저 "Trade structure and Relations among China, Japan and Korea", "Northeast Asian Economic Cooperation and Strategy for the Business and Financial Hub in Korea", "An Analysis of the Trade Relations among China, Japan and Korea", "Recent Evaluation of Korea's Trade Policy", "외국인직접투자와 자유무역협정에 관한 연구" 등

임현진 林玄鎭

미국 하버드대 사회학 박사

현재 서울대 사회과학대학 사회학과 교수 겸 서울대 아시아연구소 소장

주요 논저 "지구적 변환, 아시아의 부상, 그리고 한국의 역할", "동북아에서의 내셔널리즘과 보편주의의 조화", "Let's Build a New World Order: Tripartite Dynamics of Inter-State System, World Capitalist Economy, and Global Civil Society", 《한국의 사회운동과 진보정당》, 《세계화와 반세계화》, 《지구시민사회의 구조와 역학: 이론과 실제》 등

임혜란 林惠蘭

미국 캘리포니아대(데이비스) 정치학 박사

현재 서울대 사회과학대학 정치외교학부 교수

주요 논저 "대변환기의 국제정치경제질서: 패권과 신자유주의 질서의 변환", "한국 대·중소기업 양극화 현상의 정치경제", "Transformation of Developmental States: Political Economy of Economic Reform in Korea", 《신자유주의 세계화 30년의 부침》, 《동아시아 발전의 정치경제》, 《한국정치의 변화와 연속성》, *Korea's Growth and Industrial Transformation Macmillan Press* 등

정진숙 鄭鎭淑

서울대 사회과학대학 지리학과 박사과정

연구 분야 개발도상국 발전문제, 동아시아 환경문제, 건조지 황폐화 문제 등